나는 한국인 피폭자다

원폭피해자 곽귀훈의 삶과 투쟁

곽귀훈 지음

민족문제연구소

노령산맥의 산기슭 경사지고 토박한 농촌, 넉넉지 못한 가정에서 태어난 나는 어려서부터 서당과 간이학교, 소학교를 다니면서 가난이 얼마나 우리의 삶을 짓누르고 있는지 뼈저리게 느끼고 몸소 겪으면서 성장하였다. 흉년이 들면 먹을 것이 없어 쑥이나 소나무껍질을 벗겨 끼니를 겨우 잇거나, 그럴 형편도 안 되면 굶어 부황이 생긴 얼굴로 비틀거리는 사람도 많이 보았다. 농사 이외에는 할 일이 없어서 부업이라고 해봤자 뒷산에 올라 가 낙엽을 긁어모으거나, 죽은 가지를 따서 시장에 내다 파는 것이 고작이었는데, 그것도 생필품인 등잔불 석유값을 충당하는 정도였다.

이런 가혹한 환경 속에서 육남매 장자로 태어난 나는 일가를 가난에서 탈출시킬 수 있는 기대주였는지는 몰라도 주위 식구들로부터 귀한 대접을 받았다. 그런 기대에 부응하려고 노력한 결과, 나는 전주사범학교에 입학할 수 있었다. 장차 소학교 선생이 되어 식구들을 가난에서 해방시킬 수 있는 위치에 오를 수 있다는 것만으로도 내심 자랑스러웠다.

그런데 막상 입학을 하고 보니 사범학교란 일본이 우리 민족을 그들의 노예와 다름없는 '황국신민'화하는 식민교육의 첨병을 길러내는 기관이었다. 우리 민족을 노예처럼 여기고, 우리의 문화와 역사를 왜곡하고 천시하는 인간을 양성하는데 주력하는 학교였던 것이다. 철이 들 무렵부터 민족혼이 싹 트기는 하였지만, 이런 학교 분위기에서 겉으로는 한 점 의심을 사지 않도록 태도나 언행을 삼가는 이중생활을 할 수밖에 없었다.

일제는 중국 침략의 늪에서 헤어나지 못하다가 태평양전쟁까지 일으켰다. 나는 교사가 되기는커녕 목숨을 내던져야 하는 전쟁터로 내몰렸다. 나라 없는 백성이라 명분 없는 곳에 가서 생명을 잃게 되었다고 한탄도 했지만, 우리 힘으로써는 어찌 할 도리가 없었다. 내가 끌려간 곳은 일본 히로시마에 있는 서부 제2부대였다. 이 부대는 옛 보병 5사단 11연대로, 일본의 수많은 침략전쟁에서 주동적인 역할을 한 부대였다.

일본말도 글도 모르는 동포 청년 둘까지 추스르며 초년병시절을 보냈다. 간부후보생이 된 나는 개중에는 나름대로 선두로 평가받았다. 채 1년도 안 되는 짧은 시간이었지만, 나는 신체적으로나 정신적으로나 크게 변해 있었다. 신체적으로 단련되어 누구에게도 밀리지 않는 강인한 체력을 가지게 되었고, 지적으로도 일본 간부후보생을 능가하는 실력이었다고 자부한다. 그래서 오히려 일본의 패색이 짙어가던 당시 분위기를 보니 혹시 살아나갈 길이 있을지도 모르겠다는 희망과 자신감을 가지기도 했다.

그런데 작업반에 참가한 첫 날 1945년 8월 6일, 나는 원자폭탄 세례를 받았다. 폭심에서 2km 떨어진 노천에서 피폭당해 상반신이 모두 타버릴 정도로 심각한 섬광화상을 입게 됐다. 나중에 보니 6시버트 가량의 방사선까지 쏘인 것으로 추측된다. 사망에 이를 정도의 피폭량인데 나는 죽을지도 모른다는 생각을 한 번도 해 본 적이 없는 무지의 피폭자였다. 그 무지가 오히려 내 삶에 대한 자신감에 영향을 미치지 않았을까 싶다.

1965년 한일협정 체결로 한일간 국교가 트이자, 나는 서둘러 히로시마를 찾았다. 이미 일본의 피폭자들은 '원폭 2법'이나 다양한 원호제도를 통해 치료를 받고 있었다. 그 현실을 목격하고 나는 '같은 피폭자인 우리도 구호를 하라'는 피폭운동을 전개하기 시작했다. 미국과 브라질에 거주하는 피폭자들도 함께 집요한 활동을 전개했지만 번번이 묵살되었다.

그런 고난의 반세기가 지난 1998년, 나는 단독으로 일본정부와 오사카 지사를 상대로 나의 피폭자 자격 유무를 묻는 재판투쟁을 시작했다. 결국 나는 2002년 12월 오사카 고등법원에서 승소함으로써 일본정부를 패퇴시켰다. 이후 일부 양심적인 일본 정치인들의 협조로 일본정부의 상고를 포기시켜 나와 같은 재외 피폭자 5천여 명에게 원폭피해자원호법을 적용할 수 있게 되었다. 내가 과문인 탓인지는 몰라도, 우리 민족이 일본정부를 상대로 투쟁을 해서 승리한 예를 별로 발견할 수 없는데, 모처럼 크게 승리한 것이라고 할 수 있다. 그러니 똑똑히 이 사실을 기록해 후세들에게 전하여야 한다는 주위의 권고로 천학비재의 처지인데 감히 이 책을 쓰게 되었다.

책이 나오기까지 민족문제연구소의 여러 연구원들이 많은 수고를 해주셨다. 격려사를 써주신 이만열 박사님과 이치바 준코 씨께도 감사의 뜻을 전한다.

2013년 초겨울 저자 곽 귀 훈

구순의 투혼, 회고록에 담다

이만열
전 국사편찬위원회 위원장

회고록의 주인공 곽귀훈 선생을 처음 뵙게 된 것은 필자가 국사편찬위원회에 재직했던 2005년경이다. 당시 일제 침략 관련 자료를 비중있게 수집 간행하고 있던 국사편찬위원회는 원폭피해자 소송에서 승소한 선생의 자료에 깊은 관심을 갖고 있었다. 그러던 중 선생은 당신께서 보관하고 있던 원폭관련 소송자료를 국사편찬위원회에 기증하고 싶다는 뜻을 전해 왔고 그 뒤 얼마 안 되어 그 자료를 손수 갖고 국사편찬위원회 위원장실을 찾아 주었다. 마침 일본의 후쇼사(扶桑社) 교과서 간행이 계기가 되어 2002년에 시작된 제 1차 한일역사공동연구위원회도 2005년 업무를 마감하기에 앞서 몇몇 자료 간행을 고려하고 있었다. 곽 선생의 자료제공을 계기로 국사편찬위원회는 한일역사공동연구위원회의 협조를 받아 이를『원폭피해자 곽귀훈 소송기록 1~3』으로 묶어,『대일과거청산소송자료집 10권』중 첫 세권으로 간행하게 되었다. 이 과정에서 몇 차례 곽 선생과 대면하게 되었다. 벌써 10여 년 전 일이다. 그 때 뵈었던 선생은 퍽 이지적인 모습이면서도

일제 침략상과 당신께서 당한 고난을 언급할 때에는 추상과 열정이 동시에 분출하고 있었다. 그 후 예의도 제대로 갖추지 못했었는데, 회고록 간행을 계기로 다시 선생을 대하게 되니 그 때의 정정하신 모습이 회상된다.

선생은 1944년 9월 태평양전쟁이 거의 막바지에 이르렀을 때 징병으로 끌려갔다가 그 이듬해 8월 6일 히로시마(廣島)에 투하된 원자폭탄에 피폭되었다. 해방 후 귀국하여 교육계에 투신, 동국대사대부속고등학교장 등을 역임하고 정년퇴임했다. 교육계에 재직하는 동안에도 선생은 일제강점기에 그가 겪었던 징병과 원폭피해의 이중적 상흔을 그냥 덮어두지 않고 당당히 밝히기 시작했다. 선생은 원폭피해자를 멸시와 외면의 대상으로 치부하던 1950년대 말 한국일보에 「히로시마 회상기」를 연재하여 강제동원과 피폭의 피해사실을 공론화하기 시작했다. 이어서 식민지배와 전후(戰後)처리 과정에서 한국인 원폭피해자들에게 회복할 수 없는 피해를 입힌 일본의 진정한 사죄와 보상을 촉구하는 운동을 일본 시민운동가들과 함께 꾸준히 계속했다. 그가 원폭피해소송에서 승리한 것은 이 같은 끈질긴 집념과 일본 양심세력들과의 연대를 통한 결과였다.

선생이 원폭피해문제를 본격화하게 된 것은 그가 1992년 (사)한국원폭피해자협회 회장에 피선된 것과 무관하지 않을 것이다. 이에 앞서 1972년에 일본사회에 한국인 피폭자의 존재를 각인시키면서 피폭자로서의 정당한 권리를 주장한 최초의 소송이 손진두에 의해 제기된 적이 있다. 이 소송으로 한국인 피폭자에게도 건강수첩과 건강관리수당이 지급되었지만, 피폭자가 일본을 벗어나면 '통달 402호'라는 행정명령에 의해 그 권리가 박탈되었다. 그 후 징용공 김순길(1992년)과 징용공 46명(1995년)이 일본정부와 전범기업 미쓰비시를 향해 소송을 제기하면서 한국인 원폭피해자의 피해와 강제동원, 강제노동의 위법성, 피폭 후 방치에 따른 위자료 청구 등을 요구했다. 이렇게 한국인 피폭자들의 권리 찾기가 끊이지 않고 제기되었던 1998년, 곽귀훈 선생은 '피폭자 확인 소송'을 통하여 '통달 402호'를 빌미로 한국인 피폭자에게 차별을 두는 것은 위법이라는 문제를 제기했다. '피폭자는 어디에 있어도 피폭자다'라는 말로 상징되는 이 소송에서 재판부는 2001년 6월 1일 1심에서 곽귀훈의 건강수첩이 유효하다는 것을 인정하면서 미지급 수당 약 116만 엔을 집행하고 그 후에도 계속 수당을 지급하라는 판결을 내렸다. 2002년 12월 5일 오사카 고등재판소에서도 승소하자 일본정부는 상고를 포기하여 2002년 12월 18일 원심이 확정되었다.

이 소송에서 승소함으로써 한국인 피폭자도 어디에 거주하던 피폭자로서 자격을 유지하면서 사망시까지 일본 원호법의 적용을 받을 수 있게 되었다. 그 결과 재외 피폭자 약 5,000명(한국 2,700명, 북한 1,000명 추산, 미국 약 1,000명, 브라질 2,000명)이 2003년 3월부터 일본 원호법의 혜택을 받게 되었고, 국내 원폭피해자의 경우, 2010년 현재 협회 등록회원 2632명 가운데 2482명이 건강수첩을 발급받았고 건강관리수당도 수령하게 되었다.

'손진두 소송'이 재외피폭자들에게 피폭자건강수첩을 받아 '도일치료' 할 수 있는 길을 열어 놓았다면, '곽귀훈 소송'은 재외피폭자가 일본을 벗어나더라도 피폭자로서의 지위를 그대로 유지하며 일본의 피폭자와 동등한 자격으로 건강관리수당도 지급받을 수 있게 해 그 의의가 매우 크다. 그 후에도 이강녕, 이재석, 최계철의 소송을 통해 한국인 피폭자의 권리는 조금씩 확대되고 있으며 이 투쟁은 현재 진행 중이면서 재일한국인들의 권리신장 문제와도 연계되어 있다.

곽귀훈 선생은 40여 년간 피폭운동을 해 오면서 본인이 직접 발표원고를 작성하고, 여러 곳에 기고함으로써 피폭자에 대한 인식을 개선시키는 데 앞장서 왔다. 구순의 고령임에도 직접 컴퓨터로 이 원고를 작성할 수 있었던 것은 그가 젊은 시절에 겪었던 식민지적 압박과 교육자로서의 양심 때문이었을 것이다. 무엇보다 그는 일찍부터 기록의 중요성을 터득했기에 소송의 성과와 피폭운동의 기록을 영구히 보존하기 위한 노력도 병행했다. 그는 자신이 보관하고 있던 자료뿐만 아니라 일본인 변호사들이 갖고 있던 소송자료도 수집하여 지난 2005과 2011년 두 차례에 걸쳐 국사편찬위원회에 기증했다. 이 또한 곽 선생의 투철한 역사의식을 반영한 것이라고 생각되어 감사와 치하의 뜻을 표하지 않을 수 없다.

곽귀훈 선생은 공직에서 정년퇴임한 뒤에 더 바쁜 삶을 누리고 있다. 부러운 일이다. 그는 그가 당한 피폭을 전화위복의 계기로 만들어 후진들에게 깊은 인상을 주고 있다. 당신의 피폭을 반핵, 환경운동의 계기로 삼는 한편 산악인으로서 철저히 자신을 단련하여 구순의 '고령'에도 노익장을 과시하고 있다.

원폭피해자로서는 상상할 수 없는 건강에 경의를 표하면서, 앞으로도 곽귀훈 선생의 여생이 더욱 평강한 삶으로 축복받기를 기원해 마지않는다. 더불어 우리가 반드시 기억해야 할 비극의 역사를 치열하게 녹여 낸 이 책이 널리 읽혀져, 미래 세대들이 식민지배와 침략전쟁의 참상을 다소라도 이해하는 데 도움이 되기를 간절히 바라면서 곽귀훈 선생의 회고록 출간을 거듭 축하드린다.

피폭자는 어디에 있어도 피폭자다

이치바 준코(市場淳子)
한국의 원폭피해자를 구원하는 시민 모임 회장

한 명의 한국인 원폭피해자가 일본법정에서 진술한 "피폭자는 어디에 있어도 피폭자다."라는 말이 일본의 사법부와 정치권을 요동치게 만들었다. 이 한마디는 2002년 12월 일본의 배외(排外)적인 피폭자 복지에 대변혁을 일으키는 계기가 되었다. 일대 사건인 일본 재판부의 판결 여파는 한국의 사법부에도 영향을 미쳐 2011년 8월 한국 헌법재판소에서 "한국인 원폭피해자에 대한 배상문제는 한일청구권 협정으로는 아직 해결되지 못했다."라는 결정도 이끌어냈다. 이런 변화를 일으킨 한국인 원폭피해자가 바로 이 책의 저자인 곽귀훈 씨다.

많은 사람들이 '한국인 원폭피해자'란 말을 들으면 놀란 얼굴로 "한국에도 원폭이 투하되었냐"고 반문하던 때가 있었다. 그런 시기부터 곽귀훈 씨는 미군이 히로시마(廣島)와 나가사키(長崎)에 투하한 원자폭탄에 의해 그곳에 살던 많은 한국인이 희생되었고, 그 후 반세기가 넘도록 계속 방치되어 왔던 비참한 사실을 한국과 일본사회에 널리 알렸다. 그리하여 한국인 원폭피해자의 권익을 확보하고 인권을 옹호하는 데 크게 기여하였다.

곽귀훈 씨의 사회공헌은 이것이 전부가 아니다. 곽귀훈 씨는 많은 한국인을 등산애호가로 만든 분이기도 하다. 곽귀훈 씨는 "일제 식민지로부터 해방된 조국에 돌아와 아이들에게 지리를 가르치게 되었을 때, 일본에 빼앗겼던 산과 들을 내 발로 걸어보자고 생각했습니다. 그래서 1960년대부터 많은 이들에게 한국 산의 좋은 점을 알리려고 산악회 멤버들과 함께 나팔을 불며 여기저기 다니면서 등산안내 홍보지도 나눠주고, 등산하는 재미를 알리려 애쓴 결과 한국에서 등산 붐이 일어났습니다."라고 하였다.

곽귀훈 씨는 1924년 당시 식민지였던 조선에서 태어나 1944년 일본군으로 징집되었다. 히로시마의 육군부대에서 훈련 중이던 1945년 8월 6일, 미군이 인류 역사상 처음으로 투하한 원폭의 섬광을 맞아 큰 화상을 입었다. 그리고 생사의 갈림길에서 사경을 헤매다가 기적같이 목숨을 건져 식민지 지배에서 해방된 조국으로 살아 돌아왔다. 그 후 약 70년 동안 식민지 지배와 원폭이란 이중의 상처에 과감히 맞서왔고, 이제 아흔을 맞이해서도 여전히 정정함을 잃지 않고 있다. 그에게 비결이 무엇인지 묻지 않을 수 없을 정도다. 건강의 비결을 물어보면 곽귀훈 씨는 "원폭의 섬광 때문에 몸에서 나쁜 게 다 타버려서 그래요."라고 농담 섞인 대답을 하곤 하다.

내가 곽귀훈 씨를 처음으로 본 건 35년 전인 1979년 1월 몹시 추웠던 날이었다. 당시 나는 일본의 시민단체인 '한국의 원폭피해자를 구원하는 시민 모임'(이하, 시민 모임)의 활동에 참가한지 얼마 안 된 어린 대학생이었다. 곽귀훈 씨는 서울의 한 여자중학교에서 교감선생님으로 근무하는 한편, 한국원폭피해자협회(이하, 협회)에서 활동하고 있었다.

이 때 나는 처음으로 한국을 방문했는데, 당시 시민 모임의 사무국장이었던 다나카 유타카(田中裕) 씨를 따라 피폭 후 장해로 인한 질병과 가난의 악순환에 신음하는 피폭자를 찾아다녔다. 그리고 피폭자들의 도움과 보상을 요구하는 눈물어린 호소를 들었다. 그때 얼어붙어 있는 서울의 길을 안내하며 병상에 계신 피폭자의 말을 일본어로 통역해 주신 분이 신영수(辛泳洙) 씨였다. 신영수 씨는 1971년 협회 회장을 맡았고, 2001년 돌아가시기 전까지 곽귀훈 씨와 함께 협회의 활동과 투쟁을 이끌었다.

하루는 나와 다나카 씨, 신영수 씨가 같이 피폭자를 방문하고 나서 학교에서 퇴근한 곽귀훈 씨를 만나 식사를 했다. 세 분께서는 협회의 활동에 관해 뜨겁게 논의했다. 하지만 희망 대신 답답한 분위기가 감돌았다. 이런 와중에 곽귀훈 씨는 재치있는 농담을 연발하며 우리를 즐겁게 해주려고 애썼다. 알고 보니 우리 시민 모임 선배들이 곽귀훈 씨를 '조크의 달인 곽 선생'이란 별칭으로 부르고 있었다. 이것이 나와 곽귀훈 씨의 첫 만남이었다.

당시 협회 사무실은 남산 중턱 조용한 곳에 있었다. 거기서 신영수 씨를 비롯하여 1967년 일본정부에 보상을 요구하기 위해 협회 설립을 주도한 서석우(徐錫佑) 씨, 미쓰비시중공업(三菱重工業)의 히로시마 공장에 강제동원 되었다가 피폭당한 정창희(鄭昌喜) 씨, 박해군(朴海君) 씨가 무급으로 일하고 있었다. 모두 일정한 직업이 없었다. 바꿔 말하자면, 피폭 때문에 안정된 일을 찾는 것이 힘들었던 많은 한국인 원폭피해자들은 1965년 한일협정으로 완전히 외면당했다는 사실에 분노했고, 그 분노를 행동으로 옮기지 않을 수 없었기 때문에 협회 활동을 벌여나갔던 것이다. 이들의 생활이 궁핍했던 것은 말할 필요도 없다. 자신도 어려운데 말도 제대로 못하고 병상에서 누워 괴로워하는 피폭자를 위해서 구호물자를 모아 나눠주고, 서로 격려하며 일본정부에 보상을 요구하였다.

대부분 이런 상황이다 보니 협회에서 곽귀훈 씨는 남다른 존재였다. 협회 활동에 적극적으로 참가하는 원폭피해자들 중 경제적으로도 사회적으로도 안정된 직업을 갖고 있는 사람은 곽귀훈 씨 단 한사람뿐이었기 때문이다. 교사 생활을 하고 있던 곽귀훈 씨는 1962년 외무부에 "한일회담에서 원폭피해자 배상문제를 제기해 달라."고 요청하였다. 그에 앞서 1959년 8월에는 한국일보에 피폭 체험 수기를 게재하여 원폭피해의 비인도적인 면을 호소하는 등 한일협정 체결 이전부터 스스로 원폭피해자인 점을 밝히며 한국사회를 향해 목소리를 높여왔다.

일본과는 비교가 안 될 정도로 원폭피해자에게 대한 무지, 차별, 편견이 소용돌이치는 한국에서 무엇이 곽귀훈 씨를 한국인 원폭피해자 투쟁으로 이끌고, 그 투지를 반세기 이상에 걸쳐 지속시킬 수 있었을까? 아흔이라는 나이의 곽귀훈 씨가 단숨에 써내려 간 이 책에서 그 답을 찾을 수 있을 것이다.

곽귀훈 씨는 일본의 침략전쟁과 미국의 원폭투하 책임을 계속 요구해 왔지만 지금껏 청산되지 않고 있다. 그리고 이것은 지속적인 동아시아의 긴장을 불러왔고, 결국 지구상에 19,000개나 되는 핵무기가 존재하는 무서운 결과를 초래했다.

이런 과거사를 청산하고 침략도 핵무기도 없는 세상을 만들고 싶다면 침략전쟁과 원자폭탄이 인간에게 불러일으킨 피해란 어떤 것이며, 피해를 입은 이가 어떻게 하면 진정으로 회복되는지 우리는 알아야 한다. 곽귀훈 씨의 아흔해 인생은 우리에게 이것을 가르쳐 줄 것이다.

목차

식민지에서 태어나

현풍 곽씨 마을

내가 태어난 곳은 행정상으로는 전라북도 임실군 오수면(獒樹面) 주천리(酒泉里)인데 지세상으로 보면 한반도의 서남단으로 뻗은 소백산맥이 준령을 이루고, 중앙부 서북 쪽 같은 방향으로 서남주하는 노령산맥 산기슭에 형성된 척박한 땅이다.

곽 씨가 왜 이곳에 정착한 유래를 살펴보면, 원래 시조는 중국 송나라 때 산둥성에서 살다가 1133년 고려로 귀화한 곽경이라고 전한다. 곽경은 벼슬이 평장사 문하시중에 이르렀으며 나중에 포산군(苞山君 : 포산은 현풍의 옛 이름)으로 책봉되었다. 이후 그의 후손들이 본관을 현풍으로 하고 세거(世居)하였다고 한다. 그 중에 14대인 득형 공이 곡성현감을 지내다 연산군의 폭정에 실망해 관직을 버리고 이곳 임실군 오수면 주천리로 입향했다고 해서 그 후

손을 곡성공파로 분류하고 있다.

1493년 우리 선조가 이곳에 정착할 즈음에는 개척된 땅이었을까, 아니면 황무지였을까. 확실하지는 않지만 뒷산을 노산(盧山)이라 했고 동네 이름도 주천리라고 한 것으로 보아 다분히 중국의 한 무제(漢武帝) 때 곽거병(霍去病) 장군을 의식해서 지은 이름인 것 같다. 이미 마을이 있었으면 이름이 있었을 것이고 소유주가 있었으면 개간하기도 쉽지 않았을 것인데 이렇게 중국 고사에 얽힌 마을이름으로 불리는 것을 보면 우리 선조가 혹 나라로부터 하사받아 이곳에 정착하지 않았을까 하는 추측을 해 본다.

뒷산이 무너져 내려 경사진 곳으로 자갈이 많았고, 그것을 치우는 방법으로 집집마다 돌담을 두르고 그 안에 가옥을 앉혀 놓았다. 그리고 잔돌을 추려서 논과 밭을 만드니 배수가 너무 잘 되어 건조하고 땅은 척박할 수밖에 없었다. 산기슭에 용출된 샘을 중심으로 세 구역으로 형성된 마을은 다른 성씨는 드물고 오로지 곽 씨만의 동족마을로 아저씨 조카 사이의 깊은 혈연관계로 얽혀진 집성촌이었다. 따라서 우애는 돈독하지만 부를 축적할 수 있는 기반은 아예 존재하지 않은 열악한 자연환경이었다. 여수나 김제, 만경 등지로 분가해 간 일족들은 토지가 기름진 곳에서 가산을 일궜고, 재부를 갖추었으니 인재도 배출하고 있었다. 이를 지켜보는 나로서는 고달픈 삶이 조상 탓이란 말도 헛된 말이 아니라는 점을 실감할 수밖에 없는 처지였다.

마을 한가운데 위치한 우리 집은 비록 초가삼간이긴 하지만, 마루에 서면 소백산맥의 준령이 눈앞에 펼쳐지고 먼 동남쪽 하늘과 맞닿은 곳에는 지리산맥의 연봉이 한 눈에 바라다 보이는 광활하고 수려한 경치를 사시장철 즐길 수 있는 곳이었다. 나는 일평생 웅대한 자연환경을 보고 느끼며 자란 어린 시절의 추억을 간직하며 이를 행우능로 여겨왔다. 고향의 산천은 내 꿈의 원천으로 항상 내게 세파를 뚫고 살아갈 수 있는 지혜와 용기를 북돋워주었다.

불과 인연이 깊은 나

내가 곡성공파 30대로 이 세상에 태어난 때는 1924년 음력 7월 1일이고 양력으로는 7월 28일이다. 그런데 출생신고를 양력 7월 1일로 했기 때문에 이런 연유로 생일을 양력 7월 1일로 고정해 쓰고 있다. 정작 나와 무관한 날을 평생 생일로 삼고 살아온 셈이다. 내 위로 네 살 많은 누님이 한 분 있고, 내 밑으로는 역시 네 살 터울의 동생이 남녀 교대로 넷이 있어서 모두 육남매였다. 그 중 내가 장남이라 집안을 이끌 무거운 책임을 지고 태어났다고 해서 극진한 사랑을 받으며 성장했다.

내가 태어나던 날 행랑채에서 실수로 불이 나서 집안에 큰 소동이 났다고 한다. 당시만 해도 출산 전후로 사립문에 금줄을 치고 상주(喪主)나 걸인 등 잡인의 출입을 막았는데, 불이 나자 온갖 사람이 드나들고 갓 태어난 나를 옆집으로 피신을 시키는 등 온갖 난리가 벌어지게 됐다. 이를 본 동네 사람들이 아이의 팔자가 순조롭지 못할 것이라고 수군대기도 했다고 한다.

불로써 벌어진 일이니 내 팔자가 장차 불로 인하여 큰 재난이 있을 것이라고 예언하는 사람도 있어서 어머니는 대모를 정하고 불공을 드리며 나를 정성껏 키우셨다. 나중에 우연의 일치인지는 몰라도 히로시마에서 원자탄의 불벼락을 맞은 것도 내 운명이 불과 악연이 있어서 당한 팔자소관이 아니겠냐고 놀리는 친구도 있었다.

내 할아버지는 1856년 출생하셨는데 향리의 유학(幼學)으로 과거시험만 치르다 출사(出仕)도 못하시고 일찍 별세하셨다. 1894년 갑오개혁 때 과거제도를 폐지하였으니 마지막 과거세대라 할 만하다. 그러나 당시는 이미 국운이 기울어 부정부패가 만연하고 매관매직이 극심한 때이기도 했다. 나라가 망해가는 형편에 과거제가 정상적으로 운용될리가 없었으니 할아버지의 과거 응시는 힘없는 향반의 도로무공에 지나지 않았을 것으로 짐작해본다.

할아버지는 큰 할머니와의 사이에서 딸만 둘을 낳으셨고, 큰 할머니가 돌아가시고 다시 맞이한 작은 할머니가 아버지와 숙부를 낳으셨다. 그러나 아버지 아홉 살 때 할아버지가 돌아가시고 할머니도 4년 후에 돌아가시는 바람에 어린 두 아들만 고아처럼 험한 세상에 남게 되었다고 한다. 일제의 식민지 침탈이 본격화되던 때에 두 어린 고아가 무슨 재주로 누구의 도움으로 삶을 유지할 수 있었을까. 이에 대해 내가 갖추어 들은 바는 없지만, 상상만으로도 선연해지는 선대의 슬픈 가족사가 아닐 수 없다.

산 넘어 간이학교

나는 8세 때(1931년)부터 서당에 다녔다. 서당은 동네 안에 있었는데, 몇몇 아이의 부모가 서당 선생을 모셔다가 공동으로 보수를 드리는 서당계 방식으로 운영했다. 초보자는 천자문부터 시작해서 사자소학·동몽선습 등 차차 정도를 높여 갔다. 천자문은 대개 1년 걸려서 모두 암기하는 과정이었다. 방안에 둘러앉아 몸을 앞뒤로 흔들면서 큰 소리로 책을 읽다가 지치면 글씨 연습을 하는 그런 단조로운 서당생활이 우리들에게는 그리 바람직한 교육과정으로 느껴지지 않았다.

1930년대가 되니까 일제도 '문맹퇴치'란 구호를 내걸고 산간벽지까지 학교를 세워 국민을 계몽한다는 구호 아래 간이학교를 만들기 시작하였다. 마침 소학교 입학 기회가 없어 고민하던 차에 산 넘어 신정리에 간이학교가 뒤늦게 개교한다는 소식에 그 학교에 입학하기로 했다. 우리 동네에서는 나와 같은 처지의 아이가 네 명이 있어 동무가 되어 같이 다니게 됐다.

교실이나 운동장이 있는 것도 아니고 남의 제각(祭閣)을 빌려서 한 분 뿐인 선생님이 가르치는 그야말로 간이 학교였다. 그나마 재너머 400m가 넘는 높은 산 속에 자리잡고 있었는데 우리 마을에서 4km가 넘는 거리였다. 험한 산길이라 인적이 드물고 늑대도 출몰하는 곳이라 등하교길은 어린 우리들에게 무섭고 험난한 고행일 수 밖에 없었다.

그래서 우리들은 아침에 같이 모여 조를 지어 다닐 수밖에 없었다. 어머니는 매일 아침 마당에 서서 산을 넘어 가는 우리들의 뒷모습을 지켜보는 것이 일과셨다. 우리는 산길에서 가끔 노루를 만나면 먼 곳으로 사라질 때까지 계속 고함을 질렀다. 다행히 늑대는 스스로 사람을 피했기 때문에 우리와 조우한 경우는 없었다.

전교생이 20여 명 남짓한 학교에는 나이 든 학생도 있었고 형제가 같이 입학한 경우도 둘이나 있었는데, 우리와는 달리 모두 서당에서 머리를 땋아 기르고 글 읽던 친구들이라 졸업할 때까지 머리 가운데 고속도로 같은 흰 가르마 자욱이 남아 있었던 것이 아직도 기억에 생생하다.

간이학교도 명색이 학교니까 오전 중에는 국어(당시는 일본어)·산수를 배우고 오후에는 실습지에 나가 밭농사·논농사 실습을 했다. 비가 오는 날에는 실내에서 가마니를 짜거나 조리(일본식 짚신)를 만들어 신었다. 신정간이학교는 형식상으로는 임실소학교의 분교였기 때문에 한 학기에 한두 번 일본인 교장이 와서 짚신 만드는 방법을 가르쳐 주기도 했었다.

수재를 모아다 바보를 만든 사범학교

오수소학교 6학년 때(맨 오른쪽이 저자)

간이학교를 졸업한 학생들은 임실과 오수 소학교로 반반 정도로 나누어 전입을 했다. 그 중 반 정도는 4학년으로 편입하고 나머지는 3학년으로 편입했다. 나는 4학년으로 편입해 1년 득을 본 셈인데 음악이나 도화(미술)·체조와 같은 예체능계는 생소해서 상당 기간 어리둥절한 채로 지냈고, 친구들과 융화도 쉽지않아 서먹한 편이었다.

그러나 5학년이 되자 부근에 4년제

전주사범학교 심상과 3학년 때(맨 뒷줄 세 번째, 완장을 차고 있는 저자)

밖에 없는 학교에서 배출된 많은 졸업생들이 편입하면서 분위기가 새로워졌다. 학생 수도 배로 불어나 두 반으로 편성되자 안정된 학습 분위기가 만들어져 나도 학업에 열중할 수가 있었다.

면학의 결과 소학교를 졸업할 때 나는 최우수 성적으로 도지사 상을 수상하였고, 사범학교에도 유일하게 합격하여 주변의 부러움을 한 몸에 받았다. 당시 관립 전주사범학교는 경성·평양·대구사범학교에 이어 조선에서 네 번째로 세워진 사범학교로 전라 남·북도(제주도 포함), 충청 남·북도 4개도에서 수재로 꼽히는 학생들이 치열하게 입학 경쟁을 하는 학교였다. 100명 모집에 지원자가 무려 열배가 넘을 정도로 경쟁률이 높았다. 그 가운데 정원의 10%는 일본인이 선점했다.

그런 수재들을 소학교 교원이라는 작은 틀에 맞춰 제국 일본의 지식 전사로 길러내는 것이 사범학교의 교육 목표였다. 이에 대해 혹자는 "수재 모아다가 바보 만드는 교육"이라고 악평할 정도로 사범학교는 융통성 없는 획일적 교육을 실시했다. 한마디로 우리 민족을 일제의 황국신민으로 만드는 정책을 실현시키는 최첨병을 양성하는 교육내용이었던 것이다. 즉 조선의 역사를 오욕과 분열과 타락의 역사로 비하하고 우리 민족을 보잘 것 없는 약소민족으로 규정해서 완전한 일본인이 되는 길만이 한민족이 나아갈 유일하고도 최선의 선택이라고 강조했다. 처음에는 가르쳤던 조선어와 영어도 폐지하고 오로지 신(神)의 나라 일본의 역사를 미화하고 '천황'을 신격화하는 것이 당시 사범교육의 핵이었다.

그것을 전적으로 믿을 우리가 아니었지만, "열 번 찍어 안 넘어가는 나무 없다"는 격언처럼 교육과 언론을 통한 집요한 선전·선동과 세뇌에 일본인보다 더 일본정신에 투철한 한국인도 나오는 지경에 이르렀다. 그 때는 제대로 깨닫지 못했지만 일제하에서 교사를 했더라면 꼼짝없이 천황제 파시즘의 전도사 역할을 할 수밖에 없었을 것이다. 창씨개명과 조선어 금지 등 민족말살정책과 황국신민화에 협조했을 모습을 떠올리면 지금 생각해도 모골이 송연해진다. 해방 직후 교사들이 집단적으로 일제하의 협력 행위를 공개 반성한 적이 있었다.

자의든 타의든 진심이든 가식이든 교육자들은 식민통치와 침략전쟁 미화에 대한 책임을 면할 수 없다고 본다. 황국신민화 교육의 전사로 양성된 나 또한 잠재의식 속에 일제잔재는 남아있지 않나 항상 두려움을 지닌 채 살아왔다.

일본군생활

묻지마라 갑자생

1939년 전주사범학교 심상과 4회로 입학한 나는 3학년 때 폐문침윤(肺門浸潤)으로 1년 간 휴학을 했다. 어쩔 수 없이 다음해 4월에 5회에 입학한 후배들과 같은 학년으로 편성됐다. 내 학번은 182번이니까 평균보다는 약간 작은 키였는데, 휴학 후에 1년 아래 후배들과 같은 학년이 되었을 때는 내가 반에서 다섯 번째로 큰 키에 어른 대우를 받을 정도로 성장했다. 1940년 2월부터 창씨개명이 실시되었기 때문에 4회 입학생은 조선식 이름이었고, 5회 입학생부터는 일본식 이름으로 불러야 서로 알 수 있을 정도로 정세도 많이 변해 있었다.

그런데 5학년(1944)이 되니까 한국인에게도 징병제가 실시되어 갑자생(甲子生)부터 징집해 간다는 발표가 나왔다. 갑자년이란 1924년이고 내가 바로 그

갑자생이니 청천벽력 같은 소식에 어찌할 바를 알 수 없었다. 당시 세상에는 "묻지마라 갑자생"이란 말이 유행했을 정도이다. 갑자생은 물을 것도 없이 사지로 끌려갈 신세라는 것을 한탄하는 말이었다.

가산의 태반을 쏟아 부어 학비를 대 주셨고 내가 졸업할 날만을 기다리고 있던 부모님의 쓰라린 심정을 이루 다 헤아릴 길이 없는데, 어처구니 없게도 생명까지 내바쳐야 하는 처지가 되고 만 것이다. 나나 우리식구 뿐만 아니라 세상 사람들이 모든 운명을 하늘에 맡기고 될 대로 돼라는 심정으로 절망속에 그 날 그 날을 보내고 있을 수밖에 없었다. 그야말로 바로 코앞의 일도 알 수 없는 암흑의 시대였다.

5월에 받은 징병검사에서 갑종합격으로 판정받자 곧이어 9월 초 입대하라는 소집영장이 배달되었다. 그 영장에는 "9월 10일 서부 제2부대의 요원으로서 조선군 8502부대에 입대하라"고 되어 있었다. 그러나 나뿐만 아니라 내 주위 모든 사람들이 서부 제2부대가 무엇인지, 또 조선군 8502부대가 어디에 있는지 알지도 못했고 묻지도 않았다. 그저 전쟁터로 죽으러 끌려간다는 생각뿐이었다. 만약에 꼬치꼬치 캐묻고 다녔다면 거동 수상자로 낙인찍혀 헌병대에 끌려갈 공산도 큰 그런 불안한 시대였다.

9월 3일 전주역 앞 광장에서 동기생 유군을 보내면서 약간의 흥분상태가 연출되어 긴장된 분위기가 조성되었다. 나를 보내는 친구들은 밤에 기숙사 담을 넘어 와서 막걸리를 마시며 눈물의 장행회(壯行會, 징용·징병자를 환송하며 격려하는 행사)를 치러 주기도 했다. 그 다음 날 나는 고향으로 내려가 면민이 총동원된 역사상 최초의 장행회를 마치고 7일 출정열차에 합류했다.

이리(현 익산)까지 누님이 따라와 눈물로 기약없는 별리의 한을 나누었다. 이후로는 흥분한 입대청년들만 가득 태운 채 꽃 열차는 알 수 없는 방향으로 달리고 또 달렸다. 그리고 입대자들은 머나먼 함북 나남(羅南)역에 내려서 병영으로 끌려갔다.

화물열차에 실려 도착한 곳

붉은 벽돌집 창고 같은 병영에 도착한 우리는 낯선 분위기에 어리둥절하면서 상황판단에 신경을 곤두세우고 있었다. 나남은 청진과 인접한 거리에 위치해 있는 한반도 최북단의 항구도시로 두만강 삼각주의 소·만국경이나 간도의 항일세력을 감시하는 국경지대의 군사 요충지였다.

이곳에 우리를 호송해 온 까닭은 장차 소련과의 충돌을 예상한 대비책이거나 또는 중국 북부 지역에 파견하기 위해 훈련을 시키거나 또는 예비조치일 것이라고 생각하고 있었다.

그러나 하루 이틀이 지나자 분위기가 이상했다. 국경까지 우리를 끌고 온 일본군은 최하급 보급물자로 군장을 꾸리게 한 다음 부대 편성이나 훈련 같은 것도 안 시키고 인사기록만 정비한 다음 다른 곳으로 전속시킨다고 했다. 3일 째인 10일 우리는 풍문대로 밤이 되자 어둠을 틈타 역으로 나갔고 화물차에 짐짝처럼 실려 어디론가로 출발했다.

화물칸은 차량 안에 조명이 없을 뿐만 아니라 화장실도 없어서 아무리 군인이라 해도 장거리 여행에는 부적합한 이동수단인 것은 두말할 나위도 없다. 급한 용변을 볼라치면 문을 약간 열고 두 사람이 안에서 붙잡고 엉덩이만 바깥으로 내밀고 볼일을 보는 웃지 못 할 진풍경이 연출되었다. 밤인지 낮인지도 모른 채 한 없이 달려가는 기차에서 우리는 간혹 정차할 때 나눠 주는 주먹밥으로 끼니를 때우며 무작정 견딜 수밖에 없었다.

우리가 예상하기로는 틀림없이 소·만국경이거나 머나 먼 낯선 중국 땅이겠거니 하고 거의 체념한 채로 있었다. 느닷없이 "다 왔으니 내려!"하는 명령이 떨어졌다. 저린 다리를 주무르며 기차에서 내리고 보니 시야에 들어온 것은 천만 뜻밖에도 따스한 태양이 빛나는 정다운 부산항 부두였다.

'와!' 하고 모두가 일제히 함성을 질렀다. 사지(死地)에서 벗어난 기쁨이 함축된 순간적인 환호성이었다. 뒤이어 부두에 정박한 연락선을 타고 거친 현해탄을 넘어 일본으로 간다는 소식을 들었으나, 그래도 모두들 약간은 안도하는 표정이었다.

왜 우리를 북으로 끌고 갔다가 야음을 이용해서 남으로 다시 데려갔을까. 두고두고 그 의문을 풀지 못 하였는데, 얼마 전에 소련의 거물 간첩인 리하르트 조르게(Rihard Sorge)의 수기를 읽어보고 조금 이해가 되었다. 당시 스탈린에게는 일본이 남으로 갈 것인가 북으로 올 것인가가 최대 관심사였는데, 만약 남으로 간다면 극동군 40만 명을 대독전에 투입하여 독일을 격파할 전기를 마련할 수 있었다. 이를 판단하기 위해 일본군의 향방을 탐지하라는 것이 조르게에게 내려진 지상명령이었다. 이런 사실을 감지하고 있던 일본군은 실제 남으로 병력을 이동하면서도 소련에게는 북으로 병력을 증강하고 있는 것처럼 위장 전술을 구사했던 것이다.

히로시마 서부 제2부대

일본 시모노세키(下關)에 도착한 우리는 또다시 열차에 실려 어딘지도 모르는 곳으로 계속 이동했다. 일본군은 동진하는 열차가 주요 역에 설 때마다 병사들을 분산 하차시켰다.

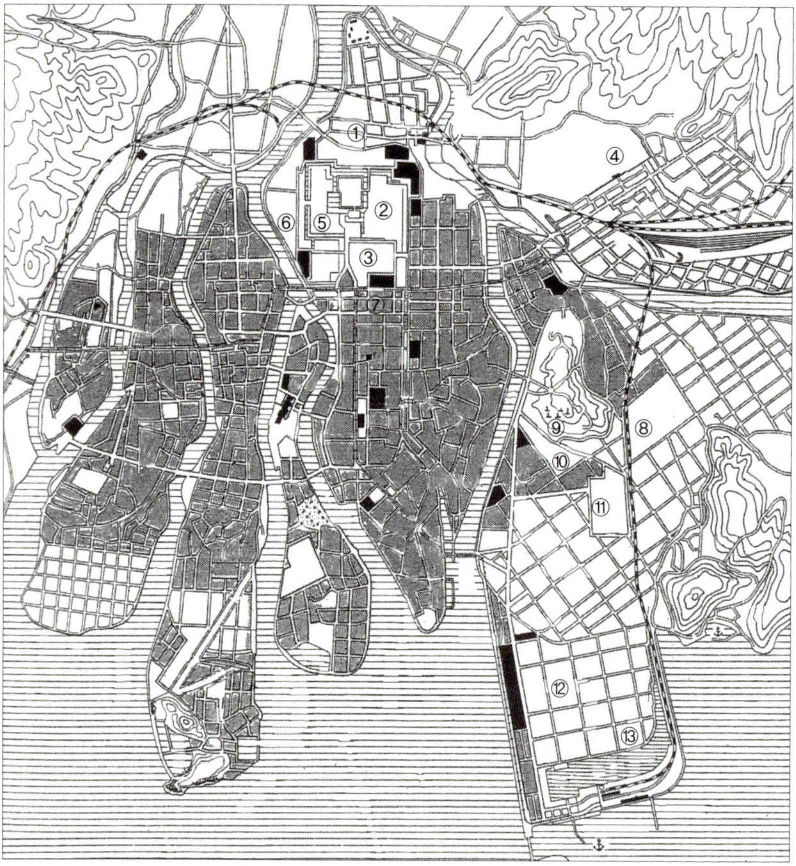

① 제5사단사령부 ② 보병 제11연대 ③ 서연병장 ④ 동연병장 ⑤ 야포병 제5연대 ⑥ 경중병 제5대대 ⑦ 헌병대 ⑧ 병기창고 ⑨ 육군묘지 ⑩ 전신 제2연대 ⑪ 육군피복창고 ⑫ 육군식량창고 ⑬ 육군 운수부 본부

히로시마(廣島)역에 도착하자 드디어 우리에게 '하차하라'는 명령이 하달되었다. 나와 함께 많은 병사들이 역사(驛舍) 밖으로 나오자 광장에 여러 개의 팻말이 줄지어 있는 것이 보였다. 그 순간 인솔 장교가 나를 향해 '2キ(キ[키]는 機의 일본음)'라고 쓴 팻말 앞에 정렬하라고 했다. 7~8명이 팻말 앞으로 줄지어 섰다. '2キ가 대체 무엇일까'라는 의문을 품은 채 인솔 장교를 따라 그곳을 떠났다.

내가 소속될 부대에 도착하자 나의 궁금증은 곧 풀렸다. 도착한 곳은 영장에 써 있던 '서부 제2부대'였는데, 알고 보니 옛 5사단 제11연대로 일본 육군 중에서도 핵심적인 역할을 했던 보병연대였다. 일본 육군 창군 이래 혁혁한 전공을 세워 그 긍지와 명예가 대단한 군대라고 했다. '2キ'는 바로 이 부대 내 제2기관총 중대라는 표시였다.

히로시마시의 중심부에 위치한 우리 부대 주변에는 각종 군사시설이 집중되어 있었는데, 정문 밖에 바로 서(西)연병장이 있고 동쪽 강을 건너면 동(東)연병장 북쪽에는 사단본부와 유년학교 등이 자리잡고 있었다. 우리 입장에서 보면 군사도시 히로시마는 일본 군국주의자들이 한반도를 침공한 시발점으로 한 청·일, 러·일 전쟁을 수행한 본거지이기도 했다. 히로시마만 에다지마(江田島)의 해군병학교(海軍兵學校), 구레(吳) 군항과 함께 군국 일본의 핵심 부대인 옛 5사단에 오게 된 것이니 다행인지 불행인지 미처 예측할 길이 없었다.

우리들이 입소한 병사(兵舍)는 나남의 감옥 같은 우중충한 건물과는 달리 새하얀 벽에 단아한 목조 2층 건물로 푸른 잎의 정원수와 조화를 이룬 휴양지 별장 같은 느낌이어서 우선 마음에 들었다.

92식 중기관총

내가 속한 제2기관총 중대는 중기관총으로 무장한 중대로, 한 연대에는 두 개의 중기관총 중대가 있었으며 전시에는 말 그대로 전세를 좌우하는 보병 부대의 핵심 화력이었다. 우리에게 지급된 중기관총은 92식 중기관총으로 무게가 55kg(총신 : 27.6kg, 좌대 : 28kg)이 넘는 엄청난 것이었다. 한 명이 소지할 수 없어 총을 분해하여 두 사람이 총신(銃身)과 좌대(座臺)를 각각 운반할 정도였다. 92식 중기관총은 망원경이 장착되어 있어서 500m정도의 거리라면 수 천 발을 사격해도 총탄이 빗나가는 일이 없을 정도로 집중공격이 가능한 무기였다.

기관총 중대의 1분대 편성은 앞의 4명이 사수이고 나머지 병사는 탄약을 운반하여 보급하는 일을 한다. 한 중대에 5정의 기관총이 배치되므로 한 연대에는 10정의 중기관총이 배치되어 있었다. 훈련 때는 보통 두 사람이 운반하지만 실전의 장거리 이동에는 말에 실어 운반했다.

내가 속해 있던 중대에 배치된 한국인 병사는 나를 포함하여 모두 5명이었다. 그 중 일본어를 할 줄 아는 두 명은 나와 다른 내무반에 배치되었다. 일본어를 한 마디도 못하는 나머지 두 명은 나와 함께 배치되었다. 나에게는 이들에 대한 통역과 지도를 전담해야 하는 무거운 책임도 주어졌다.

초년병 훈련

나와 함께 내무반 제5반에 배속된 동포 두 명은 전혀 일본 말이 통하지 않는 무학자였다. 한 사람은 본적이 전북 완주군 출신으로 백완옥(창씨명 : 白本完玉)이란 청년이었다. 그는 북해도 탄광에서 광부로 일하다가 현지에서 징집되어 왔다고 했다. 다른 한 청년은 나와 같은 임실군 출신으로 관촌면에서 농사일만 하다가 끌려 온 송원성연(松原成淵)이란 청년이었다. 성연이는 눈치도 있고 상황판단이 다소 빠른 편인데 비해, 백군은 우둔하고 적응능력이 떨어져 매사에 눈총을 받는 편이었다.

내무반에서는 어디를 가든 관등성명을 큰 소리로 외치고 난 후 행선지나 용건을 말해야 했다. 자기 이름이야 혀 짧은 소리라도 할 수 있었지만, 화장실이다 취사장이다 하는 용무를 다 일본어로 할 수 없어서 그 때마다 나는 이들에게 일일이 가르쳐 주어야했다. 매번 그렇게 하는 것도 쉽지 않았고, 그렇다고 아무 말 없이 내무반 출입을 할 수도 없었을 뿐 아니라 그런 예외가 통할 분위기도 아니었다.

고참들 가운데는 일본인이라도 이해심이 많은 사람도 있어서 우리의 처지를 너그럽게 봐주는 고참병이 있기도 했지만, 대개는 책망하고 따지고 강박하는 고참들 때문에 곤란한 처지에 놓이는 경우가 비일비재하기 마련이었다.

한 번은 무슨 일로 고참이 나무라자 백군이 거세게 반항하는 바람에 갑자기 일이 커져버렸다. 심지어 백군이 침상에 벌러덩 누워서는 훈련을 거부하는 사태까지 이르렀다.

일본인 고참은 백군이 자기에게 반항을 했고, 알아들을 수는 없지만 욕을 했다고 흥분했다. 백군은 막무가내로 반항하면서 집에 돌아가겠다고 버텼다. 반장이 달래고 간부들이 나서서 타일렀지만 백군의 저항은 계속 되어 2~3일이나 훈련도 못나가고 백군이 진정하기를 기다리는 상황이 연출되었다. 그 무렵 같은 사단 내 한국출신 초년병이 자살하는 사건이 있어서 간부들이 더욱 긴장한 상태였다.

그에 반해 성연군은 말은 안 통해도 순탄하게 초년병 훈련을 끝낼 수가 있어서 다행이었다. 일제가 무리한 전쟁을 시도하면서 빚어진 일들이지만 우리 민족으로서는 날벼락도 이만저만한 날벼락이 아니었다.

고된 훈련의 연속

우리 초년병들을 훈련시킨 담당 장교는 우리 보다 한 살 위인 22세였고, 그해 봄 일본육군사관학교를 갓 졸업한 가꾸다(角田) 소위였다. 가꾸다 소위는 다른 군인보다는 약간 작은 체구에 깡마른 편이었으나 사관학교에서 단련

히로시마 서부 제2부대 초년병 시절

된 강인한 모습으로, 밖으로 풍기는 모습이 전형적인 구주(九州) 남아의 표본 같은 군인이었다.

게다가 그는 하숙집에서 부대까지는 걸어 다니는 일이 없이 항상 뛰어다니는 괴팍한 이단아로 소문이 나 있어서 주위에서는 우리 초년병들이 무척이나 고생할 것이라고 예측을 했다. 아니나 다를까 우리는 훈련이 시작되자마자 무거운 중기관총의 분해·반송을 쉴 새 없이 반복했다. 아무리 혈기왕성한 장정들이라고해도 30kg에 가까운 쇠뭉치인 중기관총의 총신이나 좌대를 메고 일어서면 바로 두 다리가 떨려 비틀거릴 수밖에 없었다. 그래도 각 분대끼리 경쟁을 붙였기 때문에 이를 악물고 뛰어서 훈련장에 도착해야 하는 고된 훈련이 일과였다.

대부분 포복전진 훈련을 하면서 조준, 사격 등 어떠한 상태에서도 적을 섬멸할 수 있도록 전술을 습득해 나갔다. 군대란 원래 순번이나 양보가 없는 곳이기 때문에 의욕이 강하고 체력 좋은 강자가 언제나 선두였고, 소극적이고 체력이 약한 병사는 기관총 옆에 접근도 못하고 훈련을 마치는 경우가 대부분이었다.

중기관총 중대가 분대로 도열했을 때 앞의 네 명은 총을 메고 달리거나 사격을 해서 적을 섬멸하는 사격 훈련을 쌓는 반면, 뒤에 도열한 분대원들은 하릴없이 빈 탄약상자를 메고 지루하게 따라다닐 수 밖에 없었다. 다행인지 불행인지 몰라도 나는 체력적으로나 지적으로 다른 일본인 초년병에게도 뒤지지 않아서 훈련에서나 내무반 생활에서 기상부터 저녁 취침까지 선두를 양보한 적이 없었다. 더구나 내 눈치를 늘 살피는 두 청년을 챙겨야 할 책무도 있어서 더욱 그랬는지 모르겠지만 있는 힘껏 노력을 다했다.

당시 가장 힘들었던 점은 고된 훈련으로 뼈가 바스러지는 것 같은 피로감과, 너무도 부실했던 세 끼 식사였다. 당연히 식량이 부족했던 전시였지만, 만주산 콩 깻묵이 3할쯤 섞이고, 부식이라고 해봤자 영양가 없는 잡초국 정도가 끼니의 다였으니 소모된 체력을 전혀 보충할 수가 없었다. 잠자리는 짚을 넣은 매트니까 그런대로 쉴만 했지만 빈대와 벼룩의 소굴이라 '잡는다'는 표현보다는 '쓸어냈다'고 하는 것이 맞을 정도로 위생상태가 엉망이었다. 벼룩은 물을 뿌리면 맥을 못 춘다는 것도 비로소 경험으로 체득할 수 있었다.

실낱같은 기대

1944년 초 가을 우리가 초년병 시절을 보내고 있을 즈음, 전세는 급속도로 바뀌어 일본의 패색이 짙어 가는 형국이었다. 그러나 단시일 내에 일본이 패망할 것이라고 전망하는 자는 그리 많지 않았다. 처음에 우리는 대부분 북만주나 중국의 오지, 아니면 남양군도의 어느 섬에 파견되어 끝내 전쟁터에서 죽겠거니 하고 생각했다. 그래서 징병은 곧 사지(死地)로 가는 길로 생각하고 고향을 떠났는데, 막상 도착해 보니 일본 땅이었다. 점점 전선이 축소되어 이제는 중국이나 남양군도로 갈 수도 없는 정세가 되어가고 있었던 것이다.

그렇다고 해서 일본이 패망하고 우리가 독립할 것이라고 믿고 행동하는 사람을 찾아보기도 쉽지 않았다. 대다수가 황국신민으로 교육받아 왔으니 어떻게 보면 당연한 현상이었다. 누구 하나 나서서 전세의 향방을 점치거나 암시하는 사람은 없었다. 혹시라도 정세가 잘 풀려서 미·영 연합국과 적당한 선에서 타협하여 한반도가 자치령 정도가 될 수 있지 않을까 가상을 해보기는 했다. 설사 그런 전망이 가능하더라도 그것이 현실이 되려면 징병으로 끌려 온 우리는 그 와중에 희생되지 않을 수 없다는 것이 대체적인 생각이었다. 그러니까 쉽게 말하자면 절망의 시대에 보람 없는 곳에 생명을 바치러 온 것이 바로 우리 신세였다.

그런데 막상 일본에 와서 훈련을 받으며 생각해보니 "죽지 않을 수도 있다"는 희망이 한편으로 싹트기 시작했다. 일본군은 멀리 소·만국경이나 중국으로 갈 수 있는 상황이 아니었다. 또 제해권을 잃어버려 수송선으로 남양군도로 이동하기도 불가능한 전황(戰況)이었다.

때문에 오로지 본토방위에만 전념해야 할 정도로 전세는 급변하고 있었다. 그러니 일본 군대가 전멸하고 민간인도 대부분 사망할 정도가 되어야 나 같은 초년병도 생명을 잃을 터인데, 그전에 무슨 수라도 생기지 않을까 하는 희망섞인 생각이 점차 일기 시작했다.

그래서 나는 훈련에 최선을 다하기로 작심했고 본심이야 어떻든 간에 일본의 전쟁 수행에 협력한다는 적극적인 태도를 견지하였다. 그런 나를 격려하고 후원해 준 일본군장교나 하사관 고병들도 많았다. 일본 말을 일본인 보다 더 잘하며, 일본 역사도 꽤 알고 순박한 동포 청년을 품에 안고 생활하는 나를 대견스럽게 여겨주고 대우해주는 흔적이 역력했다. 동포 청년들도 나를 의지하고 협조했으며 고병들도 차츰 이해하기 시작해서 1기의 검열도 무사히 마치게 되었다. 전출한 뒤 그들이 어떻게 되었는지는 전혀 알 수가 없다. 비록 자의는 아니었으나 한때 고락과 풍상을 함께 겪었던 인연을 떠올리면 마음 한 구석 안타까운 점도 없지는 않다.

을종 간부후보생

1944년 12월 25일자로 병과 간부후보생으로 선임되었고, 계급도 육군 이등병에서 병장으로 진급하게 되었다. 간부후보생이란 갑과 을 두 부류가 있는데, 갑종은 바로 예비사관학교에 입학해서 6개월 후엔 견습 사관이 되고 견습 기간이 만료되면 정식으로 소위로 임관되는 길이고, 을종 후보생은 부대에 남아 일정기간 훈련을 거친 후 하사관으로 출신 부대에 배치되는 제도였다. 그리고 병과는 원래 중기관총을 담당했던 보병이 아니라 기병(騎兵)이라는 것이다.

무엇보다 예상과 달리 내가 왜 을종후보생인지 의아하지 않을 수 없었다. 나는 늘 훈련에서나 학과시험에서나 선두는 아니라도 적어도 상위권에 속한다고 자부해 왔는데 중간 이하의 을종후보생이라고 하니 무엇인가 잘못 된 것이 아닐까 하는 의구심이 들었다. 중대 간부들이 장교와 하사관의 충원 비율이 정해져 있어 한국인은 아무리 성적이 우수해도 모두 장교로 뽑힐 수는 없다고 설명해 주었다.

그러면서 상위권인 나를 을종으로 끌어내렸으니 을종 후보생 중에는 일등인 선임자라고 추어올려 주었다. 선임자는 을종후보생 106명을 지휘하는 권한을 가졌고, 후보생 중 10%는 사관 적임자로 선정되어 6개월 후에는 사관으로 임명될 수 있었다.

나중에 다른 학교의 예를 보니 재학 당시 배속장교의 의견서가 사관 적임자 선정에 절대적이라는 것을 알 수 있었다. 하기야 배속장교인들 졸업생 전원을 사관 적임자라고 할 수는 없을 테니 한 반에 한 두 명은 사관 적임자로 추천하고 나머지는 모두 하사관 적임자로 할 수밖에 다른 도리가 없었을 것이다.

또 한 가지 의문은 말을 타고 전쟁하는 시대도 아니고, 예전 기병연대는 이미 현재 전차대로 바뀌었는데 무슨 뚱딴지같이 기병일까 하는 점이었다. 알고 보니 일본 본토 공격에 대한 우려가 커지고 있던 상황에서, 미군의 낙하산 부대가 산중에 강하하면 길이 없으니 차로 갈 수도 없고, 그렇다고 걸어가서야 싸움도 제대로 못 할테니 말을 타고 접근할 수밖에 없어서 이미 없앤 기마부대를 다시 부활시켰다는 것이다.

그래서 부대에서는 승마대 출신자들을 소집해서 농가에서 기르던 말을 징발하고, 훈련을 거친 후 부대를 편성하는 일을 맡겼다. 그 가운데 '야생마'라고 불린 말이 있었는데, 제멋대로 날뛰는 이 말을 다루는 고병들의 익숙한 솜씨를 보고 있으니 과연 명기수로구나 하는 느낌이 들었다. 저런 말을 우리가 타야한다니 걱정이 앞섰지만 얼마 지나지 않아 조련을 거친 말들은 유순하게 변해 우리의 사랑을 받는 애마가 되었다. 나의 애마 다니아야(谷綾)를 나는 평생 잊지 못하고 있다.

승마 훈련

말이란 체구는 크지만 매우 겁이 많은 동물이다. 이 점을 맨 먼저 인식해야만 했다. 후보생 개개인에게 말이 배당되고 조석으로 손질하는 방법을 익혔다. 말을 이해하고 말과 친하게 되는 것이 우리들의 우선 과제였다. 또 사람처럼 말에 따라 색다른 고집이 있다는 것도 알아두어야 할 상식이었다.

잘못 실수해서 뒷발에 차이기라도 하면 즉사할 수 있다는 것도 명심하고 있어야하니 늘 세심하게 주의해야 한다는 것이 말을 다루는 첫 번째 철칙이었다.

첫 훈련으로는 새 박차가 달린 장화를 신고 안장 없이 말에 타는 연습을 했다. 안장이 없어 몸이 비틀거리면 자연스럽게 발뒤꿈치 박차가 말의 복부를 자극하게 되고, 여기에 말이 예민하게 반응하게끔 연습하는 것이다. 앉은 자세가 불안한 초보자는 말이 뛰면 낙마하기 일쑤였다.

말 위에서는 그냥 뚝 떨어지면 크게 다치지 않는데, 떨어지지 않으려고 허둥대다가 더 큰 부상을 입곤 한다. 그래서 우리는 안전하게 떨어지는 연습도 반복했다. 뿐만 아니라 "뛰어 타고 뛰어 내리기 30번! 빠른 사람부터 관등성명!" 하는 명령에 따라 훈련을 거듭하는 동안 말과 차츰 친근하게 되었다.

내가 타는 말은 좀 약했지만 빛깔이 좋고 균형이 잘 잡혀서 늘 소대장에게 징발 당했다. 그 대신 나에게는 늙은 말이 배당되었는데 그 말은 매우 나쁜 습관이 하나 있었다. 야외훈련을 하다 휴식할 때면 안장 띠를 풀어 주고 편하게 풀을 뜯게 하는데, 그럴 때 그 말은 반드시 배를 깔고 나뒹굴곤 하는 습성이 있었다.

한번은 소대가 멀리 나가 훈련을 하다가 철도변 초원에서 휴식을 취하고 있

간부후보생 시절

었다. 다른 말들은 모두 안장 띠를 풀고 한가로이 풀을 뜯고 있었지만, 나는 내 말의 버릇을 아니까 말고삐를 꽉 잡고 있었다. 그때 지나가던 기차가 갑자기 기적을 울렸다. 이때 놀란 한마리가 뛰기 시작하니까 다른 말들도 덩달아 내달리기 시작했다. 담배를 피우고 있던 후보생들이 '저기 좀 봐라!'하는 순간 이미 말들은 노도와 같이 달려 흔적도 없이 사라지고 말았다.

그 때 오로지 내 말만 내 손에 착실히 붙잡혀 있었다. 사고치고는 큰 사고가 아닐 수 없었다. 소대장이 내 말을 타고 황급히 부대로 달려 가 보니 말들은 무슨 일이 있었나 싶게 고스란히 부대 마구간에 모두 와 있는 게 아닌가. 말이 지닌 속성 탓에 다행히 큰 탈 없이 지나갈 수 있었던 아찔한 순간이었다.

새로 발족한 기병부대는 승마대라고 불렀다. 후보생 3분의1 정도가 배치되었고, 그 외 병력은 예비역들을 소집해서 충당했다. 우리를 지도한 일본군 장교는 올림픽 대표로 출전한 승마선수 출신으로 승마술이 탁월하고 인품도 중후한 인격자였다. 그의 능란한 지도로 우리의 승마기술은 단시간 내에 향상되어 연병장에서 말을 타고 대열을 맞춰 각종 모양을 만들어 내거나 물속에서 도강 훈련을 하는 등 실력이 눈에 띄게 늘어갔다.

말타면 경마잡히고 싶다더니 말 위에서 걸어 다니는 사람을 보면 왠지 우쭐한 기분이 드는 것을 숨길 수가 없었다. 더구나 새벽에 우리 승마대가 말굽 소리를 울리며 시가지를 행진할 때면 천하가 우리 것인 양 의기양양해 했다.

간혹 우리 부대가 일요일 아침 근교 농촌에 운동 겸 대열을 지어 나가는 경우가 있었다. 그럴 때면 동네 부녀자들이 모두 문밖에 나와 우리를 향해 90도로 최경례를 하고, 볶은 콩이나 과일 등을 선물로 대접하곤 했다. '각박한 이 세상!'이 아니고 다른 세상에 온 것 같은 착각을 일으킬 정도로 따스함을 느끼는 순간이기도 했다. 물론 자기 식구들도 전쟁터에 나가고 없으니 제 식구를 생각하는 심정으로 우리를 대했겠지만, 그에 못지않게 우리 승마대의 위용에 감명을 받은 영향이 더 크다고 우리는 짐작하였다.

치기어린 젊은 시절을 떠올리면 지금도 실소를 금할 수 없게 된다.

부쩍 잦아진 공습경보

1945년 봄이 되자 사이판 섬이 미군에 함락되었다. 그 부속섬 티니안의 기지에서 발진한 B-29 폭격기가 일본 본토를 공습하는 상황이 일상화했다. 그런데 일본군의 고사포는 7천m이상은 올라가지 못하는데 비해 B-29는 9천m의 고도를 유지하면서 폭격할 수 있어 속수무책으로 당할 수 밖에 없었다.

우리가 가지고 있는 중기관총도 고사탁가(高射託架)를 설치하면 비행기를 사격할 수 있지만 유효 사거리가 높아야 2천~3천m였다. 그래도 대처는 해야 하니 공습이 있으면 우리는 즉각 대공사격 위치로 이동하곤 했다.

보통 꽃잠이 들 무렵인 밤 11시쯤 경계경보가 울리면 우리는 허둥지둥 무거운 기관총을 메고 멀리 히지야마(比治山)까지 달려가 사격태세를 완비해야 했다. 그리고는 얼마를 기다리고 있으면 경계경보가 해제되곤 했다. 한두 번도 아니고 상습적으로 내습하는 미국 비행기와의 숨바꼭질에 우리는 모두 신경쇠약이 걸릴 정도로 예민해져 갔다. 한 번은 기동대가 접근하면서 온다 온다 하면서 안 오던 비행기 편대가 한꺼번에 4~5백대 가량 내습한다는 소식을 알렸다. 대량의 함재기(艦載機)가 내습한다는 정보에 우리는 함재기가 주로 높이 나는 비행기가 아니기 때문에 지상의 군사목표를 폭격할 것이라는 예상을 하고 서연병장에 중대 기관총을 모두 배치하고 기다렸다. 과연 동남쪽 하늘이 새카맣게 되도록 함재기 떼가 날아오는 것이 보였다.

두근거리는 가슴을 진정시키며 주시하고 있었는데, 그 중 한 대가 우리를 향하여 급강하하는 것이 아닌가. 나는 '이 때다!'하고 집중사격을 하기 시작했다. 비행기가 마치 격추된 것처럼 지상 가까이까지 강하하였으므로 나는 명중시킨 것으로 착각하고 환성을 올리기까지 했다. 그러나 나중에 알고 보니 폭탄 한 발을 강에 떨어뜨리고 유유히 사라졌다고 한다. 한쪽에서는 물고기만 큰 놈이 희생되었다고 고병이 주어와 요리를 한다고 떠들고, 한쪽에서는 비행기 강습이 무서워 숨어버린 후보생에게 중대장이 노발대발하며 '비겁한

놈은 즉결처분 해야 한다'고 으르렁대는 촌극도 벌어졌다.

한 번은 백주에 우지나(宇品) 항구의 군사시설을 폭격하기 위해 B-29 폭격기가 내습한 적도 있었다. 에바(江波)에 설치한 고사포들이 탄막을 형성할 정도로 집중 사격을 퍼부었다. 그 중 한 발이 폭격기에 명중했다. 창문을 열어놓고 구경하던 많은 시민들과 우리들의 만세 소리가 시내에 충만할 정도로 울렸다. 우리 승마대에게 포로를 잡으러 가라는 전언이 있었으나 바다에 떨어진 포로를 승마대가 무슨 수로 잡느냐고 지휘부가 사절했다고 한다.

그때 포로 4~5명은 결국 우리 부대의 영창에 수감되었다. 군사재판을 받고 투옥되어 있었는데, 원자폭탄이 떨어진 후 탈옥해서 달아나는 그들을 일본 병사가 쫓아가 다리목에서 무참하게 타살했다는 후문이 있었다.

일본인 고참병들과의 마찰

후보생 훈련 시절 나는 누구에게도 뒤지지 않는 체력과 의지를 가진 모범 군인으로 복무하고 있었다. 그러던 중 1945년 1월에 우리 후배격인 신병이 입대했다. 신병은 두말 할 필요도 없이 내무반 생활과 세세한 수칙, 복무자세 등에 대해 우리들의 지도를 받았다. 그것이 선임자인 우리의 임무였다. 한편으로는 새로 편성된 승마대에 예비역 고병들도 소집되어 와 있는 통에 우리의 부담은 한층 더 무거워졌다.

한국이 일본의 식민지로 전락한 뒤 한국인의 생활은 날로 핍박해져서 만주나 일본으로 살 길을 찾아 유랑하는 사람이 날로 늘어만 가는 때였으니 일본 사람들 눈에 한국 사람은 사람답지 못한 천민, 인간 이하의 존재로 깊이 각인되어 있었다. 전시에 일본에 거주하고 있던 한국인들은 군인이나 징용공을 제외하면 대부분 집도 없고 직업도 없는 먹고 살기 위해 무작정 건너온 사람들이 대부분이었다. 이들의 실상은 비참하기 이를 데 없었는데 거리를 배회하면서 폐기물이나 담배꽁초를 주워 모아서 그것을 팔아 끼니를 때울 정도였다. 좀 나은 축이라 할지라도 교외 빈민촌에서 돼지를 기르거나 도축장 근처에서 일본인들이 먹지 않고 버리는 선지나 내장을 주워다 먹거나 밀주를 만들어 파는 등의 불법적인 방법으로 연명할 수밖에 없었다. 늘상 이런 모습을 목도하는 일본인들은 "조선인들은 더럽고 거짓말만 하는 대우할 수 없는 존재"라는 선입견을 가지게 되었으며 이것이 조선인을 차별하는 한 원인이 되었다.

기병이란 일본 육군 중에서도 제일 잘 나가는 병정인데, 그것도 대부분 '천황'을 호위하는 근위사단 기병들이었으니 다른 보병들은 안중에도 두지 않을 정도로 자존심이 강했다. 게다가 승마대에 새로 소집된 예비역 고병들은 제대 후에 대부분 경찰로 근무했기 때문에 밑바닥 생활을 하는 조선인들의 실상을 너무도 잘 알고 있는 터라 내무반 신병들을 좌지우지하는 내가 '조센징'이라는 것을 알고는 생트집을 잡기 시작했다. 나는 조선인이지만 적어도 일본인에게 모든 면에서 뒤지지 않는다고 자부하고 있었는데, 그들의 눈에는 그런 내 태도가 가소롭게 보였던 모양이다.

나는 그들의 곱지 않는 눈초리나 언동을 묵과할 수 없었다. 석식 후 내가 신병들을 지도하고 있었는데, 그것을 보고 있던 몇몇 고병이 불평을 하면서 방해하는 언동을 해서 분위기를 흐리게 했다. 여간 불쾌한 것이 아니었던 차에 나는 즉시 주모자격인 고병을 상대로 시비를 따졌다. 그들은 자기들과 내가 10여 년 연령차가 나니 자기들이 선배라고 주장했다. 그럼에도 불구하고 자기들을 선배대우 하지 않고, 선임자라고 불과 4개월 차이 밖에 안나는 신병들을 지도할 자격이 있느냐고 항변했다.

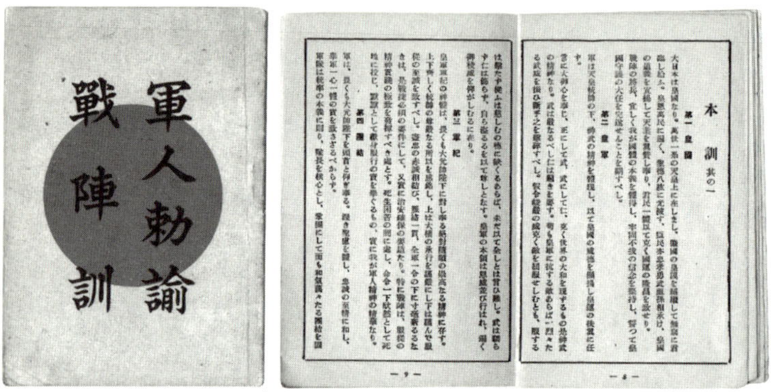

군인칙유와 전진훈(민족문제연구소 제공)

나는 '군대란 계급사회인데 너야 상등병이고 나는 병장이 아니냐'고 따지며 '군인칙유('천황'에 대한 절대 복종을 강조한 군인이 지켜야 할 행동규범)에 무어라고 쓰여 있느냐'고 다그쳤다. 대충 얼버무리기에 "군인은 상급자의 명령에 절대 복종하여야하며 상급자의 명령은 천황의 명령이니 명심하라고 쓰여 있으니 내 명령에 너희들은 복종해야할 의무가 있다"라고 하니까, "후보생의 계급은 후보생 표시의 좌금이 떨어지면 2등병으로 강등되는 것이니 정당한 계급이 아니다."라고 궤변을 늘어놓은 것이었다. 진의를 묻지 않아도 속내야 뻔한 일이었다. 어찌 사람 취급도 못받는 '조센징' 따위가 신국의 국민인 일본인 청년들을 지도할 수가 있느냐는 것이겠지. 그런 속내쯤이야 미리 짐작하고 시작한 시비니까 '너희들은 천황폐하의 명령에 불복종하고 있다'고 세게 밀어붙이는 수밖에 도리가 없었다.

이러한 분위기에 모두 동참하는 눈치는 아니었지만 내심 고소하게 생각하는 고병들도 있어서 시비 거는 쪽에 가담하는 고병은 많지 않았던 모양이다. 이러한 고병들과의 마찰은 상당 기간 지속되었고 나는 한 치도 양보하지 않고 맞설 수밖에 없는 입장이었다. 그러나 만약 그러한 갈등이 표면화되면 군 기강에 문제가 있고 통솔권에도 영향을 미치는 중대사였기 때문에 절대적으로 그들에게 불리한 것은 명약관화한 것이었다. 어찌 후보생의 계급은 가짜이고 예비역 고병들은 계급을 초월한 존재인가, 계급이 무너진 군대가 존립할 수 있겠는가 하는 근본 문제를 일으키는 중대 사안이라 할 수 있었다. 그리하여 강경한 나의 대응에 그들은 차츰 꼬리를 내리고 협조적인 태도로 돌아서게 되었다.

이런 저런 사건들이 겹치는 사이 전세는 날로 급박해져 갔다. 일본 본토에 상륙하는 전초전으로 미군이 오키나와를 점령하는 등 긴박한 시기에 우리들은 후보생 훈련을 마치고 계급도 한 단계씩 올랐다. 하사관인 오장(伍長) 계급장을 달고 앞날이 어찌될지 점을 치고 있을 때, 나에게는 꿈에 그리던 고향 방문 휴가 명령이 떨어졌다.

특별 휴가

7월 10일, 나에게 2주간 특별 휴가로 한국에 다녀올 기회가 주어졌다. 한·

일간 조선해협(대한해협)은 미군의 잠수함 공격이 빈번해 어떠한 수단으로도 그 왕래가 지극히 위험한 상황이었기 때문에 고향에 다녀오기란 쉽지 않을 때였다. 내가 원한 것도 아니고, 아무도 보내 주지 않는 특별 휴가를 받게 된 것은 지금 생각해도 이해하기 힘든 조치였다. 가다 못 갈망정 갈 수 있는 데까지라도 가보겠다는 심정으로 부대를 나섰다. 귀향길은 예상 외로 순조로웠다. 시모노세키에서 1박을 하고 화물선에 편승하여 부산에 도착했다. 어제 본 듯한 정든 우리 땅이었지만 전쟁 때문에 피폐할 대로 피폐해진 상황에 가슴 아파하면서 그리운 고향 집으로 달려갔다.

불과 11개월 만의 환향이었지만 나의 신분은 무명의 시골 청년에서 당당한 군 하사관으로 변해 있었고, 피지배자 신분에서 지배자의 위치에 올라 있었다. 일본인 헌병이나 경찰 같은 존재가 손아래에 있었고, 심지어 모교의 은사들도 나보다 낮은 계급인 보충 병졸들이었으니 만나는 은사마다 '높이 되었구나!' 하면서 우러러 보는 꼴이었다. 불과 1년도 안 되는 사이에 고향에 와 보니 세상이 변해도 많이 변한 것을 실감했고, 위상이 바뀌었다는 느낌이 강하게 들었다. 군국주의 전시체제 하에서 군이 가장 우위에 있었던 것이다.

그러나 요소요소에 배치된 조선주둔군 노병들의 군율이나 사기는 말이 아니었다. 마치 패잔병들과 흡사한 모습으로 흐리멍텅한 눈빛은 싸움에 이기기는커녕 자기 집도 지키기 힘든 무리라는 인상을 주었다. 경례를 안 한다고 기합을 가해보기도 하였으나 반응이 없으니 앞으로 일본이 전쟁에 이기기란 매우 어려운 실정인 것을 직감했다.

귀대 일에 늦지 않게 일정을 잡아 부산에 갔지만, 패전 20일 전이라 그랬는지 배가 없어서 바다를 건널 수가 없었다. 매일 부산 부두에 나가서 배편을 찾다가 배편이 없으면 부대에 전보를 치고 돌아서는 것이 일과였다. 할 수 없이 4일이나 허송한 다음 해군 소형 화물선에 겨우 편승할 수 있었다.

물론 나를 태워주는 쪽에서는 '생명을 보장할 수 없다'고 전제조건을 달았다. 파도가 심해 갑판에 누워 있으면 반대편으로 굴러 가 버릴 정도였다. 거센 풍랑을 헤치며 몇 시간이 지난지도 모를 고된 항해 끝에 시모노세키에 도착하자마자 기차로 갈아타고 황급히 부대로 복귀했다. 이미 나는 귀대시한을 5일이나 초과했다. 그러나 나는 아무 걱정 없이 천하태평이었다. 왜냐하면 날마다 부대에 못 간다고 전보를 쳤기 때문에 아무 죄의식 없이 귀대보고를 하는데 주번사령은 나를 바라보면서 이렇게 말하는 것이 아닌가.

5일 늦은 귀대

"설마 하기는 했지만 걱정했었다."

날마다 배편이 없어 못 간다고 전보를 쳤기 때문에 한 치의 두려움이나 죄의식도 없이 떳떳하게 귀대한 나로서는 그 말이 무슨 뜻인지 깊이 새겨보지도 않고 주번사령실에서 퇴장했다. 그런데 다음 날 아침에 내가 친 전보 4장이 고스란히 중대에 배달되었다. 나는 뒤늦게 도착한 전보를 보고서야 비로소 어제 주번사령이 한 말의 의미를 알아 챌 수 있었다.

내가 도망치지나 않을까 하는 염려는 휴가를 보낼 때 이미 검토했겠지만, 이 판국에 도망쳐 버리면 찾을 길도 막막한 상태였기 때문에 조선으로까지 휴가 보내는 것은 부대로서는 큰 모험이었을 것이다. 부대 간부들이 모험이냐 확신이냐를 고민했을지, 아니면 중대장이 독단으로 결정했을지 속마음까지 헤아릴 수는 없지만, 모두가 절대 배신하지 않고 돌아오리라고 나를 믿었던 모양이다. 그런데 귀대 시한이 지나도 아무 소식 없이 하루 이틀도 아닌 4일이나 나타나지 않으니 '속았구나' 하는 판단을 했을 것은 인지상정이라 하겠다.

나야 급박한 전세 속에서도 호의를 베풀어 준 상급자들에게 돌아갈 피해를 생각해서 탈영할 의도는 애초부터 없었다. 만에 하나라도 내가 부대를 이탈해서 도망칠 우려가 있었다면, 중대장이 내가 원하지도 않는 특별휴가를 자진해서 내 줄 리도 없었을 것이고 오히려 모든 수단을 동원해 내가 도망칠 방도를 차단했을 것이다.

문제는 전보에 있었다. 아무리 전시라고는 하지만 급히 친 전보가 4일씩이나 배달이 안 될 줄을 누가 상상이나 했겠는가. 다만 새삼 돌이켜 보면 나에 대한 부대 지휘관들의 이런 신뢰가 내 생사를 가르는 분기점이 되었기 때문에 자세히 곱씹어 볼 만한 대목이기도 하다.

전속

부대에 돌아와 보니까 내부 분위기가 들떠 있고 뒤숭숭해서 '무슨 일이 있느냐'고 물어보니 모두 전속을 간다고 했다. 전속이라면 타 부대로 이동해서 다시 돌아오지 않는 것인데 왜 나에게는 아무 말도 하지 않을까 의아했다.

섭섭한 마음으로 중대장을 찾아 가 '후보생이 모두 전속을 간다는데 왜 나에게는 아무 연락이 없느냐'고 물으니 하는 말이 "전속이라고는 하지만 그들은 굴을 파는 중노동 작업장으로 가는 것이다. 그러니 중노동장에 가는 것 보다는 중대에 남아 편하게 기관총이나 말을 돌보는 것이 좋을 것 같아서 너 하나를 남겨 둔 것이다."라고 대답해 주는 것이었다.

노동판에 중노동 하러 가는 것 보다는 편하게 부대에 남아있을 수 있도록 로비라도 할 상황이었지만, 그 때는 왠지 모든 후보생들이 다 가는데 나 혼자 부대에 남아 있는 것이 어쩐지 마음이 내키지 않아 나도 같이 보내 달라고 요청을 했다. 중대장으로서는 일부러 나를 배려해서 편한 자리를 마련해 주었는데 생각해 준 정도 무시하고 막무가내로 떠나가려는 철부지에 당혹스러웠을지도 모를 일이었다. 그런 속내야 아는 듯 모르는 듯 눈치코치 없이 계속 떼를 쓰니 진짜 눈치 없는 녀석이라고 단념하였는지 출발 직전인 8월 5일 오전에야 같이 가라는 특명이 내려왔다.

나는 동료들과 함께 먼 곳으로 전속을 갈 것이라고 서둘러 소지품을 꾸려 배낭에 넣어 짊어지고는 8월의 불볕 태양을 등지고 오후 세시쯤 부대를 나섰다. 부대 동북쪽 오따강(太田川) 삼각주의 정점에 있는 뚝 밑에 위치한 공병대에 도착하자 다왔다고 했다. 색다른 땅, 먼 시골 마을 한적한 곳에라도 가는 것으로 잔뜩 기대하고 출발했는데 겨우 같은 시내에 그것도 꾀죄죄한 공병대라니 이만 저만 실망이 아니었다.

더구나 우리가 묵을 병영도 없어서 공병대의 차고에 우리의 장비를 정돈하고 석식을 마쳤다. 이 차고에 거주하면서 건너편 산에 굴을 파서 대미전(對美戰)에 대비한다는 구상을 전해 들었다. 기대가 크면 실망도 크다는데 이거야

말 그대로 어린 애 장난 같은 계획이었다.

미군은 태평양 여러 도서전(島嶼戰)에서 평균 200m의 전선에 50대나 되는 탱크를 투입하는 식의 물량전을 전개하고 있었는데, 일본군은 죽창으로 방위한다고 대나무를 깎고 있는 실정이었으니 이미 전쟁의 승패는 기울어 있었다. 마지막 단말마나 다를 바 없는 작전에 우리가 동원된 것이었다. 공병대 뒷산에는 본래 작업장으로 쓰는 크고 작은 굴들이 있었는데 거기에다가 또 무슨 굴을 뚫어서 어떻게 미군의 공격을 막아내겠다는 구상인지 한심하기도 하고 불안한 느낌도 들어 잠이 안 오는 밤을 보내야 했다.

공병대의 밤

공병대는 원래 우리 부대에서 동북방향으로 약 1,300m정도밖에 안떨어진 곳이어서 전혀 낯선 데가 아니었다. 오따강이 갈라지는 삼각주의 정점에 위치해 있고 제방이 주변을 둘러싸고 있어 건너편 강가의 작업장에 가려면 흔들거리는 출렁다리를 건너 가야했다.

갑작스런 계획으로 이곳에 파견된 우리들은 우선 차고에 짐을 풀고 장비를 정돈하고 거의 야전 기분으로 잠자리를 만들었다. 차고여서 바닥은 콘크리트에 사방 벽과 천장밖에 없으니 오히려 여름철 보내기에는 안성맞춤인 숙소로도 보였다. 노천보다는 나은 처소라고 자위하면서 잠자리에 들려고 하니 공습경보가 울렸다.

4월부터 도쿄나 오사카 등의 대도시들은 미군의 폭격으로 잿더미가 되어 갔지만 이상하게도 군사도시인 히로시마는 공습다운 공습을 받은 적이 없었다. 왜 히로시마는 공습에서 제외되고 있을까 하고 오히려 불안한 심정이 될 때도 있었다. 군도(軍島)라는 별명에 걸맞게 무수한 부대가 주둔하고 있고 그것을 지원하는 군수공장들이 헤아릴 수 없을 정도로 많은데 아직까지 격렬한 공습을 당해 본 적이 없었던 것이다.

그래도 냉정하게 따져 보면 공습을 당해서 이로울 것은 하나도 없었다. 나무와 종이로 된 일본 가옥은 소이탄에 속수무책이어서 대부분 소각되어 잿더미로 변하고 마는 것이 상례였다. 그래서 히로시마 시내에서도 화재로 인한 가옥 연소를 막기 위해서 도로 양편에 있는 가옥을 제거해 불길이 번지는 것을 방지하는 '가옥 소개 작업'을 대대적으로 벌이고 있었다. 얼마나 효과가 있을지는 미지수였으나 많은 군인과 애국반원들이 날마다 기둥을 자르고 줄을 매어 집을 넘어뜨리고 치우는 가옥 소개 작업에 매달렸다.

B-29의 융단 폭격에 인명 피해가 10만 명이 넘는 대공습이 도쿄와 오사카에 벌어졌는데도 일본군의 대책이라곤 겨우 굴을 파고 너구리처럼 토굴 속에 숨어 있다가 밤에만 나와 야습을 감행한다는 전술이 전부였다. 일억일심으로 옥쇄할 각오를 하라니 목숨이나 부지할 수 있을까, 일전에 다녀 온 고향산천과 부모형제들은 앞으로 언제 찾아 볼 수 있을까 하는 이런 저런 생각들이 떠올랐다. 냉기가 올라오는 콘크리트 바닥 위에서 뒤척이며 빨리 경계경보나 해제되었으면 하는 근심 걱정에 잠 못 이루는 전선 아닌 전선의 밤은 깊어만 가고 있었다.

피폭

1945년 8월 6일 아침 8시

어제 저녁 경계경보가 늦게 해제되었기 때문에 원래 6시에 하던 아침기상이 1시간 연기되어 7시에 일어났다. 아침식사를 마친 후 우리 후보생들은 작업복으로 갈아입고 수통, 잡낭과 작업용 도구인 삽을 메고 병사 앞 광장에 8시 정각까지 집합하도록 명령을 받았다. 8시 정각에 운동장에 집합한 우리들은 명령에 따라 점호를 마치고 부대 정문으로 향하고 있었는데 무슨 비행기 프로펠러 소리 같은 음향이 들려오는 것이 아닌가. 그 날 새벽에 발령되었던 경계경보는 이미 해제된 상태였다.

'비행기 소리다!', '아니, 여기는 공병대니까 화물차 엔진 소리다!' 하며 갑론을박하고 있는데, "저기 비행기가!"하는 한 동료의 말소리에 그가 가리키는 서북쪽을 바라보니까 B-29 비행기 두 대가 날고 있는 것이 보였다. "저기, 저 비행기"라며 가리키는 방향을 일제히 바라보는 순간 한 대가 방향을 바꾸더니 마침 떠오르는 아침 햇살을 받아 번쩍 빛나는 것이 아닌가. "야, 근사하다."라고 모두들 감탄하며 고개를 숙이는 순간, 갑자기 온 세상이 붉은 불덩어리로 돌변했다.

그리고 고막이 찢어질 정도로 웅장한 굉음이 천지를 진동시켰다. 그리고는 사방이 온통 깜깜한 암흑세계로 변해 버렸다.

도대체 무슨 일일까. 이 상황을 아무도 짐작하지도 못했고 이해할 수도 없었다. 본능적으로 '살아야 한다, 죽어서는 안 된다, 여기에서 이렇게 죽을 수는 없다!'는 일념만으로 어둠 속에서 필사적으로 벗어나려고 애를 썼다. 나는 순간 우리가 본 비행기가 휘발유를 뿌리면서, 동시에 소이탄을 투하해서 온 천지가 큰 불 덩어리가 된 것이라고 생각했다.

그래서 2층 목조건물인 서쪽 병사가 불길에 휩싸일 것이라 여겼다. 그 불 속을 벗어나지 못하면 타 죽고 말 것이라는 두려움이 앞섰다. 한시라도 빨리 이 병영을 벗어나 먼 곳으로 탈출해야 했다. 그것이 유일한 살 길이었다. 이런 판단을 내리고 서쪽에 있을 정문을 향하여 달려갔다. 서서히 어둠의 장막이 걷히면서 시야가 트이기 시작했다.

나는 달리는 중에도 이런 생각을 했다. '이 세상에 태어나 살아보겠다고 이 고생 저 고생 다하며 이때까지 살아왔는데 여기서 개죽음을 당한다면 인생이 너무 허무하지 않은가.' 그런 생각을 하니 지난 삶의 궤적이 일생이 파노라마처럼 눈앞에 펼쳐졌다.

등이 타는 줄도 모르고

그런데 이상하게 서쪽에 있던 2층 목조 병사 건물은 반파되었지만 불에 타고 있지는 않았다. 소이탄이 아니면 무엇이었을까? 그러면 폭탄을 직격탄으로 맞은 것인가? 그렇다면 빨리 방공호를 찾아 몸을 숨겨야겠다는 생각에 주위를 살펴보니 취사장 옆에 방공호가 보였다. 취사장 둥근 지붕은 이미 날아가 버려서 서까래만 앙상하게 남아 있는 상태였다.

방공호에 발을 들여 놓는 순간 등이 뜨거워 황급히 윗옷을 벗어 보니까 그 때까지도 등에 불이 붙어 타고 있었다. 그런데 나는 그것도 모르고 내달리고만 있었던 것이다.

옷을 벗어 발로 비벼 끈 뒤 생각하니 여기서 머문 채 우왕좌왕 하다가는 더 큰 벼락을 맞을 수도 있겠다는 생각이 들었다. 그래서 최대한 빨리 멀리 떨어진 안전한 곳으로 도피하는 것이 살 길이라 여기고 출렁다리를 건너 공병대 작업장까지 가서 적당한 토굴에 몸을 숨겼다.

경황 중에도 정신을 차려 생각하니 여기 저기 불씨가 남아 있고 더 큰 불이 나면 우리 장비나 소지품도 모두 불타버릴 것만 같았다. 그래서 나는 소지품을 찾아야겠다는 일념으로 다시 다리를 건너 숙소였던 창고로 찾아 갔다.

독립기념관에 기증한 군대수첩

산산 조각으로 부서진 숙소 안에서 내 장비를 찾아내 개인

소지품인 군대수첩과 사진 등을 모두 챙겨 품에 안고 다시 토굴로 돌아왔다. 지금 독립기념관이 소장하고 있는 군대수첩 등은 그때 부서진 창고 건물 속에서 찾아 온 소지품 중에서 기증한 것이다.

그런데 폭격 직후 이상하다고 느낀 점은 많은 병사들이 상처도 없이 그대로 쓰러져 죽어 있는 것을 발견한 때였다. 부상도 없이 사망한 병사들의 시신들이 이곳 저곳에 아무렇게나 널부러져 있었다. 비참한 광경이었지만, 그때는 '겁쟁이 병사는 할 수 없군'이라고 생각을 했다. 공포 때문에 죽은 것으로 착각했던 것이다. 그러나 내가 피폭을 당했던 장소는 절반 정도가 죽을 확률일 만큼 폭심지로부터 가까운 거리였다. 나중에서야 이 사실을 알고 나서 의문이 풀렸다.

나는 토굴 안에 있다가 부근 상황을 살펴보려고 밖에 나갔으나 비가 내리기 시작해서 다시 돌아왔다. 백주에 무슨 소나기인가 싶었다. 게다가 화상을 입은 터에 찬비를 견디기는 매우 어려울 것 같아 비를 안 맞는 것이 상책이라 여기고 피한 것이다.

나중에 알게 된 사실이지만 그 때 내린 검은 비는 폭발로 인해 상층기류가 생겨 내린 비로 치명적인 방사능을 함유하고 있었다. 검은 비를 맞은 사람은 방사능 오염으로 큰 후유증에 시달렸다고 하니 아주 악성 중의 악성 비였던 것이다.

이런 우연이 겹쳐 나는 목숨을 보전할 수 있었다. 굴속에 앉아 곰곰이 생각하니 전쟁은 이로써 끝이겠구나 하는 생각이 들었다. 진상을 파악하지는 못했지만 막연하게 추측해봐도 보통 일은 아니었다. 이 정도의 치명타라면 일본군이 전의를 완전히 상실할 것이라고 여겨졌다.

전우 M군 주검 앞에서

비가 그치고 시간이 좀 흐른 뒤 차츰 제정신이 들면서 다들 동료들을 찾기 시작하였다. 쉴 수 있는 적당한 장소를 찾아서 후보생들이 하나 둘 모이고 있었는데, 후보생 M군이 나를 찾는다고 전하는 사람이 있었다. 그래서 그곳을 찾아 갔더니 친한 사이였던 M군이 땅바닥에 누워 있었다. 많은 후보생들 중에서도 나와는 무슨 일이나 마음이 잘 맞는 좋은 성격의 친구였다.

어둠 속을 달려가다가 건물이 무너지는 바람에 큰 목재에 허벅다리가 끼어 움직이지 못하게 되었는데 동료들이 나무를 떠들고 그를 꺼내 주었다고 했다. 그의 소지품을 보니 그 단단한 수통이 찌그러져 있었고, 오른쪽 허벅다리뼈는 부러진 상태였다. 그는 나를 보자마자 숨 넘어 가는 소리로 갈증이 나니 물을 달라고 애원하는 것이 아닌가. 백번이라도 물을 주고 싶은 심정이지만 화상에 물은 금물이라고 알고 있었기에 좀 참으라고 말 했으나, 계속 막무가내로 물만 달라고 애원했다.

그때 내가 입은 부상도 심각한 상태였다. 우선 등은 다 타버려 알몸이었고, 머리는 날아 온 벽돌에 맞았는지 여러 군데에서 피가 흐르고 있었고, 오른 팔과 가슴에서도 피가 흘러 온통 상처투성이였다. 그래서 과다 출혈로 빈혈증이 발생하지나 않을까하고 염려할 지경이었다. 왼손에 타다 남은 상의를 쥐고 겨우 비틀거리며 걷고 있었는데, 그런 내가 어디 가서 무슨 수로 물을 구해 가지고 올 수 있단 말인가. 그의 애원에 견디지 못하여 타다 남은 상의에서 계급장만 떼어 허리에 차고, 뭉그러진 목을 안정시킬 목적으로 상의를 접어 머리에 베개 삼아 받쳐주고 물을 구하러 간다는 핑계로 그 자리를 피했다.

잠시 후 그를 찾았을 때 그는 이미 저 세상으로 떠난 후였다. 그가 가기 전에 한 모금의 물이라도 마시게 했다면 여한이라도 없지 않았을까 하는 아쉬움이 밀려 와 눈물이 쏟아졌다. 내 상의를 베개 삼아 그가 멀고 먼 길을 편안히 갔으면 하는 바람이 언제까지나 내 머리 속에서 떠나지 않는다. 참혹한 폭격현장에서 죽고 사는 경계선은 분명하지 않은 것처럼 보였다. 엄청나게 많은 사람들이 죽음의 문턱에서 외치고 애원하고 울부짖는 단말마의 지옥이었지만, 내가 죽을 것이란 생각은 해본 적이 없었다. 다 죽어도 나는 살아남을 것이라는 막무가내의 맹신이 있었다.

피폭 직후의 참상

폭발이 있은 후, 잠시 죽은 듯이 조용하던 시내는 차차 소란스러워 졌다. 시내 곳곳에서 폭발음이 들려오고 불길도 치솟았다. 사람들은 아비규환을 피해 변두리로 피난을 나서기 시작했다. 그 피난민들이 우리가 있는 수원지 근처에도 밀려오기 시작했는데 그 모습은 목불인견이었다. 머리는 산발이고, 옷도 갈기갈기 찢어진데다가 피를 흘리는 사람도 있고 미친 듯이 고함을 지르는 사람도 있었다. 우리 처지도 그런 무리와 대동소이했지만 이것이 전쟁 때문이라고 생각하니 참으로 참혹한 전쟁을 치르고 있다는 것을 실감하지 않을 수 없었다.

그런 상황에서도 건빵을 나누어 주는 구호반이 있어서 우리는 대충 허기를 면할 수 있었다. 날이 저물자 노천에서 잘 수밖에 없는 형편이어서 대충 땅 바닥에 엎드려 잠을 청했다. 그러나 갈비뼈가 아파 도저히 잠을 이룰 수 없었다. 그렇다고 화상으로 문드러진 등을 맨땅에 댈 수도 없는 처지여서 이러지도 저러지도 못하고 그냥 앉아서 밤을 새울 수밖에 다른 방도가 없었다.

시내의 불길은 점점 더 확산되었고 사람들의 비명이나 저주도 차츰 더 심해져 갔다. 이런 생지옥 속에서 밤을 지새우면서도 영문을 모르니 더욱 혼란스럽기만 했다. 거대한 불가사의한 사태가 발생해서 모두 죽게 생겼는데도 이게 무슨 상황인지 앞으로 어떤 결과를 초래할지 깊이 생각할 여유는 없었다. 단지 이런 엄청난 무기가 등장했는데 그저 죽창으로 맞서려고 했던 무모한 전쟁은 이로써 끝이 난 것이 분명해진 것 같았다. 뿐만 아니라 이런 상황을 직접 눈으로 본 사람이라면 앞으로도 전쟁을 계속하겠다는 전의는 송두리째 뽑혀져 버려 무기력한 상태에 빠질 것이 분명했다.

얼마 지난 뒤에야 무시무시한 폭탄의 정체가 바로 원자폭탄이었으며, 3일 후에 다시 나가사키에도 투하되어 많은 인명이 살상되고 군사시설이 초토화되었다고 들었다. 우리뿐만 아니라 지구상의 많은 사람들이 이렇게 엄청난 파괴력을 가진 무기를 만들 수 있을 것이라고는 예상하지도 못한 시기에 미국은 원자폭탄을 제조하고 이를 전쟁에 사용함으로써 제2차 세계대전을 극적으로 종결지었다.

지금 돌이켜보면 만약 피폭자들이 사전에 원자폭탄의 위력을 알고 있었고 방사능으로 신체 조직이 파괴된다는 과학지식이 있었더라면 공포만으로도 훨씬 더 많은 사람들이 죽음의 길로 직행했을 것이라는 생각을 지울 수 없다.

물 좀 주세요!

다음 날이 밝아지자 피폭 당일의 혼란은 약간 진정된 상태였으나 시내의 불길은 더 확대되어 가는 것 같았다. 몇몇 후보생들은 이곳에 앉아 있을 것이 아니라 시내에 들어가 상황을 좀 자세히 살펴보자고 했다. 또 풍문으로는 구레(吳) 해군 의료진이 동연병장에 와서 진료를 시작하였다고 하니 부상당한 상처 치료를 위해서라도 움직이자고 해서 다들 길을 나섰다.

시내로 들어가면서 보니 대부분의 가옥은 부서지고 잿더미가 되었으며 이곳 저곳 많은 시체들이 널려 있었다. 그 중 여자 시신도 있었는데, 죽기 전에 무릎을 꿇려 정좌시켜 놓았는지 시체라도 그리 흉한 상태는 아니었다. 남자나 어린 애들의 시신은 그대로 적나라하게 방치되어 있어서 그 참혹한 광경을 눈뜨고는 못 볼 정도였다.

시체더미가 널려있는 참혹한 파괴현장을 벗어나 동연병장에 이르니 거기는 완전히 단말마의 지옥풍경이었다. 모든 환자들이 우리를 보고 "군인 아저씨! 군인 아저씨! 물 좀 주세요! 물!"하면서 발을 잡고 애원하는 것이었다. 아무리 물이 없다고 대답해도 막무가내로 물을 달라고 발을 잡고 늘어지는 데는 어떻게 대처할 도리가 없어서 메고 있었던 수통을 내던져버리고 말았다. 그 때 이후로 나는 군인의 필수품인 수통이 없는 채로 환자생활을 해야 했다. 도저히 수통을 메고 다닐 수 없을 정도로 모든 환자들이 물을 요구했기 때문이다. 그러나 어느 누구도 물을 공급하는 일은 없었던 갈증의 세계였다.

수통이 없으니 물을 달라는 요구도 좀 뜸해졌다. 연병장 중앙부 언덕바지에 자리한 응급 구호소를 찾았으나 치료받고 나오는 환자들을 보고는 기가 질려 그만 뒤돌아서고 말았다. 얼굴에 화상을 입은 사람이 많았는데 얼굴에 구멍을 네 개 뚫은 거즈를 기름에 적셔 덮어 주는 것이 치료의 전부였다. 무슨 험한 불치병 환자를 연상시키는 모습에 우리는 기가 질려 치료받기를 포기하고 말았다.

동연병장은 상당히 넓은 곳이었는데, 그 넓은 장소가 환자들로 꽉 차 있었고, 그 환자들을 돌보는 사람은 하나도 없어서 그야말로 지옥과 같은 참상이었다.

행운의 생존자

우리들은 그 환자들에 비하면 비교적 건강한 상태였다. 상상을 초월한 참상을 살피면서 부근을 배회하고 있을 때 누군가 우리 중대본부가 부근에 있다는 소식을 전했다.

반가운 생각에 물어물어 중대본부를 찾아 갔더니 제법 큰 민간 주택이었다. 폭발 지점과 그리 멀지 않았지만 산이 가려서 그런지 건물이 부서지지 않은 채 남아 있었고, 정원도 제 모습을 갖추고 있었다.

안내하는 병사가 나를 데리고 각 방을 돌면서 이분은 무슨 반장이고 이분은 무슨 하사관이라고 하면서 일일이 소개해 주었으나 한 사람도 식별할 수 있는 사람은 없었다. 전신이 퉁퉁 부어 있었고 안면 등 신체 각 부분에 상처가 있어서 건강할 때의 인상을 전연 찾아 볼 수 없었다. 뿐만 아니라 각방마다 부패하는 악취가 넘쳐나 역겨움을 이기지 못하고 비위가 상해 밖으로 나오고 말았다.

우리 부대는 폭심에서 가까운 거리에 있었기 때문에 부대원 대부분이 즉사했는데 이곳에 구조되어 온 사람들은 즉사를 면한 행운의 생존자들이었다. 그들에 비하면 나는 화상을 입었지만 누워 신음할 정도는 아니었으니까 천운에 가까웠다. 그런 행운아가 된 이유는 어디에 있었을까?

내가 있던 서부 제2부대는 폭심지에서 750m 거리에 있었고, 내가 피폭당한 공병대는 폭심지점에서 2km 거리에 있었다. 즉 서부 제2부대는 원자폭탄 폭발 시 죽음을 면하기 어려운 지근거리에 있었고, 공병대는 그나마 약 50% 정도가 즉사할 수 있는 거리였다고 한다. 그것도 원폭 투하 하루 전까지 나는 서부 2부대에 있었는데 중노동을 피할 수 있게 해 주겠다고 배려해 주는 간부들의 호의마저 뿌리치고 기어이 동료들과 함께 하는 길을 선택한 덕에 나는 생존할 수가 있었던 것이다.

'왜 그렇게 공병대로 가겠다고 고집을 세웠을까'라고 묻는다면 나도 모르겠다고 대답할 수밖에 없다. 운명이라면 운명이고 굳이 이유를 찾자면 다른 동료들과 어울리고 싶었던 것이 전부였다. 팔자소관으로 생각하면 조상의 은덕이 작용했는지도 모른다. 틀림없이 죽게 되어 있는데 기적적으로 살아난 것이다.

뒷날 방사선과 전문교수의 말로는 내가 특히 방사능에 강한 체질이라고 판정을 하기에 그것은 이미 나도 알고 있는 사실이라고 답했다. 내가 몸소 그 지옥을 체험했고 견뎌냈기 때문이다. 당시 우리들은 투하된 폭탄이 무슨 종류인지도 몰랐고 방사능에 대해서는 존재도 상상해 본 적이 없는 무지한 상태였다.

불바다가 된 히로시마

원자폭탄이 투하될 당시 서부 제2부대의 상황을 목격한 병사들에게 들어 보니 폭풍에 의해 병사(兵舍)는 순식간에 완전히 파괴되었고, 실외에 있던 병사들은 열폭풍으로 대부분 즉사했으며, 옥내의 병사들은 무너진 건물에 압사했거나 즉사를 면한 병사들도 파괴된 목재에 끼어 부상을 당했다고 했다. 요행으로 구출된 병사들이 지금 중대에 수용된 사람들이었다.

맨 처음에는 건물만 부서졌을 뿐 불은 붙지 않았는데, 취사장인가 어딘가에서 불이 일기 시작하자 차츰 이 건물 저 건물로 옮겨 붙어 큰 화재로 번졌다고 한다. 그러나 불을 끄라고 지시하는 사람도, 소화 작업을 해야겠다고 나서는 사람도 아무도 없었다고 한다. 즉 완전히 공포에 질려 넋이 나가 버린 상태였던 것이다.

우리 부대는 5사단 핵심 보병연대로 부근에 사단 본부와 기타사단 등 다른 여러 부대들이 집결해 있었는데, 다른 부대들도 상황은 거의 같았다고 한다. 그런 정황을 미루어 생각해 보면 일본 육군의 핵심인 우리 사단은 원자폭탄 공격을 받는 순간 순식간에 궤멸된 것이다. 일본군 5사단 외에 원자탄으로 궤멸된 부대는 세계 어디에서도 유례를 찾아 볼 수 없으니, 사단급 부대로는 최초의 원자탄 공격대상이 된 세계 전사상 유일무이한 사례로 기록될 것이 틀림없다.

부상자는 2~3일 내에 모두 사망해 버렸다. 이제 주검을 보고 슬퍼하는 사람도 없을 정도로 모두 널부러진 주검에 대하여 면역이 되어가고 있었다. 시체는 부근 공터에서 소각되어 한 줌 재로 변했다. 무상하다고나 할까 강군(强

軍)의 종말이 이렇게 닥칠 줄이야 누군들 예측이나 했을 것인가. 전쟁이 지속될 것이라고 생각하는 사람도 별로 없었고, 내일을 걱정하는 사람도 없는 상태에서 날은 또 저물고 있었다.

밤이 되니까 히로시마의 온 시가지가 불바다로 변해 갔다. 마치 하늘과 땅이 맞닿아 불타고 있는 양 먼 지평선까지 불길로 이글거렸으니 만약에 지옥이 있다면 이런 광경이 지옥의 모습이겠구나 하는 생각이 들 정도였다. 거기다가 바람이 불면 시체가 타는 지독한 악취가 사정없이 밀려 왔다. 머리가 아프지만 피할 곳이 없으니 그 냄새를 온전히 맡아야 하는 처지였다. 연병장을 가득 채운 수천 명의 환자들은 단말마의 애원으로 울부짖고 있었다. 2~3일이 지나자 시가지는 사막으로 변했고, 일곱 줄기의 강에는 불길이 뜨거워 뛰어 든 시체로 가득 채워졌다. 히로시마의 밤은 지옥 중의 지옥이었다.

걸을 수 있으면 역으로 가라

임시 중대본부에서 이틀 밤을 새우고 9일이 되었다. 그날 아침에 전달된 통지는 "걸을 수 있는 사람은 오후까지 역으로 걸어 가 대기하는 기차를 타라"는 것이었다. 나는 걸을 수가 있었기 때문에 기차를 타기 위해 역으로 향했다. 역까지 얼마나 시간이 걸렸는지 잘 기억이 나지 않는다. 아침부터 걷기 시작했는지 아니면 점심 후에 걷기 시작했는지 분명하지 않지만 하여간 하루 종일 걸려서 석양이 질 무렵에 도착했던 것은 기억에 생생하다.

오랜 시간이 지난 뒤 히로시마를 방문했을 때 그 거리를 측정해 볼 기회가 있었는데 거리가 불과 500m 정도였다. 왜 500m밖에 안 되는 거리를 하루라는 긴 시간이 걸렸을까 나도 잘 이해가 안 가는데, 그 후 나의 행적으로 보아서는 고열로 의식이 몽롱한 상태가 아니었던가 하는 추측이 든다.

역에 도착해서 정차한 기차에 승차, 밤 10시가 넘어 오노무라(大野村)역에 내려 근처 국민학교에 도착한 것이 11시경이었다. 내가 교문을 통과하려고 하자, 바로 입구에서 중환자와 경환자를 구분하고 있었다.

오노무라란 곳은 히로시마 서쪽 20km정도 떨어진 거리에 있는 명소 미야지마(宮島)의 대안에 있는 촌락으로, 육군 병원과 철도역이 있어서 유명한 마을이다. 육군병원에 입원이 허용될 처지는 아니었던 우리는 병원 부근 학교를 빌려 임시로 육군병원 분원이라는 이름아래 환자를 치료하고 있는 곳으로 갔다.

교문 양편에 앉아 막 들어서는 우리를 살펴보고 있던 사람이 "너는 중환자", "너는 경환자"하고 판정을 하면, 중환자에게는 누더기 매트를 하나 주고 경환자에게는 짚으로 된 가마니 매트를 안겨 주었다. 그 때까지도 나는 중환자라고 생각해 본 적이 없었다. 그런 나에게 "중환자!"라고 하는 것이 아닌가. 나는 그 정도 상처는 곧 치유될 수 있는 아주 경미한 것이라고 자위하고 있었는데, '중환자라니 그 사람 좀 이상한 사람이 아닌가' 하고 생각하면서 배정된 교실로 향했다.

그러나 곰곰이 생각해보니 나는 6일에 피폭한 뒤 한시도 정상적인 생활을 할 수 없는 처지였다. 우선 상의는 절반이 불타 친구의 황천 길 베개로 제공했기 때문에 반나체였고, 3일간 노숙을 했으니 잠다운 잠을 자지도 못했으며, 식사도 주먹밥 정도는 먹었는지 몰라도 식사다운 식사를 못했으니 체력이 극도로 쇠퇴했다. 500m거리를 종일 걸려 걸었을 정도로 모든 면에서 중환자로 분류한 것이 타당한 조치였다.

60여 시간의 긴 혼수상태

늦은 밤 시간이라 주위는 매우 조용한 분위기였다. 지시대로 전관의 한 교실에 찾아 들어가니 이미 환자들로 만원 상태였다. 그래서 뒷문 출입구 근처 좁은 공간에 매트를 펴고 자리에 누운 기억이 난다.

따. 따. 따. 따. 따…. 고막이 파열될 것 같은 기관포 폭음 소리에 긴 혼수상태에서 깨어나 매트를 끌고 복도를 내달렸다. 그런데 이상하게도 다른 환자들은 아무 동작도 없이 조용히 자리에 누워 있는 것이 아닌가? 이상한 생각이 들어 자리에 되돌아와 누워서 곰곰이 생각해 보니 꿈이었던 모양이다. 그간 인사불성으로 혼수상태에 있다가 깨보니 12일 하고도 오후 3시가 넘은 시각이었다. 즉 9일 밤 11시부터 12일 오후 3시까지면 장장 60여 시간을 거의 의식불명의 혼수상태로 보낸 것이다.

다른 환자들이 조용했던 이유는 미군 함재기인 구라망(미국회사 Grumman의 일본어식 표기) 전투기가 정찰 비행을 하다가 학교와 가까운 해안에 메어있는 소형 선박을 발견하고 그것을 기관포로 사격하고 있는 것을 모두 지켜보고 있었기 때문이었다. 그에 비해 나는 혼수상태였음에도 너무나 큰 기관포 소리에 벌떡 깨어나 내가 공격당하고 있는 것으로 착각하고 무의식적으로 복도로 뛰어나갔던 것이다. 한편으로 생각하면 만약 구라망 전투기의 기관포 소리가 없었더라면 나는 영원히 깨어나지 못 하고 혼수상태로 있다가 숨이 끊겼을지도 모를 일이다. 구라망 전투기의 기관포 공격이 나를 깨어나게 했으니, 그 기관포 사수가 내 생명의 은인이라고 할 수 있지 않을까 하는 부질없는 생각을 해보기도 했다.

깨어나 보니 방 안에는 더러 아는 후보생도 있었다. 우리들은 4열 종대로 행군을 하다가 피폭 당한 것이라 후보생들의 상처는 한 치의 어김도 없이 모두 닮은 꼴이었다. 모자 밑으로 왼쪽 광대뼈 부근부터 오른 쪽 귀까지 모두 탔고, 왼손을 흔들어 눈높이에 올 순간에 빛을 쐬었기 때문에 왼손 팔꿈치부터 손 끝까지 모두 타버렸고, 삽을 멘 오른쪽은 엄지손가락이 탈 정도의 화상을 입었으며, 등은 모두 다 타버렸기 때문에 뒤에서 보면 모두 닮은꼴이라 누가 누구인지 구별할 수가 없을 정도였다.

동료들이 있어서 심심치는 않았지만 서로 이야기를 나눌 정도의 부상 상태는 아니고 모두 생사의 기로에서 단말마의 신음 소리를 내는 처지였다. 자고 나면 방 안에서 하루 밤 사이 대충 5구 정도의 시체를 꺼내 가는 상황이 지속될 정도로 위급한 환자가 많았던 것이다.

생사의 갈림길

우리들은 아침에 깨어나면 자기가 아직 죽지 않고 살아 있다는 것을 확인

해야 했고, 언제 죽을지 예측도 해야하는 기막힌 나날을 보내야했다. 예측방법으로는 안색이 창백하고 머리카락을 뽑아 보아서 머리카락이 뭉텅 뽑히거나 또는 코나 잇몸, 귀에서 피가 나면 하루 이틀 사이에 그 사람은 100% 죽었다. 또 고열로 무의식 중에 큰 소리로 아픔을 호소하거나 애인 이름을 불러대는 환자가 있는가 하면, 입으로 야구 시합을 하는 사람도 있었다. 그런 환자들이 잠시 후 조용해지면 대개 이미 유명을 달리했다. 이 분원에 온 부상자들은 모두 제 발로 걸어 들어 온 비교적 경상인 환자들이었는데도 사람의 생사는 알 수 없는 경계선에 놓여 있었다.

그 때가 물론 구급차가 환자를 수송하는 시대도 아니었지만, 나처럼 모두 제 발로 걸어서 기차를 타고 올 수 있을 정도였다면 비교적 건강한 사람들이었는데, 2~3일 사이에 급속도로 건강이 악화되니 모두 속수무책이었다.

말이 육군병원 분원이지 무슨 병원시설이 있는 것도 아니고 많은 환자를 모아놓고 군의관만 몇 사람 배치해 놓은 실정이었다. 원자탄이 무엇인지도 몰랐으며 방사선에 대한 전문 지식을 가진 군의관도 흔치 않는 시대였으니까 누구를 탓할 수도 원망할 수도 없는 게 현실이었다. 그러니 환자가 죽어가도 그것을 당연한 것으로 체념하고 방관할 수밖에 달리 묘책이 없었다.

한 예로 우리가 팔에 화상을 입었는데, 그 치료방법은 몇 번이나 세탁한 천에 기름을 듬뿍 묻혀 상처를 덮어 주는 것이 치료의 전부였다. 고열을 앓고 있는데다가 무더운 여름에 파리가 왱왱거리는 환경에서 며칠을 지내다 보면 얼마 후에는 가려워서 견딜 수가 없는 지경이 되었다.

군의관에게 호소하여 소독 천을 떠들어 보면 징그러울 정도로 구더기가 우글거리는 것이 다반사였다. 군의관 말로는 구더기가 이제 농을 다 청소했으니 상처가 쉽게 나을 것이라고 처방해 주는 것이 치료의 전부라고 할 정도로 원시적인 형편이었다. 귀가 아파 못 견디겠다는 환자들은 귀 속에서 엄청난 양의 구더기를 끄집어내기도 하고, 머리카락 속에서 상당히 큰 유리 조각을 꺼내기도 하는 등 살풍경이 속출하는 병실 모습은 충격 그 자체가 아닐 수 없었다.

원자탄의 정체를 몰랐으니 방사능의 존재도 몰랐고 병의 원인도 알 수 없는 상황에서 적절한 치료방법이 있을 리 만무했다. 죽어 간 사람은 말이 없지만 산 자가 보기에는 젊은 청춘들이 꽃도 피우지 못한 채 보람 없이 허무하게 스러져 가는 모습이 한탄스러웠다.

변해 가는 병실 모습

병원에서는 환자들이 치료할 틈도 없이 연이어 죽어나가자 역부족임을 깨닫고 드디어 가족의 간호를 허용하기 시작했다. 그리 많지는 않았지만 한 병실에 3~4명은 가족이 급히 달려 와서 간호를 했다. 그런데 가족 외에 가까운 친척이나 애인이 간병하는 경우도 생겨나 병실의 분위기가 이상해져 버렸다. 가족들이 사경을 헤매는 환자를 위문하러 오면서 여러가지 물품과 음식물을 가지고 오는 것은 당연한 일이었다. 또 친족 중에 의사가 있거나 재력이 있는 집안에서는 의사를 대동하고 와서 의료행위를 하는 경우도 생겼다. 이러다 보니 환자들 간에 섭생과 치료에 격차가 커지는 문제가 일어났다. 비교가 되니 연고가 없는 많은 환자들의 처지는 형편없이 초라해 보일 수밖에 없었다.

가족의 간호를 허용함과 동시에 부근 촌락의 애국부인회원들이 동원되기 시작했다. 자의든 강제동원이든 간에 환부가 부패하는 지독한 냄새를 맡으며 장시간 병실에 앉아 부채로 파리를 쫓으며 더위와 고통을 호소하는 환자들을 돌봐야하는 일은 견디기 힘든 일이었을 것이다. 그래서 무슨 핑계를 대거나 잠시 밖에 나가 휴식한다는 이유로 자리를 비우다가 소리 없이 사라져 버리는 경우가 대부분이었다.

주부들의 근무태도에 비하면 젊은 처녀들은 성심성의를 다해서 환자들을 돌보고 위로했으니 그 정성이 참으로 가상할 정도였다.

이런 저런 사정을 감안해 보면 이곳은 군대의 병원이라고는 할 수가 없는 매우 혼란스런 잡거지라는 인상이 짙어 가는 판국이었다. 따지고 보면 군대란 계급과 명령으로 질서가 유지되는 특수한 조직인데 친지들이 모여와서 음식을 나누어 먹고 환자에게 약을 먹이는 등 의료행위를 하며 모여 앉아 잡담하는 그런 광경은 상상도 할 수 없는 일이었다. 군기를 최우선으로 하던 일본제국군대도 통제할 수 없는 상황이었던 것이다.

한편 시간이 흐르자 방사선 피폭의 후유증이 악화되는 현상이 일어났다. 환자들의 백혈구 수치가 줄어들면서 출혈이 되었는데, 의사들은 원인을 모르고 이 출혈 증상을 괴혈병으로 의심해서 급히 환자들에게 괴혈병 예방 주사를 맞히기 시작했다. 나는 그런 미심쩍은 주사는 처음부터 맞을 생각이 없어서 피해버리고 한 번도 맞은 일이 없다. 날마다 죽어가는 환자는 늘어만 가고 치유할 방도는 없으니 당국이나 병원이나 환자들이나 혼란 속에 대처할 바를 몰라 우왕좌왕하기는 마찬가지인 실정이었다.

전쟁은 끝났지만

패전 방송

8월 15일 아침 "오늘 정오에 중대한 방송이 있으니 걸을 수 있는 사람은 방송을 들으러 가도록 하라."는 명령이 시달되었다. 12시 정각 학교 현관 앞에 모인 사람은 나를 포함해서 4~5명에 불과했다. 라디오는 학교 현관 처마 밑에 초라하게 매달려 있었다. 중대 방송이라고는 했지만 늘 있는 전황 발표 정도로 가볍게 생각한데다 더구나 걸을 수 있는 사람이 많지 않았기 때문이다. 게다가 죽느냐 사느냐하는 갈림길에 있는 환자들에게는 '중대방송' 일지라도 관심사가 될수도 없었다.

12시가 되니까 방송이 시작되었고 누군가가 연설을 하는데, '천황이 아닐까' 짐작만 할 뿐 단정할 수도 없어서 무슨 방송인지 내용도 알아채지 못한 채 도중에 모두 각자 병실로 돌아오고 말았다. 병실에 돌아 와 자리에 누웠는데 군의관이 복도를 지나면서 "방송 들은 사람 있나?"하고 큰 소리로 물었다. "방송을 듣기는 들었으나 무슨 소리인지 도무지 알 수가 없었습니다."라고 내가 대답하니까 "전쟁은 끝났다!"라고 외치고는 가버렸다.

전쟁이 끝나? 믿어지지 않았지만 패색이 짙어가던 전황을 생각하면 일본의 패전은 기정사실이었다. 그러면 한국은 독립이다. "야! 독립이다."생각하니 환희가 북받쳐 가슴이 미어지면서 눈물이 쏟아지기 시작했다. 나는 소리 내어 울고 또 울었다. 마루를 주먹으로 치면서 또 울었다. 꿈에도 잊지 않은 독립. 밖으로 드러낼 수는 없었지만 가슴 졸이며 희구했던 조국의 독립! 그것이 바로 현실로, 아니 눈앞에 다가 선 것이다.

'만세! 만세! 만만세! 독립이다, 독립!'하고 울고 있는데 일본인 병사들도 마루를 치면서 같이 울고 있었다. 그러나 우는 이유는 정반대였다. 나는 해방이 되었다고 기뻐서 우는 것이고, 그들은 전쟁에 져서 패전국이 되었으니 슬퍼서 우는 것이었다. 그들은 식민지를 다 내주어도 조선반도만은 내 줄 수 없다고 했다. 나는 기가 막혔으나 그들과 시비해 본들 소용없는 일인 것을 알고 있었기 때문에 무슨 말에도 대항하지 않고 울고만 있었다. 그들의 주장은 한국을 내 주면 일본사람은 식량부족으로 굶어 죽는다는 지극히 어리석고 단순한 논리였다.

어수선한 패전 분위기

오후가 되니까 바깥 공기가 심상치 않았다. 청년 장교들이 봉기한다는 흉흉

한 소문이 들려오고, 거리 게시판에는 삭제 항전 격문에 나붙고 있다고 했다. 우리는 외출할 수 있는 처지가 못 되니 직접 나가서 살펴보지는 못했지만, '항복은 일부 반역자들의 모략이며, 미국은 일본 민족을 지구상에서 말살하려고 하니 우리는 끝까지 항전해야한다'는 내용의 전단을 붙이며 청년 장교들이 칼을 빼들고 거리를 배회하니 살기가 등등하다는 소식이 전해졌다.

패전 처리가 잘 끝나 하루 빨리 조국으로 귀환해야 할 우리들은 일본이 내란 상태에 빠지지지나 않을까, 또 한국의 독립은 순조롭게 진행될 수 있을까 하는 의구심까지 겹쳐 좌불안석이었다.

대다수 일본인들도 내심 종전을 반기고 있었는데 또다시 소요사태로 혼란 상태가 되면 앞으로 생활이 어떻게 될지 모르니 불안한 심정을 감추지 못하는 기색들이었다. 석양이 지는 저녁이 되니까 헌병들이 나타나 전단을 모두 철거하고 흥분한 장교들을 데려갔다고 했다. 우리는 그제서야 한숨을 돌리고 안정을 되찾았다.

나는 기쁨을 나눌 동료나 선후배가 주위에 한 사람도 없었다. 같이 입영한 동료들은 검열이 끝나자마자 어디론가 가버리고, 같은 후보생 중 익산군 성산면 출신의 '김'이라는 후보생만 나와 같이 전속되지 않고 부대에 남아 있었다. 피폭 당시 윗옷을 벗고 병사 앞마당에 있었다는 것까지는 추적했으나 그 후 소식은 알 수가 없었다.

아마 반나체였던 그는 지근거리 폭발 화염에 의해 순식간에 불타 즉사했을 것이라고 추측할 뿐이다. 내가 귀국한 후 그의 본가를 찾아갔더니 그는 아직 귀국을 하지 못했고, 소식도 전혀 없다고 했다. 가족들의 말을 들으니 나의 추측은 더욱 확신으로 굳어졌다.

혼자 해방의 기쁨을 억누르며 생활하고 있으니까 일본인들도 내 처지가 부러웠던지 독립된 국가의 창설국군으로서 대성할 수 있는 좋은 기회라며 넌지시 선망의 눈초리를 보내는 사람도 더러 있었다. 그러나 정작 우리 동포는 한 사람도 만나지 못해 외롭고 섭섭한 신세였다.

나는 본부에 가서 하루 속히 귀국하고 싶다는 뜻을 전했으나, 병원에서는 가까운 시일 내에 무슨 조치가 있을 것이니 잠자코 기다리라고만 조언했다. 왼손의 화상만 아직 치유되지 않아 걸메고 생활하는 상태였고, 다른 상처는 대충 다 나아서 귀국에는 지장이 없을 정도였다.

원대복귀

8월 25일 나는 드디어 원대에 복귀하라는 통보를 받았다. 그것도 나 혼자가 아니라 다른 귀대 병사들을 모아 대(隊)를 구성하여 인솔하라는 명령이었다. 오후에 복귀하는 병사를 모았더니 20명 남짓 되었다. 그들은 나처럼 병이 다 나아 퇴원하는 것이 아니라, 외출·출장 등의 사유로 피폭을 면한 병사들이 대부분이었다.

마땅한 차편이 없어서 대로변에서 기다리고 있으니까 화물 트럭이 한 대 멈춰 섰다. 편승을 부탁하니 운전수는 쾌히 승낙을 했다. 차에는 이미 다른 사람들도 타고 있어서 만원 상태였다. 차 안에서 주로 패전 이유가 화제에 올랐는데, 그들은 전적으로 조선인들 때문에 전쟁에 패했다고 입을 모았다. 일본

국민은 모두 허리띠를 졸라매고 전쟁 승리를 위하여 전력투구하고 있었는데, 조선인들은 법망을 피해 다니면서 암거래나 하고 밀주나 범칙물자를 거래하여 경제 질서를 혼란시켜 승전에 방해가 되었다는 의견이었다.

인솔자가 조선인이라는 사실을 상상도 못하고 떠들어대는 일본 민중들의 어처구니없는 태도를 일일이 탓할 수도 없어 모른 채 그냥 듣고만 있었다. 적반하장이라더니 따지고 보면 우리들이야말로 진짜 피해자들이고 이 시대의 수난자들인데 억지 주장을 펼치며 비난하고 보복하려는 그들의 습성은 그때나 지금이나 별로 달라진 것이 없는 것 같아 씁쓸할 뿐이다.

날이 저물어서야 히로시마 시내에 이르렀다. 그런데 번화하던 시내가 아무 시설물이 없는 널따란 평원이 되어버렸다. 그저 아무 것도 없는 원자사막을 이리 저리 헤매고 다니며 서부 제2부대를 찾으니, 큰 돌 몇 개를 쌓아놓고 서 있는 군인 두 명이 자기들이 서부 제2부대의 정문 보초라고 했다.

위용을 자랑하던 부대가 온데간데없이 사라지고 큰 돌만 남았다니 믿어지지가 않았다. 그들에게 물어 보니 본대는 가베(可部) 북쪽 농촌에 소개해 있다는 말을 해 주었다. 할 수 없이 우리들은 보초가 알려준 주소로 다시 이동하였는데 부대에 도착한 것은 밤이 깊어서였다. 다행히 달밤이었고 기온도 비교적 선선하여 노래를 부르면서 유쾌하게 걷고 또 걸어갔다.

부대라고 해도 무슨 할 일이 있는 것이 아니니까 낯익은 병사들이 모여앉아 설왕설래 하는 중 과학을 전공했다는 후보생이 이번에 투하된 폭탄은 원자폭탄이라는 주장을 펼쳤다. 그때까지 주위에서 원자폭탄이라는 말을 전혀 듣지 못한 우리들은 그것이 도대체 무슨 폭탄이냐고 되물었다. 그러나 그도 별로 신통한 대답을 할 수 있는 식견은 없었던 것 같다.

원자폭탄이라고?

'원자폭탄'이 투하된 뒤 일본 정부는 신형 폭탄이 떨어졌다고만 발표하면서, 피해가 큰데 조사중이라고 했다. 그러니 국민들은 그 신형 폭탄이 무슨 폭탄이고 무슨 재료로 만들어졌으며 어떤 성능이 있는지 도무지 알 수가 없었다. 또 그런 것을 알려고 꼬치꼬치 캐묻거나 하면 불온시하며 의심하던 시대였으니까 궁금해도 물을 수도 없었고, 아무도 신형폭탄에 대해 말해 주는 사람도 없었다. 그저 쉬쉬 하면서 귓속말로만 엄청난 위력을 가진 폭탄이라고 하고 말았는데, 비로소 과학을 전공한 후보생으로부터 원자폭탄이란 이야기가 나오게 된 것이다.

나중에 알고 보니 미국은 '맨해튼 프로젝트'라는 극비 계획으로 20억 달러에 달하는 천문학적인 자금을 들여 원자폭탄을 개발했다. 우선 3개를 만들었는데, 첫 번째 원자폭탄은 뉴멕시코 사막에서 7월 16일 시험 폭발에 성공했고, 나머지 두 개는 구축함에 실어 티니안 섬으로 급송해 조립하였다고 한다.

그 중 히로시마에 투하한 것은 모양이 홀쭉해서 "리틀보이"라는 별명을 가졌고, 무게는 4톤이며 15킬로톤(kt)의 위력을 지닌 우라늄탄이었다. 8월 6일 새벽 두 대의 관측기를 대동하고 티니안 섬의 기지를 출발한 B-29는 새벽에 히로시마의 기상을 관측한 결과 맑은 날씨라 폭격에 적합하다는 선발 관측기의 통보를 받았고, 시의 동북쪽에서 진입하여 9,800m 상공에서 낙하산에 폭탄을 매달아 지상 580m에서 폭발할 수 있도록 조작해서 투하했다고 한다. 폭발 시각은 8시 15분이었다.

한편 9일 나가사키(長崎)에 투하한 폭탄은 플루토늄탄으로 위력은 22킬로

톤이고 무게는 4.5톤이며, 별명은 "팻맨(Fat Man, 뚱보)"이었다. 한 대의 관측기와 같이 티니안 섬을 떠난 B-29는 제1 목표지인 고쿠라(小倉)를 찾았으나 짙은 구름과 연기 때문에 목표지점을 발견하지 못하고, 제2 목표인 나가사키로 향했다. 그러나 거기도 구름에 가려 조선소를 찾지 못 하다가 겨우 성당의 십자가를 발견하고 투하한 것이 시 북쪽 지점이었다고 한다. 폭발고도는 500m였다.

원자탄이 폭발하면 강력한 폭풍과 3, 4천도의 열선이 반경 2km내에 있는 모든 가연 물질을 연소시키고, 방사선인 엑스선·베타선·감마선과 중성자가 모든 생명체를 관통해서 사멸시킨다. 어떠한 수단으로도 이를 방어하거나 그 효력을 감소 또는 소멸시킬 수 없었다. 그래서 핵무기는 인류멸망의 길을 재촉하는 가장 비인도적이고 야만적인 무기인 것이다.

티니안 섬

티니안 섬은 사이판의 부속 섬이라고 할만큼 아주 가까운 거리에 있다. 두 섬은 같은 화산섬이지만, 사이판 섬은 산도 있고 내도 있는 험한 지형이고, 티니안 섬은 묽은 용암이 흘러 만들어진 섬이라 10m이상 높은 곳이 없는 아주 평탄한 지형이다. 이 평탄한 지형을 이용해 비행장을 만든 것은 바로 일본군이었는데, 일본군은 사용해 보지도 못하고 미군 손에 넘어가 일본 본토 대도시의 대부분을 불태워 버린 공습의 근거지가 되었다.

그런데 이 작은 섬에 중폭격기가 이착륙할 수 있는 4km의 긴 활주로를 손

티니안 섬 한국인 위령비

수 만든 사람들은 정작 한국인 노무자들이었다. 중장비를 이용해도 몇 년씩 걸릴 공사를 거의 인력만으로 해냈으니 우리 동포들이 겪었을 고초가 짐작하고도 남음이 있다. 열대지방에서 맨손으로 돌을 깨고 아스팔트를 깔아 활주로를 만드는 난공사에 투입된 한국인 노무자 대부분은 그 곳에서 돌아오지 못하고 죽어갔다. 현재 티니안 섬에는 한국 종교단체가 세운 한국인 위령비가 고고히 있고 시신소각장이 파괴된 채 남아 있다. 교포 3세들이 15~16명 거주하면서 찾아오는 관광객을 안내하고 있다. 어찌 생각해 보면 한국 사람이 만든 비행기 활주로를 출발한 비행기들의 공습으로 일본의 패전이 앞당겨졌지만 한편으로 그 폭탄에 많은 한국인들도 희생된 것을 떠올리면 아이러니가 아닐 수 없다. 티니안 섬은 그렇게 우리민족에게 한 많은 섬이고 잊지말아야 할 비극의 현장이라 할 수 있다.

활주로 끝에는 "이 곳에서 원자폭탄을 싣고 히로시마와 나가사키의 폭격에 출발했다"는 안내문 간판이 서 있는데 일본관광객들의 심술로 언제나 땅바닥에 내팽개쳐져 있다고 설명을 들었다.

맨 처음 원자탄을 싣고 히로시마로 향한 비행기에는 4톤이나 되는 무거운 폭탄 외에도 조종사 사수, 연구원 등 15명이나 되는 많은 인원이 타고 있어서 과연 뜰 수가 있을까 조마조마 했는데 활주로 끝 3m를 남겨놓고 간신히 이륙했다고 한다. 나가사키로 갈 뚱보 폭탄은 워낙 폭탄이 커서 비행기 밑에 들어가지 않아 할 수 없이 활주로를 반쯤 파서 폭탄을 땅 속에 묻은 뒤 그 위로 비행기를 이동시켜 장착시켰다는 일화도 전해진다.

불행하게도 인류 최초의 가장 초보적인 원자폭탄에 피폭되어 그 위력을 누구보다도 뼈저리게 체험한 나로서는 미국의 비키니 섬에서 있었던 15메가톤의 수소폭탄 실험이나, 소련의 노바야젬랴 섬에서 한 50메가톤의 수소폭탄 실험을 지켜보면서 인류의 전도를 무척이나 우려했다. 또한 한반도에도 과거에 무려 763개의 원자무기가 있었다는 사실, 현재 남한에는 한 개도 없다지만 북한은 세 차례 핵실험을 통해 몇 개의 핵무기를 보유하고 있을지 모르는 현실이 지속되고 있으니 여전히 두렵고 우려스러울 따름이다.

부대해산

8월 15일 일본은 무조건 항복을 선언했기 때문에 일본군대는 모두 해산해야했다. 우리 부대는 8월 6일 원자탄 공격으로 이미 궤멸되어버려서 해산하고 말 것도 없었지만, 그래도 나처럼 부상을 입었으나 아직 생명이 붙어 있는 병사와 외출이나 출장으로 다행히 폭격을 피할 수 있었던 행운아들을 모아 해산식을 한 날이 9월 1일이었다.

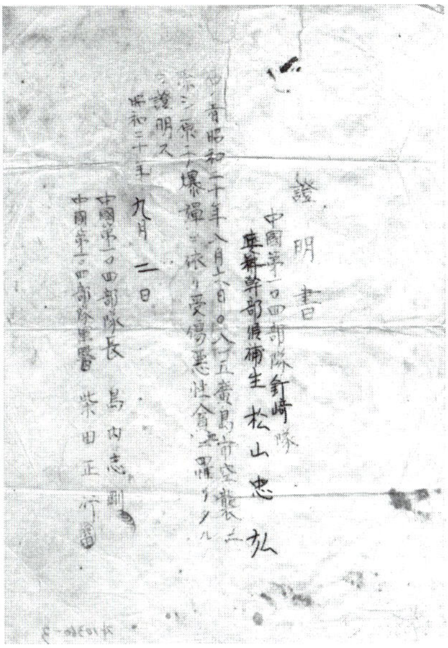

證明書

中國第一〇四部隊釘崎隊
兵科幹部候補生 松山忠弘

右者昭和二十年八月六日[illegible]廣島市空襲ニ際シ原子爆彈ニ依リ受傷[illegible]罹災シタルコトヲ證明ス

昭和二十年九月二日

中國第一〇四部隊長 島内志剛
中國第一〇四部隊軍醫 柴田正[illegible]

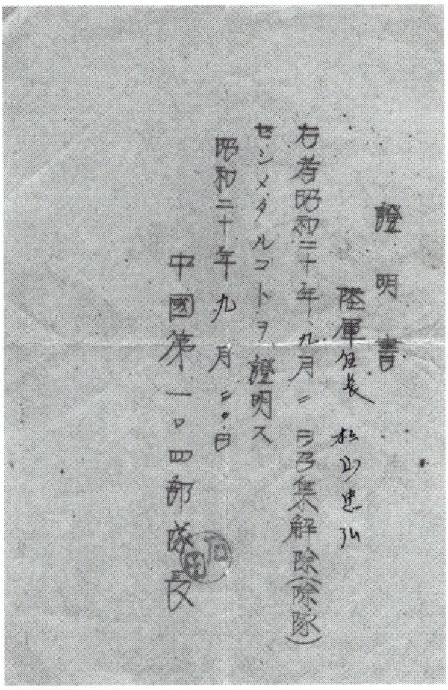

證明書

陸軍伍長 松山忠弘

右者昭和二十年九月一日ヲ以テ召集解除(除隊)セシメタルコトヲ證明ス

昭和二十年九月二日

中國第一〇四部隊長

저자가 독립기념관에 기증한 이재증명서와 제대증명서(독립기념관 제공)

해산식은 부대가 있던 소개지 농가 마당에서 거행되었다. 확실히 기억이 잘 나지 않지만 총 인원은 30~40명이었던 것 같다. 우리에게는 '원폭피해를 입었다'는 미농지에 등사된 군의관 명의의 "이재증명서(罹災證明書)"와 군적을 해제한다는 시험지 4분의 1 크기에 등사된 "복원명령서(復員命令書), 군대수첩이 배분되었고 군수물자 중 약간의 잉여물자와 노임 정도의 급료 등 청산금이 지급되었다.

부대장은 도열한 우리들에게 이렇게 말했다. "미국이 우리의 천황제를 인정하고 보호한다고 해서 순순히 부대를 해산하지만, 만약 미군이 천황을 건드린다면 그때는 우리 모두 집에 있는 식칼이라도 가지고 집결하여 끝까지 싸울 각오를 하라!" 내가 듣기엔 '참새가 죽어도 짹 한다'는 속담이 있는데 그와 흡사한 처지로 보였다. 앞으로 어떠한 상황이 벌어지더라도 나와는 상관이 없다는 초연한 자세로 나는 해산식을 끝마치자마자 히로시마로 향하였다.

짧은 군대 생활이었지만 막상 제대를 하고 보니 만감이 교차했다. 일본이 군대를 만든 것은 메이지 초기였다. 주로 조슈(長州藩, 현 야마구치현) 중심의 육군과 사쓰마(薩摩, 현 가고시마현) 중심의 해군을 집중 육성해서 그야말로 군사대국이 되었다. 그 과정에서 가장 중점적으로 침공목표가 된 것이 한반도였고, 우리는 그들이 호시탐탐 노리는 먹잇감으로 전락했다.

그 한 예로 '운요호 사건'을 들 수가 있을 것이다. 1875년 9월 20일 일본 군함 운요호(雲揚號)가 강화도 수역에 들어와 수로를 측량하겠다고 했다. 말하자면 우리 군함이 일본 도쿄만 깊숙이 들어가 궁성 바로 앞 해안일대를 측량하겠다는 주장과 비슷한 도발이었다. 입장을 바꾸어 우리가 그런 무리한 요구를 했다면 과연 일본정부가 쾌히 승낙했을까. 삼척동자도 웃을 일이고, 지나가던 소도 웃을 일임에도 불구하고 그들은 군함을 파견하고 '불평등조약'을 강요하는 등 만행을 저질렀다.

그로부터 20년 후인 1895년 10월 8일에는 일본 공사 미우라 고로(三浦梧樓)가 인솔하는 낭인 48명이 심야에 우리 궁성에 난입해서 명성황후를 시해하는 사건도 발생하였다. 미우라는 사단장 출신으로 조슈 군벌의 핵심인물이다. 명성황후 시해 사건 후에도 추밀원 고문까지 역임하는 등 메이지시대 군

원로로서 평생 영예와 부를 누린 대표적인 인물이다.

한반도의 주도권을 둘러싸고 일어난 청일전쟁에서 승리한 일본은 대륙침략의 야욕을 멈추지 않고 마침내 러일전쟁까지 도발했다. 일본군은 요동반도의 뤼순(旅順) 공략전에서 승리했고, 그 다음 펑톈(奉天)에서도 승리함은 물론, 동해 해전에서 발틱함대를 격파함으로써 동양에서 유일한 군사 강국으로 거듭 났다.

그런 침략 전쟁에서 승리한 핵심 주력부대가 바로 히로시마사단과 규슈(九州)의 구마모토(熊本)사단이었다. 특히 히로시마는 양 전쟁 중 우지나(宇品)항에서 군인과 군수물자를 보급하는 일본 최대의 군사도시로 발전하여, 한때 천황의 전쟁 지휘 본부인 대본영이 설치되는 등 최고의 군사기지로서 자리매김했다.

태평양전쟁 당시 서부 제2부대로 이름이 바뀌었지만 제5사단 11연대로서 자긍심이 무척이나 대단한 부대였다. 그러나 이런 자긍심 강한 부대의 해산식이 이토록 초라하다는 것은 무엇을 말하는 것인가. 그것은 강대국 일본이 지구상에서 소멸되었다는 명백한 증거이기도 했다.

그런데 내가 왜 히로시마 5사단에 예속되었는지 그 이유는 도무지 알 수가 없었다. 당시 한반도에도 조선군 몇 개 사단이 있었는데, 굳이 원거리에 교통도 불편한 사단에 우리를 보낸 이유가 무엇인지 모를 일이다. 하여간 우리는 그 알 수 없는 이유 때문에 일본 본토에서 고생하다 원자탄까지 맞게 된 것이다. 우리 고향에서도 많은 청장년들이 국내외 부대에 예속되었는데, 그 가운데 중국이나 남태평양의 이름 모를 섬으로 끌려 간 사람도 다수 있었다. 특히 관동군에 편입되었던 조선 청년들은 종전이 되자 소련군에 의해 무장해제 된 후, 시베리아에서 3년 이상 강제 노역을 당하는 억류생활도 겪었다.

침략전쟁에 강제동원된 것만도 억울한데 수많은 젊은이들이 숱한 사연을 안고 피지도 못한 채 유명을 달리하거나 온갖 고초를 겪는 피해를 당하였다. 나라 잃은 서울임 이와 같을진대 정녕 한스럽고 비참한 일이 아닐 수 없었다.

귀국

히로시마여 잘 있거라

나는 일본군 생활과 히로시마로부터 한시라도 빨리 벗어나 고향으로 달려가고 싶은 마음뿐이었다. 애착이나 미련을 가질 아무런 이유가 없었기에 해산식이 끝난 뒤 매우 홀가분한 기분으로 귀국길을 재촉했다. 생사를 모르고 흩어져서 석별의 정을 나눌 동료들도 없었다. 다만 부상당한 왼손 절반이 아직 아물지 않는 상태였기 때문에 붕대로 감고 목에 매단 채로 오른손으로 짐꾸러미를 끌고 이동을 했다.

기차를 타기 위해 히로시마 역에 도착해 보니 히로시마는 일주일 전 깜깜한 밤의 풍경과는 아주 다른 넓고 넓은 평원으로 변해 있었다. 간혹 높고 둥근 연돌이 서 있고 또 파괴된 콘크리트 건물의 일부가 남아 있기는 하였지만, 대체적으로 잔해물들이 이미 치워진 상태였다. 우리 부대가 있었던 흔적이나 건물 흔적이 없으니 어디가 어딘지 전혀 가늠이 되지 않았다. 평원 가운데 가끔 "아무개가 전멸한 장소"라는 나무 표식이 여기저기 서 있는 것이 인생무상을 상징하는 것처럼 느껴졌다.

떠도는 풍문으로는 앞으로 30년 간 이 땅에 풀도 나지 않는다고도 하고, 70년간 사람이 살 수가 없는 곳이라는 말도 있었으나 피폭 20여 일이 지난 그때는 파릇파릇 돋아난 새싹이 더러 눈에 띄었다. 과연 히로시마는 앞으로 사람이 안심하고 살 수 있는 곳으로 복구될 수 있을까. 그리고 옛 히로시마와 같은 아름다운 시가지를 다시 볼 수 있게 될까. 나는 아득한 의문을 품은 채 히로시마를 출발하는 기차에 올랐다.

돌이켜 보면 난생 처음으로 도착한 일본 땅, 그것도 하필 히로시마로 오게 된 것은 무슨 인연인지 모르겠다. 오따강이 일곱 가닥으로 갈라지면서 만들어낸 삼각주에 발달한 아름다운 물의 도시 히로시마에서의 일 년. 짧은 군인시절이었지만 많은 경험과 추억이 남아 있다. 특히 이름만 들어왔던 밀감이 먹음직스럽게 가득 쌓였던 광경이 눈에 선하고, 해안 부근의 과수원에서 풍겨나는 잘 익은 무화과 내음도 코 끝에 맴도는가 하면, 탐스럽고 우아한 비파의 향기와 맛도 잊을 수가 없다.

그런 도시가 창졸간에 풀 한포기 없는 광활한 사막 평원으로 변하고 말았으니 그저 생명의 소생을 기원하며 히로시마를 뒤로 했다. 히로시마여 잘 있거라! 히로시마여! 빨리 재건되어라!

배 무덤으로 변한 시모노세키항

시모노세키(下關)까지만 가면 바로 배를 탈 수 있을 것이라고 해서 불편한 길을 마다않고 겨우 항구까지 갔다. 도착해보니 시모노세키에는 배가 들어올 수 없어서 북쪽에 있는 센자키(仙崎)항으로 가야한다고 했다. 그래서 직접 시모노세키항에 가 보았더니 침몰한 배들로 빽빽하게 차 있어서 누가 보아도 항구라고는 할 수 없는 위험한 지경이었다.

왜 이렇게 되었을까. 주변 사람들 말로는 미군의 잠수함 공격으로 배가 부서지기도 했지만, 더 많은 희생은 미군이 부설한 기뢰 때문에 발생한 것이라고 했다. 잠수함은 전파탐지기로 배의 위치를 포착하고 유효 거리까지 접근해 어뢰를 발사하기 때문에 백발백중 침몰시키는 것은 명확한 일이었다. 그러나 기뢰는 항구 근처에 고정시키거나 떠다니게 해서 운항 중이던 배와 부딪히면 폭발하니 이 또한 위험한 무기였던 것이다. 내가 더욱 놀랐던 것은 이렇게 많은 배가 파손될 정도로 미군 잠수함이나 기뢰부설선이 마음대로 일본 서부 관문인 시모노세키항을 장악하고 공격하고 있었다는 사실이었다.

나는 7월 15일경 시모노세키 항에서 부산으로 배를 타고 건너왔다가, 7월 말에 다시 시모노세키로 건너갔기 때문에 불과 한 달 만에 변해 버린 눈앞의 광경에 새삼 행운을 실감했다.

나의 특별휴가는 생명을 건 아슬아슬한 모험이었다는 사실을 깨닫자 모골이 송연해질 정도였다. 내가 부산에서 해군의 작은 화물선에 편승을 부탁하니까 승선은 해도 되지만 생명은 보장 못하니 알아서 하라고 했던 그들의 경고가 얼마나 심각한 상황을 예고하는 것이었는지 이제 와서 실감이 들었다.

시모노세키와 부산을 오가던 부관연락선

그 사이 부관연락선이나 수많은 배들이 잠수함 공격이나 기뢰의 희생물이 되었지만 이토록 철저하게 비밀을 유지하고 있었던 일본군이나 해운당국이 가증스러울 뿐이었다.

일본의 서부 관문조차 이렇게 파괴되고 속수무책으로 봉쇄당하고 있었는데 병력과 물자를 어떻게 움직여 전쟁을 한다는 말인가. 하기야 배 한척, 비행기 한 대 없어도 일본군은 본토항전을 호언장담하고 있었으니 국민들은 이런 전쟁광들에게 완전히 속았던 것이다. 만약 본토 결전이 현실이 되었다면 또 얼마나 많은 무고한 생명들이 옥쇄란 미명하에 숨져갔을까. 상상만으로도 전율이 이는 끔찍한 희생이 뒤따랐을 것이 불을 보듯 뻔하다.

나는 시모노세키 항에서 다시 한 번 내 행운을 확인하고 북쪽 센자키 항으로 길을 떠났다. 시모노세키 항은 얼마 후에 항구로서의 기능을 회복했고, 많은 한국인을 조국으로 귀환시키는 중심 항구로 기능을 다하게 되었으니 그나마 다행한 일이었다.

센자키항의 귀국선

센자키(仙崎) 항은 어항(漁港) 정도의 작은 규모라 연락선 같은 큰 선박이 출입할 수 있는 접안시설이나 창고, 여관 같은 부대시설이 부족한 곳인데, 예기치 않게 시모노세키 항의 기능을 대신하려고 하니 모든 면에서 무질서하고 복잡하기만 했다. 더구나 일본 각지에서 많은 동포들이 해방된 조국으로 하루라도 빨리 귀국을 하기 위해 초조한 발걸음으로 몰려들었다. 무슨 방법을 써서라도 다른 사람보다 먼저 귀국하려는 일심으로 승선을 다투는 사람들로 항구는 북적였다. 이런 사람들이 수 천 명 아니 수 만 명씩 모여드니, 공터 도로 광장 할 것 없이 금세 가득 찼고, 노숙하는 사람들이 서로 뒤엉켜 극도로 혼란했던 센자키의 광경이 아직도 눈에 선하다.

배는 가까운 시일 내에 들어온다고 하니까 어떤 방법으로 배 타는 순서를 정할까 고민하다가 대표자들을 소집하여 승선 순서를 정하자고 내가 제안을 하였다. 군대에 분대장이 있듯이 노무자라면 노무자 반장이 있을 것이고, 작업대였다면 그 대의 대표가 있을 것이 아니겠는가 하는 짐작에 제안했더니 내 예상대로 몇몇 대표들이 모여들었다.

회의에서 나는 승선 순서를 이렇게 제안했다. 첫째 승선자는 군인 중 부상자, 두 번째는 군인, 세 번째는 징용공 중 부상자, 네 번째는 징용공, 다섯 번째는 일반인으로 하자고 했더니 순식간에 합의를 보았다. 그러고 보니 내가 맨 먼저 배를 타게 되었다. 처음부터 그걸 예상하고 제안한 것은 아니었지만, 더 합리적인 대안이 없었던지라 순조롭게 순서가 결정되었다.

승선 순서가 결정된 뒤에 시간이 좀 남길래 병원에나 가 볼까하고 찾아 나섰다. 병원에서는 "원자폭탄을 맞은 사람은 어차피 모두 죽기마련이니까 진찰할 필요도 없다."면서 문전박대를 했다. "모름지기 의사라면 죽어 가는 환자에게도 살 수 있다는 희망과 격려를 해야 바른 의사지 멀쩡한 사람을 보고 죽을 테니 볼 것도 없다고 거절하는 것이 무슨 의사냐"고 항의를 하고 맥없이 돌아 나오고 말았다.

다음 날인 9월 2일 부관연락선 산요마루(山陽丸)가 최초로 한국에서 철수하는 일본인들을 가득 싣고 센자키 항에 입항하였다. 큰 배에서 내려 전마선(傳馬船)을 타고 들어오는 그들을 보니 누구나 할 것 없이 얼굴색이 창백하고 공포에 질린 표정들이었다. 그렇게 초초한 낯빛의 일본인을 본 기억이 없어서 다소 생소했는데 이내 납득이 되었다. 그들은 식민지에서 주인 노릇을 하고 떵떵거리며 살다가 하루아침에 패자로 전락해 평생 모은 전 재산을 버려두고 빈 털털이로 귀환했을 뿐 아니라, 곳에 따라서는 생명에 위협을 느끼기도 했고, 복수의 참변을 당한 사람도 있었다. 간난신고를 겪으며 돌아왔으나 앞날 또한 기약할 수 없으니 낭패감과 공포가 표정에 고스란히 묻어 나왔던 것이다.

그에 비하면 우리는 그래도 얼마나 행복한 처지인가. 비록 부상은 입었지만 생명에는 지장이 없으니, 새로 출발한 독립국의 역군으로서 크게 기대를 받으며 희망의 출발점에 서서 배에 오르려는 우리와, 그 배에서 내리는 일본인의 표정이 사뭇 대조적일 수밖에 없었다.

난생 처음으로 해방된 자의 여유와 기쁨을 만끽하면서, 과거 일본인들과는 완연히 달라진 기죽은 패자의 모습을 씁쓸하게 지켜보며 내 순서를 기다렸다. 순서를 정한 대로 내가 맨 먼저 전마선을 타고 연락선으로 향했다. 통통거리는 전마선을 타고 산요마루를 향해 가는 짧은 동안에도 해방된 조국은 어떤 모습일까, 부모님은 얼마나 걱정하고 계실까, 한 시라도 빨리 부모님이 계시는 고향 땅으로 가야지 하는 생각을 하며 애를 태웠다.

당시 고국의 신문이나 라디오 방송에서 히로시마에 신형폭탄이 투하되었고 황족인 이우 공이 사망했다는 소식을 이미 보도했다고 한다. 부모님은 황족인 이우 공도 사망했는데 하물며 평범한 병사가 살 수 있겠는가, 어김없이 죽었을 것이라고 생각하고 있었다고 한다.

나도 혹시 그렇게 걱정하고 계시지 않을까 싶어 귀국을 서둘렀다. 만약에 부모님에게 내가 살아 있다는 것을 알릴 수만 있다면 뭐든지 하려는 심정이었다. 하루 속히 고향으로 돌아가 내 건재한 모습을 보여드리고 난 뒤에야 무슨 일이든 할 수 있겠다고 생각했던 것이 내 바람의 전부였다.

감격의 부산항

배가 부산 항에 무사히 도착한 후 우리들은 바로 상륙해서 해방된 조국 땅을 밟았다. 부산 항에 도착하자마자 나는 귀국과 해방의 기쁨을 만끽할 수 있었다. 그 당시 부산 항에는 전국 각 지역에서 파견된 환영단이 있었고, 서로 행여나 타지방의 환영단에 뒤질세라 모두 경쟁적으로 열과 성을 다해 환대해 주었다. '귀환동포의 귀국을 환영한다'는 글귀가 적힌 높은 깃발은 온 부두에 휘날리고 있었고, 대형 확성기로 울리는 환영의 소리는 항구일대를 진동시켜 흥분과 감동의 분위기가 펼쳐지고 있었다.

우리는 감격의 눈물을 억제하는데 안간힘을 써야 할 정도로 뜨거운 동포애의 열정에 몸 둘 바를 모를 지경이었다. 아마도 한반도 역사 이래 이때처럼 우리 동포가 단결하고 모두 같이 기뻐하고, 빈부 차 없이 같이 나눠 먹고, 반가움에 같이 손잡고 눈물 흘렸던 시기는 없었을 것으로 여겨진다.

마음은 벌써 고향집으로 달려가고 있었던 나는 출신지별 본부의 안내로 귀갓길을 서둘렀다. 우리들이 탄 열차가 정거하는 역마다 부근 주민들은 과일이나 도시락을 가지고 와서 대접하는가 하면 필요한 것은 무엇이든 기꺼이 제공하려는 선행이 도처에서 자발적으로 일어났다. 누가 시킨 것도 아니고, 손익을 따지는 것도 아니며 친지나 생면부지를 가리지 않고 그저 동포면 서로 포옹하고 반가워하는 흥분의 불길은 부산을 기점으로 해서 전국으로 확대, 전파 되어 갔다.

기적같은 귀향

전주에 도착한 나는 친지들의 환영을 받은 뒤 곧바로 도립병원을 찾아갔다. 내가 원자폭탄에 피폭된 장소는 폭심지에서 2km밖에 안 되는 곳이었다. 2011년 3·11 일본 동북지방 대지진 이후 사람이 접근하지 못하는 거리는 후쿠시마 원자력 발전소에서 반경 20km로 정할 정도니까 반경 2km 거리는 매우 치명적인 방사능 피폭 범위였다고 할 수 있다.

사람에 따라 방사능에 대한 반응도가 차이가 있어 어떤 사람은 그 자리에서 즉사하고, 또 어떤 사람은 몇 시간 후 또는 수일 후에 사망하는 것을 나는 목격했다. 그 당시만 해도 왜 사람들이 죽는지도 모르는 상태였기에 피폭한 사람은 모두 죽는 것이 아닌가 하는 우려를 누구나 하고 있는 불안한 상태였다.

지금이야 원자폭탄이 치명적인 방사능을 방출하며 여기에 노출되면 인체의 세포조직이나 혈액이 파괴된다는 사실을 모두 알고 있지만 당시에는 초보적인 지식도 전무했다. 원인을 모르니 처방도 엉터리였다. 입이나 코, 또는 귀에서 피가 흐르고 얼굴색이 창백해지면서 머리카락이 빠지는 현상을 괴혈병으로 의심하고 예방주사를 맞기도 했다. 나중에 알고 보니 2km지점에서는 6시버트 정도의 방사능에 노출된다고 한다. 그야말로 생과 사의 분기점에서 살아난 것이다.

이런 분석은 오랜 세월이 지난 뒤 알게 된 사실이고, 그 당시에 다른 사람은 다 죽어도 나는 살 수 있을 것이란 가당치도 않은 자신감에 부풀어 있었다. 원자폭탄의 위력을 체험했지만, 과연 원자폭탄이 무엇으로 만든 것인지, 어떤 후유증이 있는지는 아무 것도 모른 채 귀국한 것이다. 지금 생각해 보면 근거도 없는 그 때의 어리석은 낙관에 낯이 뜨거워진다.

해방 직후의 혼란기라 의료진이 제대로 있을지도 모를 일이었지만, 최소한 혈액검사라도 받아보자는 희망을 가지고 병원을 찾았다. 일본에서 들은 지식으로 나는 백혈구 수를 검사해달라고 부탁했다.

간단한 혈액검사였지만 백혈구 수에 이상이 있으면 삶을 포기해야만 할 중대한 검사였다. 신의 가호가 있었는지 검사결과 다행히 아무런 이상도 나타나지 않았다. 이후 나는 원폭후유증으로 죽을 수도 있다는 걱정은 아예 잊고 살았다. 왼팔의 상처는 차차 치유되어가고 있었고 얼굴의 검은 화상이나 다른 곳의 상처도 완화되고 있었으니 새삼스럽게 건강상태를 의심할 필요가 없다고 굳게 믿었다.

내가 피폭자인걸 아는 주위 사람들은 두 부류로 나뉘어 나를 평하곤 했다. 한 부류는 과학지식이 조금 있는 부류로, 내가 무식해서 용감하게 살아남았다는 것이다. 방사능에 노출되는 치명적인 피해를 입었는데도 그것을 완전히 무시하고 아무렇지도 않은 양 살아왔으니 무지가 빚은 용감함이 삶의 원천이 되었다는 평이다.

또 한 부류는 원자탄은 박격포탄 보다 약간 큰 것이니 직격탄을 맞지 않는 한 죽지는 않는다는 주장을 펴기도 했다. 그야말로 무지의 소치로 자기 멋대로 피폭자를 평가하는 사람들이 세상에 많았다.

병원에서 아무 이상이 없다는 진단을 받은 후 서둘러 고향집에 도착해 보니, 문간채 기둥에 "영예의 집"이란 커다란 나무 표찰이 걸려 있었다. 일제가 달아주었을 그것을 떼어 부엌 아궁이에 내팽개쳐 버렸다. 그리고 마루에 올라가 부모님께 큰 절을 올리며 귀국인사를 드렸다. 돌이켜 보니 식민지 암울한 시기에 억압을 견디지 못하고 절망 속에 죽음의 길로 내몰린지 꼭 일 년만이었다.

도살장에 끌려가는 소처럼 외마디 변명이나 저항도 못하고 집을 떠나 온갖 고초를 겪고도 생사의 기로에서 생환한 것이다. 비록 천형에 가까운 부상은 입었지만 해방된 조국 내 고향 내 집으로 부푼 희망과 포부를 안고 무사히 돌아온 것이다. 참으로 기적같은 귀향이었다.

내가 잃은 것

1944년에는 "묻지 마라 갑자생"이란 말이 유행했다. 갑자년은 1924년으로 이 해에 태어난 남자들이 징병 1기로 징집되어 사지인 전쟁터로 끌려갔기 때문에 생긴 말이었다. 일제는 태평양전쟁으로 전선이 확대되자 일본인만으로는 전쟁을 수행해 나가기에는 한계가 있다는 점을 깨달았다. 치밀하게 동원계획을 세운 일제는 먼저 지원병제도를 도입한 후 1944년부터는 징병제를 실시하여 부족한 전쟁인력을 충당하고자 했다. 그렇게 해서 우리 갑자생들의 수난 시대가 열린 것이다.

어려운 가정 사정에도 불구하고 무사히 학업을 마치고 사회에 나가 활동하여 다소나마 부모님을 도울 수 있는 길이 바로 눈앞에 다가 왔던 때에 난데없는 징병제도가 실시된다는 소식에 나는 앞이 캄캄해졌다. 하늘이 무너지는 것 같은 충격을 받은 것은 갑자생 자신만이 아니라 그들의 부모도 마찬가지였을 것이다.

우리가 일본군에 징집되면서 잃을 수 있는 것은 첫 번째로 목숨이었다. 전쟁터에 나가면 십중팔구 생명을 잃는다는 것은 삼척동자도 다 아는 사실이니 어찌 살아서 돌아오기를 바라겠는가. 그것도 자기 나라를 지키기 위해서 치르는 전쟁이 아니라, 남의 나라 즉 일본을 위해서 죽으라는 것이니 바꾸어 말하면 개죽음이었다. 개죽음을 하기 위해 우리가 끌려가는 현실은 당시 우리의 가장 큰 고민거리였고 참을 수 없는 치욕이기도 했다.

두 번째 잃은 것은 보상도 대가도 없는 우리의 희생이었다. 우리가 희생을 한들 뒤에 일제가 우리의 독립을 보장한다거나 최소한 자치라도 허용한다는 그러한 보상책은 일체 기대할 수 없었다. 그러니 일제는 자신들의 침략전쟁 완수를 위해 조선인들의 희생을 무조건 강요한 것이라고 할 수 있다.

그래서 우리는 자포자기하는 절망의 경지에서 일본군에 입대하게 되었다. 그 안에서 우리들은 '약소민족의 비애'라는 말로 자기를 위안하고 불만을 삭일 수밖에 없었다. 속은 부글부글 끓는 용광로와 같았지만, 표면상으로는 아무 일 없는 것처럼, 누구에게도 들키지 않게 위장하며 살아야 했던 가련한 신세였다.

내가 얻은 것

그럼에도 불구하고 나는 잃은 것보다 얻은 것이 많았다고 생각한다. 내가 얻은 것 중에 첫째는 우리가 지금까지 일제에 철저히 착취당해 왔다는 깨달음이고, 두 번째는 일제에 너무나도 큰 차별과 학대를 받은 식민지민이었다는 자각이고, 세 번째는 우리에게도 훌륭한 문화와 역사가 있다는 자부심을 회복한 것이고, 네 번째는 우리가 어떤 면에서도 일본인에게 이길 수 있다는 자신감이었다.

일본에 상륙해서 맨 먼저 항만시설과 도로가 우리 것과는 비교가 되지 않을 정도로 미끈하고 번드르르한 것에 놀랐다. 뿐만 아니라 농촌의 가옥들도 우리의 초라한 초가삼간과는 비교가 될 수 없는 부호들의 마을과 같았다. 사회의 모든 기간시설이 이렇게 번듯하니 이는 필경 우리에게 착취해서 저들이 호의호식한 증거가 아닌가 하는 반감이 들었다. 내가 입대한 부대의 건물만 보더라도 창고 같이 거무칙칙한 감옥 같은 나남의 부대 건물과 달리 일본의 부대 건물은 흰 벽이 정원수와 어우러져 아름다운 별장과 같은 분위기를 연출했다. 말로는 '내선일체(內鮮一體)', '일시동인(一視同仁)'하면서 속내는 철저하게 착취한 증거가 아닌가하고 뼈저리게 느낀 것이다.

두 번째로는 너무나도 심한 차별과 학대를 받았다는 것을 깨달았다. 일본의 거리에서 발견되는 조선인은 일본인과 동등한 사람이 아니라, 거지나 우범자 취급을 받았다. 그들은 직업이 없으니 생활을 이어갈 방도가 없고, 거리를 배회하면서 담배꽁초를 줍거나 폐품을 수집하는 일밖에는 달리 할 일이 없었다. 교외에서 밀주를 만들어 팔거나 돼지를 기르는 등 혐오 직업에 종사하며, 때로는 일본인이 먹지 않고 버리는 도살장의 선지나 내장 등을 주어다가 먹고 파는 등 형편이 말이 아니었다. 그러다 공복을 참지 못하면 주인의 눈을 속여 음식물을 먹다가 들키면 발뺌할 수밖에 없으니 조선인들은 거짓말쟁이에다 남의 물건을 훔치는 도적으로 낙인 찍혀 있었다.

이렇게 된 것이 어찌 우리의 잘못인가. 일본인들에게 논밭을 다 빼앗기고 갈 곳 없어 일본 땅에 흘러 들어와 죽지 못해 연명하려다가 생긴 일인데, 그들은 '조선인이란 구제할 수 없는 하등민족'으로 평가 절하했다. 그런 차별의 현장을 수시로 목격할 수 있었고, 동네 주부들이 우물가에서 하는 악의 섞인 잡담을 들으면서 느끼게 된 것이다.

세 번째, 그럼에도 불구하고 우리에게도 빛나는 역사와 문화가 있다는 확신을 갖게 되었다. 일본을 대표하는 미술품으로 자타가 공인하는 것은 호류지(法隆寺)의 '백제관음상(百濟觀音像)'이다. 누가 만들고 어떻게 일본으로 건너

간 것인지는 몰라도 그 이름으로 보아서 백제에서 건너간 것은 분명한 것 같다. 도요토미 히데요시(豊臣秀吉)가 조선의 차 문화와 다완에 반해서 임진왜란을 도발했다는 설이 있을 정도로 조선 도자기의 심오한 빛에 매료된 사람이 어찌 도요토미 히데요시 한 사람 뿐이겠는가. 임진왜란 후 끌려간 도공들의 작품은 대유럽 무역의 주종품을 이루었고, 그 후손들의 창의와 열정적인 노력의 산물인 심수관(沈壽官)의 사츠마야끼(薩摩燒), 이삼평(李參平) 후손들의 아리타야끼(有田燒) 등이 여전히 일본 도자기를 대표하고 있다. 그 전에 일본에 한자와 불교를 전해 주어 원시 야만국의 탈을 벗게 한 것도 조선인데, 그들은 처음부터 신국(神國)이었다고 망언과 망상을 되풀이해 왔다. 그러나 우리의 빛나는 역사와 전통을 은폐하고 열등민족으로 전락시킨 것은 전적으로 일본 제국주의자들의 세뇌의 결과라는 것을 차차 깨달은 것이다.

네 번째로 내가 일본인에게 절대로 지지 않는다고 자신감을 가진 것은 그간 군대생활에서 체득한 결론이었다. 조선인인 내가 단시일 내에 습득하여 히로시마 방언을 구사하였고, 문맹의 두 조선 청년을 보살피는 임무도 수행했으며, 초년병 훈련 끝난 뒤에는 간부후보생으로 장차 일본군의 중추적인 역할을 할 위치까지 오르기도 했던 것이다. 물론 내가 욕심을 낸다고 오를 수 있는 지위가 아니었다. 일본군이 나를 그런 위치로 끌어 올려야만 조선인을 군대에서 제대로 활용할 수 있기 때문에 가능했을 것이다. 그래서 내가 원치도 않은 특별휴가도 내 주고, 부대에 잔류해서 고된 중노동에서도 제외시키려고 배려했던 것이다.

당시 그들의 그런 속내를 간파할 능력이 없었음을 고백하지 않을 수 없다. 오로지 그들의 오만과 차별과 편견에 맞서 당당히 어깨를 견주어도 밀리지 않으려고 있는 힘을 다할 뿐이었다. 그런 끈기와 자신감이 내 인생에 어떻게 작용했는지는 가늠하기 어려우나, 내 군대생활의 최대 성과는 한국인으로서 일본인에게 뒤지지 않는다는 자신감을 가지게 된 것이라 믿고 있었다.

우리가 받은 사범교육은 일본민족의 우수성을 강조하고, 조선민족은 일본민족에 비해 열등한 민족이며 문화도 역사도 보잘것없는 준야만 민족이라고 왜곡하여 자기비하의 함정에 몰아넣는 교육이었다. 우리는 스스로를 엽전이라고 부르곤 했다. 엽전이란 예전 우리나라 돈으로 일본 돈 동전 1전에 엽전은 5개라야 교환이 가능했다. 즉 일본 돈의 5분의 1 밖에 안 되는 가치였기 때문에, 일본인이 동전이라면 조선인은 엽전과 같이 가치가 없는 민족이라고 멸시하는 자학적인 평가를 했던 것이다.

무엇이든지 진짜는 일본 가짜는 조선, 가치 있는 것은 일본 물건이고 가치 없는 것은 조선의 물건이라는 자기 비하적인 평가가 일반화된 상태였다. 그래서 진짜가 되는 길은 일본 것이 되는 것이고, 사람도 진짜 사람이 되는 길은 일본인이 되는 것이라는 풍조가 팽배했다. 그런 사회 풍조에 물든 내가 오히려 일본군대 생활을 해 보니 그것이 아니었구나하는 생각을 하게 된 것이다. 내가 직접 일본인과 견주어 보니 아무것도 뒤지지 않는 우리의 우수성을 새삼 발견하게 된 것이다. 자존감을 회복하는 매우 획기적인 전환의 계기였다. 더구나 일본이 패하고 우리가 독립국이 된다는 현실에 엄청난 기대와 희망에 부푼 가슴을 안고 나는 파도 높은 현해탄을 건널 수 있었다.

교육자의 길

해방 직후 교단에 서다

몇 달이 지나자 상처도 거의 나아 팔을 걸메지 않고 행동할 수 있는 상태가 되었다. 얼굴 왼쪽에 거무스레하게 섬광화상의 흔적이 남았으나 생활에 큰 지장은 없었다. 그래서 모교인 오수국민학교 교단에 서기로 마음을 먹었다. 그 때 나의 학식이라는 것은 일본글과 일본 역사가 대부분이었고 우리나라의 글이나 역사는 아무 것도 배우지 못해 알 수도 없는 처지였다. 소위 지식인의 수도 매우 적었던 때였고 나뿐만 아니라 지식인들 대부분이 진실이 아닌 허구에 얽매어 있었다는 사실을 늦게나마 깨달았다. 당시 학생 수는 해방 전과 별 다를 바 없는 반면 교원 수는 태부족이었다. 교원의 8~9할이 일본인이었으니까 그들이 모두 철수하고 나니 한국인만으로 교원을 충당하기에 부족한 것이 당연했다. 중학교만 졸업하면 바로 교원으로 충원될 정도였고, 혹은 일본, 만주 등지에서 이름도 모르는 야릇한 학교에 다녔다는 사람들도 교사가 되겠다고 모여들었다.

나는 비록 졸업 반년 전에 군대에 강제 징집되었지만 졸업장이 정식 발부되어 집으로 우송되었으니 당당한 사범학교 졸업생이었고 그때 받은 졸업장이 정식 교원 자격증인 셈이었다. 모교에서도 하루빨리 학교에 나오라는 독촉이 빗발쳤다. 그래서 1945년 12월 23일 처음으로 모교 교단에 서게 되었으니 이것이 나로선 교원생활의 첫 출발이었다.

그런데 막상 6학년 담임을 맡고 학생들에게 우선 글을 가르쳐야 하는데 아는 것이 전혀 없어서 난감한 처지에 놓이고 말았다. 이것은 나만의 고민이 아니고 한국사회 전체가 안고 있는 커다란 난제였다. 우리글인 한글을 제대로 배우지 못했고 우리 역사에 대해서는 아무것도 알지 못한 상태였으니, 당국에서는 수시로 곳곳에서 한글 철자법 강습회를 개최했고, 몇몇 역사학자들의 저서가 불티날 정도로 팔렸다.

그런 상황에서도 첫 졸업식 날 내가 작성한 송사(送辭)에 하객들이 눈물을 흘렸고, 후일 그 원고를 꼭 읽어보겠다고 학교로 찾아온 지방 유지도 있었다. 우리 교육의 과도기에 나름대로 열심히 우리글과 우리 역사 공부에 안간힘을 쓴 노력의 결과였다. 나는 주로 6학년 졸업반을 담당했다. 교육방침으로는 사제동락(師弟同樂)의 기풍을 조성하는데 역점을 두었다. 한 예를 들면 도교육위원회 주최로 무슨 전람회가 열린다고 해서 나는 제자들과 함께 전라북도의 모형지도를 만들기로 하였다. 5만분의 1 지형도를 기초로 해서 오랜 시간과 노력을 들여 입체지형도를 제작하였다. 헌 신문지를 양잿물에 삶아 분쇄하고 높이에 따라 수많은 대못을 박아 실제 높이를 축소한 입체지형도를 완성하였다. 우리 반 학생들의 많은 노력과 협조가 있었기에 가능한 작업이었다. 전람회에서 최고상을 받았고 그 후 학교의 귀중한 교재가 되었으나, 6·25 전쟁 중 교사(校舍)가 전소되는 바람에 그 역작의 모형도는 소실되어버렸다. 다행히 근래 개관한 역사관에 내 상장이나 대일 재판 승리 화보 등이 전시되어서 아쉬움이 다소 해소된 기분이다.

착실히 학생들을 교육하려는 우리들의 의도와는 달리 우리 사회는 이념의 대립이 점차 심해져 갔고, 미·소 양 진영의 대리전이 38도선을 경계로 격화되어 급기야는 6·25전쟁으로 비화되고 말았다. 흥분 속에 맞이한 해방의 기쁨은 어디로 갔는지 불과 5년 만에 동족상쟁의 혈투가 지속되고 격화되어 혼란과 파괴와 적대와 살육이 판치는 아수라장이 되어버렸다.

등산도 교육의 한 과정

오수국민학교 근무 당시 학생들과 여수와 화엄사로 수학여행을 떠난 적이 있었다. 산중에서만 자란 학생들은 순천만을 지나면서 해안가에 흰 파도가 치는 광경을 보고 "야 ! 소금덩이다" 하고 외치는 바람에 많은 승객들이 실소를 지었다. 바다를 처음 본 학생들은 바다에 소금이 무진장 많은 것으로 착각하고 흰 물보라가 모두 소금덩이라고 오인한 것이다. 그때 동행하고 있던 이 교장선생은 여수와 화엄사 여정을 마치고 난 뒤 나에게 학생을 통솔하고 장악하는 데 천재적인 소질이 있다고 칭찬을 아끼지 않았다.

뒷날 전주성심여자고등학교에서 교편을 잡고 있을 때도 수학여행 장소를 화엄사 노고단 천은사로 정하고 추진했다. 교감 선생이 "전에 지리 선생이 같은 코스로 학생을 인솔하다가 내 딸이 행방불명이 되어 밤 11시까지 산중을 헤매는 일이 있었다. 또 그런 사고가 나면 어떻게 하려고 그러느냐"며 반대했지만 나는 두고 보시라고 말하고 강행했다.

나는 노고단(해발 1,507m)으로 출발하기 전에 학생들의 모든 짐을 우마차에 실어 천은사로 보내고, 대열의 선두와 중간에 젊은 교사를 배치했다. 나는 맨 뒤에서 후미를 추스르기로 했다. 45분 걷고 15분 쉬는 규칙적인 산행을 진행하면서, 한 사람의 이탈자도 허용하지 않았다. 그래도 첫 산행이라 학생들은 무슨 이유를 대서라도 뒤로 빠지려고 했는데 앞으로 좋은 경치가 나오니 거기서 사진을 찍어주겠다고 달래면서 인솔했다. 그런 노력 끝에 전학생을 4시간 만에 모두 노고단 정상으로 인도했고, 점심을 먹고 휴식도 취하며 고산의 승경(勝景)을 즐겼다. 노래도 부르며 천은사까지 하산하니 오후 3시였다. 우리는 등산에 지친 발도 씻고 여유롭게 주위 경치를 즐겼다.

반면에 그날 도내의 한 실업고등학교도 우리처럼 산행을 했는데, 대열의 선두가 우리 후미에도 따라오지도 못했고 밤 11시까지 뒤쳐진 학생을 찾는 소리가 메아리 쳐 울릴 정도였다. 우리 교사들은 선두와 중간, 그리고 말미를 장악하고 일사불란하게 학생들을 통제한 데 비해 실업고등학교 쪽은 인솔자가 있는지 없는지 파악도 안 되고 더구나 지형과 코스도 잘 모르는 것 같았다. 그야말로 무질서하고 무통제한 산행의 말로를 그대로 보여주었다.

등산도 교육의 한 과정이라고 할 수 있다. 사전에 코스 답사와 치밀한 계획은 물론이고 현장에서 학생을 장악하고 지휘해야만 정상까지 등정을 완주할 수 있다. 또한 학생 개개인의 체력이나 능력도 감안해서 등산의 전 과정을 계획적으로 운영해야만 사고를 미연에 방지할 수가 있다. 학생들을 자유방임 식으로 방치했다가 만약 예기치 않는 기상변화로 사고가 나는 경우에는 그 책임이 중하고 냉혹한 것임을 그들은 미처 예측하지 못한 것 같다.

명성여중 교감 시절에도 법주사 탐방여행 때 문장대 등정 계획을 추진했다. 3학년 470명 전원을 속리산 정상인 문장대(1,054m)에 오르게 하려는 계획이었다. 당시의 김 교장선생은 무모한 계획이니 중지하라고 권고하였다. 나는 자신이 있으니 맡겨 달라고 승낙을 받고는, 산이 뭔지도 모르는 학생 500명을 이끌고 문장대 정상을 향했다. 전체 인원 통솔을 위해 산악연맹에서 무선전화기까지 빌려왔다. 선두와 중간 후미에 배치한 인솔자에게 무선전화기를 주어 비상연락을 취했고, 걷고 쉬는 시간을 정하여 내가 후미에서 지휘하면서 모두 안전하게 문장대 정상에 오르는 성과를 거두었다. 이때 학생들보다 의욕이 없어 뒤로 처지고 낙오하는 여교사들이 더 많아 난처했던 기억이 아직도 생생하다.

내 꿈은 지리교사

나는 6·25전쟁 후 직장을 처가가 있는 부안으로 옮기고 이후 다시 전주로 옮겨 근무했다. 1955년 말 지리교사 자격증을 취득해 전주 성심여자고등학교로 옮긴 뒤 좀 더 안정된 생활을 할 수 있었다. 음악, 체조, 그림까지 가르치는 국민학교 교사보다는 전공과목인 지리만을 가르치는 일이 얼마나 보람찬지 점차 체감했다.

나는 사범학교 2학년 때부터 지리에 흥미를 느끼고 지리부원이 되어 과외활동도 열심히 하였다. 왜 지리에 관심을 갖게 되었는지 잘 기억이 나지 않지만 아마 어린 시절부터 미지의 세계를 동경해 오다가 지리를 가르치는 우리 선생님의 교수법에 매혹을 느꼈는지도 모르겠다. 하여간 지리 선생님이 제시하는 여러 질문에 대하여 나도 공감하며 탐구하는 재미를 더욱 느꼈던 것 같다. 가령 전주천의 넓은 강바닥은 평소 실낱 같이 적은 물이 흐르는데 왜 강가에 높은 제방이 있을까 하는 질문 같은 것이었다. 그리고 전북의 넓디넓은 호남평야는 끝없이 평탄한 준평원이고, 그 끝은 얕은 바다라 간척해서 논을 만들기에 아주 적합한 곳이었다. 거기를 간척해 만든 곳에 입주한 이주민들의 생활은 또 어떤 특징을 가지고 있을까 궁금해 휴일이나 방학 때 직접 현지로 답사를 다녀오기도 했다.

그래서 지리학을 전공하고 싶었는데 그 당시 내 형편으로는 대학 진학은 꿈도 꾸지 못할 처지라 장차 일본 문부성(文部省)이 실시하는 고교 교사 자격시험에 응시해서 지리교사가 되어야겠다고 결심했다. 준비 작업으로 전문서적을 구입해서 읽기도 하고, 월간잡지 『지리』나 『지리평론』을 사서 읽어보기도 했지만 이해하기 어려운 수준 높은 잡지들이었다.

한 때 그런 꿈을 갖고 있었기 때문에 내가 고교 지리교사 자격증을 취득한 것은 말하자면 어릴 때 소원을 달성한 쾌거였다. 꿈꾸던 지리교사가 되어 학생들에게 지리를 가르치는 것이 한없이 즐겁고 재미가 있었으니 매일 즐겁고 유쾌했고, 삶 자체가 풍요롭지 않을 수 없었다.

성심여고에 다니는 학생들은 지방이나 도시를 막론하고 생활 정도나 교육 수준이 중간 정도인 가정의 출신들이었다. 대체로 아이들은 순박하고 온정적이었고, 인간관계가 원만하며 정이 많아 화기애애한 분위기였다.

성심여고는 가톨릭 재단이어서 교사나 학생을 모두 가톨릭 신자로 만드는 것이 궁극적인 교육목표였다. 그러나 나는 전통적인 유교가정에서 자란 탓에 누구에게 의탁하는 생활태도를 갖지 않았다. 더욱이 운명적으로 적자생존의 과학사상에 경도되어 있어서 모든 것을 하나님에게 의지하는 가톨릭과는 좀 안 맞는 편이었다. 그래서 그랬는지 나는 15년간 성심여고에 재직했음에도 불구하고 가톨릭 신자가 되지 못했다. 그것이 내가 성심을 떠난 이유는 물론 아니지만, 절반은 종교 때문에 직장을 옮긴 것이라고 해도 맞는 말이다.

금산중·상고 시절

성심여고에서 15년이나 재직했어도 교감은커녕 주임도 못되는 것을 안타깝게 여긴 유승국(柳承國) 선배가 금산중학교에서 교장을 물색하고 있는데 갈 의향이 없느냐고 물었다. 나는 여러 가지를 검토한 끝에 1970년 3월 김제군 금산면 금산사 부근에 있는 금산중학교·금산상업고등학교 교장직에 취임하게 되었다.

원래 금산사가 설립한 학교였는데 나중에 동국학원 산하로 병합된 학교였다. 학교라고는 하지만 사금을 팠던 땅에 동네 사람들이 손수 지은 터라 표준

규격에 맞는 시설물이 하나도 없이 제멋대로였다. 거금을 희사하는 투자자도 없어 낙후된 건물과 시설에서 겨우 운영해 가는 열악한 사립학교였다.

학교는 모름지기 많은 자금을 들여 현대화해야 신식교육을 할 수가 있는데 그럴 만한 자금은 없고, 할 일은 많은데 학생이나 교사의 질은 격차가 있어서 경영을 맡은 나는 이러지도 저러지도 못하는 처지였다. 도교육위원회에서도 도와주려고 여러 방도를 강구해 주었으나 결국 문제는 재정이었다. 그것도 적은 자금이 아니라 거액을 투입해야만 했기 때문에 재단으로서도 어찌할 수가 없는 상황이었다.

나는 전에 알던 목수를 불러다가 건물 이곳저곳을 날마다 고치고 수리했다. 그러나 학교 선생이나 지역 주민들은 나의 이런 처사를 달갑게 여기지 않았다. 어느 사회나 급격한 변화에 저항하려는 풍조가 있는 법이지만 구습(舊習)에 안주하는 풍조에 대항하기가 여간 힘든 일이 아니었다.

학생들에게 공부하라고 다그치니까 "우리는 농사만 지어도 되어요." 하는 대답에 달리 할 말이 없던 경험도 있고, 미술시간에 보니까 풍경을 그리는 것이 아니라 빨간 물감으로 도화지를 다 도배해 놓고 '불났다'고 할 정도였다. 이것은 모두 학생 개개인의 소질 때문이 아니었다. 오히려 교사의 지도가 문제라고 느꼈다. 교사란 일정한 자격을 갖춘 사람이 해야지 아무나 하는 직업이 아님을 통감하게 되었다. 금산중학교에서 4년간 고투(苦鬪) 끝에 얻은 나의 결론은 비정상적인 시설에 비정상적인 인사들이 운영하는 결함투성이 교육으로는 아무 것도 이룰 수 없다는 점이었다.

돌이켜 보면 그러한 열악한 교육환경 속에서도 희망을 잃지 않고 변화와 진취적 기상을 진작시키려고 안간힘을 다했다고 자부해본다. 그런 노력 중에 대표적인 사례로서 인도의 시인 타고르를 초청해서 강연회를 개최한 일과 제주도 졸업여행을 꼽을 수 있다. 보통 학생들이 졸업여행을 제주도로 간다고 하면 출발하는 날 기차와 배 안에서 상기된 기분에 잠을 안자고 떠들다가, 다음날 아침 제주항에 상륙해서 버스에 올라 그때부터 잠을 자기 시작해서 석양에 다시 배에 오르는 수면여행 그 자체였다. 그러나 나는 고3 졸업반 학생을 인솔하고 제주도에 상륙하자마자 같이 한라산 등정을 했다. 그리고 성산포, 서귀포, 모슬포 등의 경승지까지 둘러보고 돌아왔다. 제주도를 제대로 돌아본 보람찬 졸업여행이었다.

서울 명성여중으로

원평 금산중학교에서 근무한 지 4년 남짓 지난 어느 날 교내 간부 한 사람이 나를 김제경찰서에 투서했다는 말이 들려왔다. 원래 학교재단에서는 일선학교에 매월 전입금(轉入金)이란 명목으로 직원들의 퇴직적립금과 의료비 재정보조비 등을 학교로 불입하여야 하는데, 당시 국내 어떤 재단도 학교로 그런 돈을 전입시키는 사례가 전무한 상태였다.

그래서 학교에서는 고육지책(苦肉之策)으로 국가가 극빈층 학생에게 보조하는 생활보조금이란 것을 전용하였다. 다시 말하면 학교에서는 가령 극빈층 학생 100명분의 보조금을 받아 70명만 보조를 해주고 나머지 30명분으로 재단 전입금을 대체했던 것이다.

엄밀히 말하자면 국고를 무단으로 전용한 셈이니 횡령행위가 분명했다. 이런 사건이 터지자, 재단은 감사 후에 학교장의 범법행위가 명확하다며 사직을 하라고 통보하였다. 학교장인 나로서는 적반하장격이었지만 시비를 가릴 것 없이 사표를 내던지고 말았다.

재단이 너무나 염치가 없었던지 다른 직장을 구하던 내게 제안을 해 왔다. 서울 명성여자중학교 교감을 좌천시켜야 하니 그리로 대신 자리를 옮기는 것이 어떻겠느냐는 것이었다. 나는 쾌히 승낙하고 서울로 자리를 옮기게 되었다. 그런데 문제가 하나 있었다. 내가 교감을 거치지 않아 교감자격증이 없으니 6개월 내에 교감자격증을 획득해야 한다는 것이었다. 서울에서 무슨 재주로 6개월 이내에 교감자격증을 취득할 수 있을까마는 나는 어떻게든 되겠지 하는 심정으로 그 조건을 받아들였다.

1974년 7월 명성여중 교감으로 부임하고서 무슨 방도가 없을까 궁리하고 있는데 누군가 문교부 교직과의 M씨를 만나보라고 권했다. 얼마 후 그를 찾아가 내 사정을 이야기하고 교감 연수를 단시일 내에 받도록 도와달라고 했다. 그러나 교감강습 수강자는 4월에 이미 확정되었기 때문에 다음 기회에나 가능하다는 답변이었다. 하지만 다음 기회가 언제 있을지 모르니 6개월 후면 목이 달아날 처지라는 것만 재차 이야기하고 헤어졌다.

그 후에도 수차례 찾아가 접촉한 뒤에야 그는 '희망자가 있으면 추가로 신청하라'는 공문을 보내 주었다. 추가 수강신청자는 나 하나뿐이었으니 결국 나를 돕기 위해 그런 공문을 보낸 셈이었다. 연말까지 연수를 끝내고 교감자격증을 획득해 이듬해 초에 제출했더니 재단 사무국장이 "용하기는 용하다" 하며 놀란 표정을 지었던 것이 눈앞에 생생하다.

명성여고 시절

명성여고 교감 재직 시절 학생들과 함께

교감자격증 관계로 어수선한 한 해를 보내고 겨우 안정을 찾아 제반 업무에 열중하던 차에 1976년 고교평준화 조치가 내려졌다. 그 때까지 명성여고는 주야간을 막론하고 갈 곳 없는 낙오자들의 낙원이었다. 하지만 이제는 고교평준화로 우수한 학생을 배정받아 수준 높은 교육을 해야만 하는 상황이 되었다.

당시 명성여고는 교실도 부족하고 직원 조직도 부실하여 문제가 많은 학교였다. 우선 교장을 새로 영입해 새 출발을 하기로 방침을 세운 재단은 거물급 교장인 박원익 전 경기고 교장을 영입했다. 박 교장이 나더러 교감직을 맡아 달라고 해서 나도 명성여고로 자리를 옮기게 되었다. 박 교장이란 분은 내가 교육계에서 만난 인사 중에서 자타가 공인하는 인격과 능력을 갖춘 인물이었다. 과거 경복고 교감 시절에 경기고에 성적이 뒤졌다고 해서 한 해에만 150명을 낙제시킨 적도 있다. 학풍을 일신해 단시일 내에 학생들의 성적을 경기고 수준까지 끌어올렸다. 이후 문교부 장학관을 거쳐 경기중고등학교 교장에 발탁되었는데, 재계와 정계

인사들의 불법 편입 청탁이라는 덫에 걸려 파면당한 뒤 쉬고 있던 처지였다.

박 교장은 나와 같이 있는 동안 나더러 이래라 저래라 하는 지시를 한 적이 한 번도 없었고 나 하고 싶은 대로 하게 하는 방임주의를 견지했다. 내가 추천한 교사는 인적사항 한 마디 물어보는 일 없이 채용했다. '김'이라는 가사선생의 경우도, 인사담당이 호봉이 높아 부적격하다고 거부하니까 박 교장은 "학생만 잘 가르치면 되지 호봉이 무슨 관계냐"고 일갈해서 채용되었다. 수험과목도 아닌 가사선생이 얼마나 학생들을 잘 지도하였던지 그분이 담임한 반에서 7명이 서울대에 합격했다. 박 교장은 심장질환으로 많은 시간을 병원에 입원해 있었고 거의 나 혼자 학교를 운영할 지경이었다. 직무상 내가 이러저러하다고 보고하면 박 교장은 그저 고개만 끄덕이곤 했다. 나와는 반대로 야간교감과는 자주 고성이 오가는 일도 있었으니 사람에 따라 그렇게 대우가 다른가 하고 의아하게 느낀 적도 있었다.

나는 선생들의 생활지도나 학습지도에도 간섭하지 않고 소신껏 능력을 발휘할 수 있도록 도와주는 역할만 했다. 나는 선생도 개개인의 능력이 다르고 지도방법이 다르다고 생각했기 때문에 일률적으로 통제하고 장악하려는 의도를 처음부터 가지지 않았다. 교사들이 제 능력을 최대한 발휘할 수 있게 옆에서 도와주는 것이 내 임무고 역할이라고 믿었다.

그로부터 3년 후 평준화 시대의 첫 졸업생들이 배출되었다. 비록 진학반이 8개 반뿐이었지만, 서울대에 25명이나 합격시키는 쾌거를 이루었다. 그 해 서울대에 20명 이상을 합격시킨 여학교가 전국에 세 학교뿐이었는데, 우리학교와 이화여고 그리고 중앙여고였다. 게다가 두 학교는 학급 수가 우리보다 2배쯤 많은 학교들이었다.

훗날 직업반을 담임하였던 송 선생과 그의 제자가 근무하는 기관에 초청되어 환대를 받았던 적이 있다. 직업반 출신인 그 제자는 박사까지 되어 있었다. 진학반도 아닌 직업반에서 박사학위 소유자가 20명이나 배출되었다고 하니 덩달아 뿌듯했다. 서울대에 가고 박사가 되는 것이 교육의 최종 목표는 아니지만 그래도 교사가 학생의 능력과 소질을 계발해 적합한 길로 유도해서 학생들이 품었던 꿈을 이룩할 수 있도록 지도하는 것이 우리 교육의 목적이라면 그 목적을 많이 달성했다고 할 수 있을 것이다. 그런 성과가 학생들의 눈부신 진학률로 나타난 것이리라. 자주 학교를 찾은 재단 이사장은 그런 분위기를 감지하고 있었는지는 몰라도, 다음 해 인사이동에서 나를 동대부중 교장으로 발탁했다. 박 교장은 끝까지 자기 후임으로 명성여고에 남도록 추천한 모양인데 재단 사정이 그것을 허용하지 않았던 것 같다.

훗날 다시 명성여중 교장으로 와서 보니까 여고에서 전출 당한 국어·영어·수학 교사가 17명이나 된다는 호소를 들었다. 소인배가 자기 명령에 순종하지 않는 교사를 모두 적으로 몰고 압박하니까 그들이 모두 다른 곳으로 떠나고 말았던 것이다. 서울대 합격자 수가 25명은커녕 2명도 안 되는 현실이 그것을 여실히 증명하고 있었다.

동대부속 중학교 시절

동국대 사대 부속중·고등학교는 본래 서울대 병원 근처 연건동에 있었는데 '부도심활성화' 정책에 따라 도심 학교들이 모두 강남이나 도심 바깥 지역으로 이전하는 바람에 동대문구 장한평으로 옮겨왔다. 왜 하필 장한평인가 알고 보았더니 당시 서울시가 장한평 북부에 태양열을 이용한 최신식 전원주택단지를 조성한다는 계획이 있었던 모양이다. 그래서 재단은 장한평이 장차 부유층의 주거지가 될 것이라고 예측하고, 부지를 할애 받아 재산 산하에 있던 부중, 부고와 은석국민학교까지 옮겨 온 것이다.

그런데 학교를 옮긴 뒤 고급주택단지 조성의 희망은 무산되고 5층짜리 서민 아파트단지가 세워지면서 일반 서민들도 등을 돌리는 비인기 하급주택 지역으로 전락했다. 때문에 학생이 없어 마지못하여 강 건너 동편의 면목동에서 학생을 모집해 올 정도로 어려운 현실에 직면하였다. 우리뿐만 아니라 공립중학교인 면목중학교도 같은 처지였으니 도시계획 치고는 엄청난 실패작이었다.

학생들이 거주하는 면목동의 실정을 보면 더욱 한심스러운 처지였다. 원래 면목동이란 곳은 마을의 대부분이 용마산 서편 저습지로 늪과 습지가 많아 사람이 거주하기에는 매우 부적합한 미개발 지구였다. 그러다보니 판자촌만 무성하고 학생들의 생활환경은 열악하기 그지없었다.

당시는 교복이 아니라 자유복을 입을 때여서 여름철에 특히 학생들의 복장은 거리를 배회하는 불량배와 별 차이가 없을 정도였다. 용모에 비례하듯 가정방문을 해보면 3분의 2 정도가 반지하에서 생활하는 그런 실정이었다. 교육을 하는데 있어 교사로서 부호의 자녀면 어떻고, 빈민의 자녀라고 차별할 수는 없지만, 그래도 의식주가 어느 정도는 충족되어야 부모가 자녀에 대한 교육열이 생기고, 학생 자신도 포부와 노력이 뒤따를 것인데, 당장 생활이 곤궁해서야 장래에 대한 의욕이 어떻게 생기겠는가.

그런 환경 속에서도 나는 교장으로서 교직원들에게 제때에 급료를 지급해야만 하는 이중고를 겪었다. 그러나 학생들이 부담하는 육성회비가 걷히지 않아 선생들의 봉급을 지정된 날에 지불할 수가 없을 지경이었으니 교장으로서 학교 경영의 최대 고민거리가 육성회비 징수였다. 교사는 매일 학생들에게 육성회비를 가져오라고 독촉해야 했다. 교육자라기보다는 세무관리처럼 되어버린 본말이 전도된 학교실정에 안타까워하면서도 육성회비 징수성적으로 교사의 능력을 평가할 정도로 궁핍한 재정에 교육이 멍들어가고 있었던 시기였다.

또 세 학교를 이전 건축하는데 재단 내에서 이권 싸움이 벌어져 결국 세 이사가 제각기 친분 있는 건설업자에게 공사를 발주하는 진풍경이 연출되기도 했다. 결국 학교 건물은 이루 다 지적할 수 없을 정도로 부실공사로 지어졌다. 그 탓에 바람이 불면 교실 유리창이 날아갈 것 같아서 수업을 중단하고 학생들을 하교시키는 일도 있었고, 하수구의 수평이 안 맞아서 배수가 안 되는 사태도 발생했다. 우리는 부실공사 전람회에 우리 학교를 출품하면 문제없이 우승할 것이라고 농을 하기도 했다.

학교도 변해야

당시 우리 사회는 여전히 6·25전쟁 중의 파괴와 질곡에서 아직도 헤어나지 못하고 있었다. 그런데 비해 일본은 이미 1950년대에 전후복구를 완료하고 1964년에는 시속 200km의 신칸센(新幹線)을 도쿄(東京)-오사카(大阪) 간에 운행하고 있을 정도였다. 같은 해 동양에서 최초로 도쿄에서 올림픽을 개최하기도 했다.

1965년 한일협정이 체결된 후 한·일간 교류가 재개되자 나는 서둘러 일본을 왕래하면서 일본의 발전상을 예의 주시했고, 교육 분야에서 우리가 본받아야 할 점을 꼼꼼히 따지고 분석하였다. 이를 통해 우선적으로 시청각 교재의 도입에 착수했다. 나는 시청각 교재를 이용한 교육이 교육 현대화의 지름길이라고 생각하고 비디오카메라 구입과 시청각실 설치, 컴퓨터 교육을 위한 자재구입과 교과 과정 편성 등을 적극 추진하였다. 그러나 이런 시도는 자금이 많이 들뿐 아니라 교육의 기본 틀을 바꾸는 것이어서 교장 한 사람의 노력이나 착상으로 해결될 문제가 아니었다. 때문에 내가 아무리 노력을 쏟아 부어도 성과는 제한적일 수밖에 없었다. 다만 열악한 학교재정에도 학부모들의 헌신적인 노력과 협조로 어려운 사업들이 어느 정도 성과를 올릴 수 있었는데, 이는 모두 학교장의 방침에 따라준 학부모들 덕분이었다.

뿐만 아니라 나는 일본과 구원(舊怨)을 씻고 새로운 친선 관계를 맺어야 한다고 평소에 생각해 왔고, 그런 취지에서 일본학교와 한국학교의 자매결연사업을 추진하기도 했다. 양국 청소년들이 서로를 이해하고 협조하는 가운데 새로운 관계를 맺도록 솔선수범하고, 주위 학교에도 권했다. 즉 우리와 고야산(高野山)학교의 자매결연에 이어, 히메지(姬路)고교와 경복·진명여고의 자매결연을 주선했고, 그리고 대만의 까오숑(高雄)학교와 교류하는 등 국제 교류와 협력에 노력하였다.

한국에도 차츰 민주화 바람이 불기 시작한 1980년대 6년간 동대부중에서 근무한 시절을 회고해 보면 학부형의 생활수준과 학생들의 낮은 학습의욕 등 어려운 여건 속에서도 나름대로 역경을 극복하고 도약하려는 노력을 경주했던 시기였다. 나름대로 내가 꼽는 가장 큰 성과는 축구부 육성이었다. 학부형들의 열의도 대단해서 시합 전에 기원제를 지내는가 하면, 응원도 원근이나 주야가 없었다. 학교도 전폭적인 육성방침을 추진한 결과 어느 해에는 전국 규모의 대회에서 5승을 거두는 성과를 올리는 등 천하무적의 강팀으로 성장하였다. 어느 축구부 학부형은 달밤에 트랙터를 가지고 와서 혼자 운동장을 고르는 수고를 자처하기도 하였다. 퇴근 후에 여유 있게 자기 아들이 뛰는 운동장을 정비해 주겠다고 직접 나선 것이라니 그 학부형의 노고에 학교는 감사할 뿐이었다.

또 한 가지는 1학기말 고사가 끝나고 오남유원지에서 3학년생들이 1박2일 캠핑 훈련을 시도한 일이다. 학교에 모여 오남으로 출발할 때 마침 폭우가 쏟아지기 시작했다. 학교 전화통에 불이 날 정도로 학부모들의 걱정과 우려의 전화가 빗발쳤다. 나는 "학교장인 제가 그 방면에선 전문가이고, 지금 선두에서 지휘하고 있으니 안심하시라"고 당부하였다. 그랬더니 학부형들도 학교장이 솔선하여 진두지휘한다고 하는 것에 느낀 바가 있었는지 전화도 뜸해졌다. 현장에 가 보니 모처럼 캠핑 나온 기쁨에 희희낙락하며 천막을 치고 있었다. 학생들이 내의 바람으로 비를 맞으면서도 즐거워하던 모습이 지금도 잊히지 않는다. 빗속에서도 우리는 무사히 캠핑을 마치고 귀환하였고, 그 후 감기에 걸렸다는 학생은 한 사람도 없었다.

장한평 북부는 쓰레기 매립지였고, 남쪽 끝은 서울시의 거대한 오수처리장이 위치하고 있어서, 기상이 저기압일 때는 인근에서 악취가 진동을 했다. 학교 동쪽에 흐르는 중랑천(中浪川)의 오염도는 세계 최악이었다. 상류 의정부

근처 염색공장 폐수 등이 주류인 중랑천으로 흘러들어 물이 아니라 검은 폐유가 흐른다고 할 정도로 하천 오염이 극에 달했다. 이런 열악한 환경 속에 미래 세대를 키워내는 학교가 자리 잡고 있었다. 나는 기회가 있을 때마다 사람은 어려운 여건일수록 용기와 지혜를 발휘하여 도약의 꿈을 키워야 한다고 강조했다. 그리고 자연을 사랑하고 보존하려는 의지와 실천만이 살기 좋은 고장을 만든다는 신념으로 밝은 내일을 열어가자고 역설하곤 했다.

그런 열망이 통하였는지는 몰라도 내가 그 학교를 떠난 직후 우리나라도 올림픽을 개최하는 나라로 성장했다. 그런 변화를 이끌어 온 것에 내 열정이 조금은 기여하지 않았을까 하는 자부심을 가져 본다.

다시 명성여중으로

나는 동대부중 교장 6년을 마감하고 재단 사정에 의해서 명성여중으로 다시 오게 되었다. 정든 옛집에 온 듯 한결 마음이 편안했다. 그런데 당시 학교는 유신시대에서 벗어나 학원에도 자유의 물결이 불고 있었다. 과거 두발과 복장의 엄격한 규제가 풀리고, 어느 학교나 학생의 자유의사에 맡기는 분위기가 몇 년간 지속되었다. 그러던 중 학생으로서 부적합한 복장이 난무하고, 또 복장에서 나타나는 빈부의 차이도 있고 해서 다시 교복을 입히자는 여론이 대두되기 시작했다.

그러나 누가 고양이 목에 방울을 달 것인가. 자유로운 분위기에 익숙한 학생들에게 다시 교복을 입힌다는 것은 그리 쉬운 일이 아니었다. 상당한 용기와 계책이 필요한 것은 불문가지(不問可知)였다. 나는 숙고 끝에 교내에 기획팀을 만들기로 했다. 학생, 학부모, 교직원의 여론을 수렴하고 수치화한 뒤 교육청과 협의를 해서 허가를 받는 절차를 계획했다. 민주화의 분위기 속에 학부모의 의사도 무시할 수 없어서 수차례의 회의 끝에 '획일적으로 전체 학생에게 강요하지 않는다', '업자를 지정하지 않는다', '학생의 자유의사를 존중한다'라는 세 가지 원칙을 정하고 다시 교복을 입히는 것으로 합의를 이끌어 냈다. 학교 구성원들끼리 실로 어려운 협의 과정을 거쳐 국가시책까지 변경한 셈이었다. 명성여중으로 전임한 지 3년 만에 다시 동대부고로 전근 발령을 받았다. 나로서는 정년이 1년 반밖에 남지 않았고 정든 곳에서 교직을 마치고 싶다고 사양했지만 재단 형편상 고등학교로 가라는 명령이었다.

동대부고 교장은 동국학원 7개교 중 가장 선임교장자리이고 자타가 공인하는 영전이지만 나는 극구 사양하였다. 가장 큰 이유는 학교장이 1년이나 2년으로 자기 교육철학을 실현할 수 없기 때문이다. 당시의 풍조는 영전을 위해서라면 어떠한 짓도 마다하지 않는 세상이었지만 나로서는 별로 달갑지 않은 영전이었다.

짧은 동대부고 시절

동국대 사대 부속고등학교는 심태진(沈鎭泰) 교장이 심혈을 기울였던 학교

동국대 사대 부속고등학교는 심태진(沈鎭泰) 교장이 심혈을 기울였던 학교로 교사진의 태반이 서울대 출신이었고 대학진학율도 뛰어난 학교였다. 근래에 와서 예전과 같은 성적은 올리지 못하고 있지만 여전히 교사나 학생들의 자부심은 대단한 학교이다. 인문계 고등학교는 대학에 들어가는 진학지도가 주목적인 학교다. 새벽부터 밤까지 진학지도에 여념이 없는 곳이니 학교장이 바뀌었다고 해도 그 틀이 바뀌는 것은 아니며 종래의 관습에 따라 일사불란하게 진학지도에 매진하는 것이 인문계 고등학교 본연의 모습이었다. 그러니 새로 내가 교장이 되었다고 해서 크게 달라질 것도, 달리 해야 할 것도 없었다.

그런데 앞서 동대부중의 축구부 이야기를 했는데 그들 중에 부고로 진학한 선수가 많아지니 자연히 동대부고의 축구부도 강팀이 되었다. 어느 운동부나 전국대회에서 4위까지 들지 못하면 대학에 진학할 수 없었다. 그래서 운동부는 적어도 전국시합에서 4위 이내에 입상하려고 사력을 다했다. 1988년 초여름 전국대회가 열렸는데, 대진표를 보니 우리 학교가 용하게도 약한 팀하고만 계속 겨루게 되어 좋은 일이 있을 것이라는 예감이 들었다. 아니나 다를까 연전연승 끝에 결승전에 올라 강팀인 숭실고와 맞붙게 되었다. 그런데 결승전이 하필 우리 학교가 중간고사를 치르는 날이었다. 아침 직원회의에서 내가 "오늘 시험을 뒤로 미루고 모두 축구시합에 응원을 가도록 하라"고 결정했더니, 이를 전해들은 학생들은 환호성을 지르고 일순간에 학교가 흥분의 도가니로 변했다. 둥! 둥! 둥! 북소리를 울리며 응원연습을 끝내고 동대문운동장 스탠드에 도열한 학생들은 그야말로 가슴을 졸이며 힘찬 응원을 했지만, 좀처럼 골이 터지지 않았다. 그러던 중 우리 선수가 찬 공이 숭실고 골키퍼를 피해 데굴데굴 굴러 가더니 오른편 골대를 맞고 골문 안으로 빨려 들어가는 것이 아닌가. 기적과 같은 장면이었다. 천금 같은 골을 얻은 후 후반전 결승골까지 넣은 우리팀은 숭실고를 꺾고 창단 10년 만에 첫 전국우승이란 영예를 차지했다. 시합 초부터 행운과 기적의 연속으로 전국우승을 차지했으니 동대부고 축구팀의 신기원을 이룬 날이었다. 나는 1년 후인 1989년 8월말 65세 정년을 맞아 기나긴 교육자의 길을 마감하고 자유인이 되었다.

산에 오르다

지리산 첫 등정

나는 지리과목을 좋아하는 만큼 등산에도 관심이 많았다. 내가 태어난 임실군도 주변이 산으로 둘러싸여 있었고, 자라면서 항상 멀리 지리산 연봉을 늘 감탄하며 동경해 왔다. 그렇게 고대하던 지리산 등정의 꿈이 이루어지는 날이 드디어 다가왔다. 1956년 10월 1일, 성심여고 지리교사로 부임한 지 7개월 만에 농번기 휴가를 이용해서 교사와 학생으로 구성된 등반대를 조직하여 대망의 지리산 등정에 나섰다. 교사는 김 교장을 필두로 나와 서무실 직원 등 5명이 참가하였고, 학생은 2, 3학년생 7명이 참가하여 총인원 12명의 등반대가 조직되었다.

기차와 버스를 갈아타며 전북 남원시 인월면까지 갔고 인월면부터는 걸어서 마천면 의탄리 의평 마을까지 갔다. 등산복이나 등산장비가 없었을 때여서 학생들은 주로 흰 광목천 체육복을 입었고, 교사는 대체로 평상복을 입었는데 그중에는 새 양복을 맞춰 입고 참가한 이도 있었다.

다른 등산장비도 전혀 없었던 시절이라 취사도구도 마을에서 빌린 양은솥을 사용했고 식재료도 대충 마을에서 구한 것으로 만족할 수밖에 없었다. 물론 등산용 침구도 없었다.

식재료를 넣은 가마니를 안내자가 짊어지고 등반을 시작했다. 우리는 혹시 곰이나 잔비(殘匪)의 시체를 목격할까봐 걱정하면서 안내자의 뒤를 따라 지리산의 서북능선을 탔다. 하봉을 거쳐 중봉을 지나 드디어 9시간 반 만에 무사히 천왕봉 정상에 도달할 수 있었다.

도중에 식지 않은 곰의 배설물은 발견했지만 그 외에 다른 것과 조우하는 일 없이 정상에 도달했으니 잔비나 그 시체가 나올지 모른다는 우려나 맹수들을 만날 수도 있다는 출발 전의 걱정은 기우(杞憂)에 지나지 않았다.

천왕봉에 올라 보니 가을 하늘은 한없이 푸르고 맑았으며, 산은 단풍이 물들어 마치 천국에 온 듯 했다. 나는 난생 처음 보는 이러한 고산 경치에 흠뻑 매혹되었다. 정상 부근까지 전나무 숲이 우거져 있고 물이 솟아나는 작은 샘도 있어서 우리 등반대가 취사하고 갈증을 해소하는데 아무 지장이 없었다.

우리는 밥을 지어 허기를 채웠지만 잠잘 수 있는 침구가 없어 뜬 눈으로 날이 밝기만을 기다렸다. 먼동이 트자마자 동쪽 하늘이 차차 밝아지면서 발밑에서 운해(雲海)가 요동치기 시작했다. 구름의 움직임이 차차 빨라지고 그 형체가 지금까지 우리가 보아온 것과는 판이한 모습으로 변화무쌍하게 급변했다. 우리는 그 모습에 환호성을 지르며 넋을 잃고 바라보았다.

잠시 후 구름의 요동이 더욱 빨라지기 시작하더니 밝아지는 정도에 따라

색과 모양이 변하는데 마치 수천 마리의 용이 꿈틀대는 것 같았다. 천지창조의 순간을 보는 듯한 착각에 사로잡혀 우리는 두 손을 들어 환호성을 지르는 것밖에는 아무 것도 할 수 없을 정도로 지리산 해돋이의 장관에 빠져들었다. 이런 광경은 내가 경험한 어떠한 산행에서도 보지 못했고 어떤 곳에서도 이와 유사한 경치를 구경해 본 적이 없다. 그야말로 신이 우리들에게 특별히 선사한 기적의 풍경이었다.

지리산 제석봉을 지나며

황홀한 풍경을 감상한 뒤 우리는 아침식사를 마치고 제석봉을 거쳐 백무동으로 하산하였다. 올라올 때와는 달리 낮에도 불을 켜야 할 정도로 전나무가 우거진 지리산의 신비로운 모습은 마지막까지 우리에게 여운을 남기게 해 주었다.

우리나라에 산을 보존하려는 자연인이나 단체들은 헤아릴 수 없을 정도로 많다. 그럼에도 국립공원 제1호인 지리산은 날이 갈수록 황폐해져 가고 있다. 새삼 첫 지리산 등정을 회고하다 보니 안타까운 마음이 가득하다.

등반대회 개최

1956년 지리산 천왕봉 등반 이후 나는 김 교장과 함께 국내의 많은 산을 올랐다. 내가 원폭을 맞았던 몸이라고는 다른 동료들도, 나 자신 조차도 잊고 살았다. 나는 원폭피해 후유증이 얼마나 심각한 것인지 전혀 알지도 못했고, 의식하지도 않았던 무지의 원폭피해자인 셈이었다. 오히려 나의 건강을 자신하고, 더 등산에 몰두했던 것 같다. 당시는 등산을 이해할 수 있는 시대도 아니었고, 등산에 뜻을 같이하는 동조자도 적었던 시절이었다. 그러나 나와 동지들은 대중들의 몰이해나 세평에 아랑곳하지 않고 꿋꿋하게 산에 올랐다.

그러다 산에 오르는 희열을 다른 이들과 나누고 싶다는 욕구가 간절해졌다. 이렇게 좋은 산행을 많은 사람들과 함께 하고 싶었다. 산을 사랑해서 산

운장산 등반대회

에 오르는 것은 자연을 사랑하는 것일뿐만 아니라 나아가 국토를 사랑하고 나라를 사랑하는 길이라고 여기고 이것을 사회운동으로 전개시켜 나가야겠다고 다짐하기에 이른 것이다. 그래서 우리는 등반운동을 적극 추진해나가자고 뜻을 모았다. 이 무렵은 사회적으로 여가활동에 대한 관심이 높아가던 때라서 우리가 이런 운동을 선도해야겠다는 사명의식 같은 것을 강하게 느끼기도 했다. 결국 우리는 등반대회를 계획하여 실행에 옮기기로 하였다. 등산을 하는 데 자웅을 겨루거나 승부를 낸다는 것은 있을 수 없지만, 대중에게 쉽게 접근할 수 있는 수단으로 등반대회를 개최하는 것은 사람들의 시선을 집중시키기에도 좋고 남녀노소 누구나 참여를 유도할 수 있어 안성맞춤이라고 생각했다.

드디어 전북일보와 공동으로 1961년 10월 모악산 등반대회를 개최하게 되었다. 구이면 소재지에서 모래를 지고 모악산을 넘어 결승점인 금산사에 도착하는 경기방식이었다. 참가단체 47개, 참가인원이 147명에 이르렀으니 첫 번째 시도로는 예상외의 성과였다. 매우 성공적인 대회였고 홍보 목적도 충분히 달성된 대회라고 자평하였다.

해를 거듭할수록 참가범위나 등정방식도 다양해졌다. 참가범위는 일반부·학생부·여자부 등으로 세분화되었고 등반방식도 등정식, 집중식, 종주식 등으로 나뉘었다. 장소도 경각산·만덕산·내장산·운장산·구봉산 등 도내의 여러 명봉들로 확대되었다. 현재는 전국 체전에 산악경기가 경기종목으로 지정될 정도로 발전했다.

초기의 등반대회는 대중의 시선을 끌기 위해 대회 시작과 끝은 반드시 악대를 앞세우고 시가행진을 하는 것이 관례였다. 지금은 등산복이나 등산용

품 산업이 무척이나 활성화했고, 많은 사람들이 산으로 몰려 등반인구 1,800만의 시대가 되었으니 금석지감(今昔之感)을 금할 수 없다.

여학생과 산에 갔다고 시말서 쓰기도

내가 동료들과 여학생을 인솔하고 산에 다니는 것을 세상 사람들은 곱지 않은 시선으로 바라보았던 모양이다. 한 예로 이런 일도 있었다. 1960년 여름방학을 이용하여 나는 본격적인 지리산 종주계획을 수립하여 A자형 텐트를 비롯하여 침구·식량 등 장거리 등산에 필요한 장비를 완비하고 학생 5명과 직원 4명으로 구성된 등반대를 구성해 지리산 종주에 나섰다. 이 등반은 당시 신문이 스포츠 기사로 보도하기도 했다.

우리는 무거운 짐을 지고도 지리산 종주라는 큰 꿈에 부풀어 용약(踊躍) 출발했다. 화엄사에서 1박하고 노고단에 오르니 한 무리의 사람들이 앞을 가로막으며 다시 돌아가라고 하는 것이 아닌가. 우리의 신분이 확실하고 여고생이 동행하는 것은 다른 의도가 있는 것이 아니라고 아무리 설득하고 애원해도 그들은 막무가내로 잔비가 출몰해서 작전 중이니 돌아가라는 것이었다.

우리의 산행이 이렇게 무산되나보다 하고 기가 막혀 어찌할 바를 모르고 그 자리에 주저앉아 하늘만 쳐다보고 있었다. 그런데 얼마 후 아무조건 없이 가라는 것이었다. 우리는 실소를 금치 못하면서 임걸령으로 발걸음을 옮겼다. 그곳에서 야영을 하고 다음날 아침 일찍 출발하여 천왕봉을 향하여 움직였다.

삼도봉에 이르러 짐을 내려놓고 쉬려니 사방에서 먹구름이 몰려오기 시작했다. 그리고 이내 지도를 꺼낼 틈도 없이 폭우가 쏟아졌다. 아래를 살펴보니 구름 사이로 마을이 보였다. 하동의 상전마을이라고 생각하고 비를 맞으며 비탈길을 미끄러지고 또 미끄러지면서 사력을 다하여 어떤 집을 찾아갔더니 마침 상중(喪中)이라 우리 같은 등산객은 머물 수가 없다고 해서 다시 또 내려가 한 마을에 도착하였다.

그곳은 지리산 북사면인 남원군 산내면 외령마을이었다. 폭우 속에 방향을 잡지 못하고 엉뚱한 곳으로 내려온 것이다. 할 수 없이 그곳에서 폭우를 피하고 다음 날 아침 일찍 출발하여 세석평전의 북사면을 기어올랐다. 계획과 다른 코스인 세석평전 등반은 우리에게 끔찍한 경험을 안겨주었다. 세석의 북사면이 얼마나 급하고 지루한 코스인지 올라본 사람이 아니고서는 정말 추측하기 어려울 정도로 험한 코스였다. 천왕봉을 등정하고 실상사까지 내려온 우리들은 저녁밥상이 들어오자마자 허겁지겁 밥을 먹고는 수저를 놓자마자 인사불성의 나무토막이 되고 말았다.

그렇게 천신만고 끝에 등반을 마치고 돌아오니 전주역에 교감선생이 근심스런 얼굴로 우리를 맞이하는 것이 아닌가. 그리고는 주교관에 가서 주교님을 만나라고 했다. 김 교장은 혼자 학교 이사장인 주교님을 만나러 갈 터이니 우리는 학교로 가라고 하였다. 그리고 얼마 후 주교님이 김 교장에게 한 시간 이내에 자기를 설득시키든지 그렇지 못하면 사표를 내라고 명령을 내렸다는 소식을 들었다.

사연인즉 학교에 좋은 감정을 갖고 있지 않은 어느 신자가 신문에 우리 등반이 스포츠 기사로 실린 것을 보고는 주교를 찾아가 교장이 직원들과 여학생을 데리고 산에 가서 불미스런 행위를 했을 것이라고 고자질했다는 것이다. 결국 우리는 모두 시말서를 써서 제출하고서야 겨우 용서를 받을 수 있었다. 해프닝이라고 하기에는 너무도 터무니없는 일이었기에 지금 생각해도 황당하기만 하다.

산악운동을 일으키다

국토종주삼천리, 추풍령에서

나는 주말이나 방학 때마다 산을 찾아다녔고 그 과정과 체험기를 신문에 기고하는 일을 게을리 하지 않았다.

옛 신문철을 뒤져보니 운장산 기행이 3회, 덕유산 2회, 마이산 1회, 소백산 종주기가 2회, 이 외에도 설악산·태백산·오대산·흑산도·울릉도·천호동굴 등 50회가 넘는 기행문을 기고했다. 등산에 대한 사람들의 관심이 점차 높아지는 시기에 나의 기고는 산악운동에 대한 사회적 공감대를 형성하는데 다소나마 기여했을 것으로 판단된다.

그리고 여러 학교에서 교사들의 도움을 받아 산악부를 창설했고, 전북대학에 학생산악연맹이 조직되는데 영향을 미치기도 했다. 특히 산악회의 선진지역인 경북 지역과 일찍부터 동지적인 입장에서 접경지역의 합동등반이나 가을에 열리는 60km 등반대회에 선수를 파견하고 심판으로 참가하는 등 밀접한 관계를 유지하고 있었다.

지리산 정상에서

뿐만 아니라 전북과 전남, 경북 3도 합동으로 산악학교를 고리·구천동·지리산 등지에서 개최하여 산악에 관한 전문지식을 가르치고 건전하고 올바른 산악운동이 지속적으로 발전할 수 있도록 노력하였다. 이런 노력의 결과 나중에는 시나 도의 행정책임자가 산행에 동행하기도 하였고 등산대회의 경비도 국고 보조로 운영하는 유일한 도로 발전하였다. 불과 10년밖에 되지 않은 산악운동의 성과와 발전상이다.

나는 겨울산행에도 열과 성을 다하였고 마이산·대둔산의 암벽등반에도 도전하여 등산기술 발전에도 기여하려고 노력했다. 이런 겨울 등반은 자칫 잘못하면 사고를 유발할 수도 있어서 세심한 기획과 철저한 지도감독이 수반되어야 하는 것이기도 하였다.

산악연맹 발족

백두산 천지에서

1960년대 초반 한국 내에는 많은 산악회가 조직되기 시작했다. 그중에도 해방되자마자 조직된 한국산악회는 역사와 전통으로 보나 인적 구성이나 등반기술로 보나 나무랄 것 없는 큰 산악회였다. 그러나 독선적인 면이 있어 대중이 기피하는 경향이 있었다.

그래서 이와는 다른 대중적인 전국 조직의 일반산악회 연합체 창설 움직임이 일고 있었다. 서울의 일부 산악인과 경북의 산악인, 그리고 전북의 우리들이 모여서 전국 규모의 연맹체를 구성하자는 데 뜻을 모았고, 드디어 1962년 초 발기인대회를 열어 대한산악연맹이 발족하기에 이르렀다. 나는 기획 단계부터 참여했고, 발족 후에는 이사와 감사를 역임하면서 연맹의 발전에 힘을 쏟았다. 나는 처음부터 알피니즘(alpinism)을 추구하는 산악회를 꿈꾸어 왔지만 많은 사람들은 오락과 유흥기분의 흥겨운 산행에 쏠리고 있었다.

그러나 독선적인 일부 산악인의 태도에 혐오를 느낀 많은 산악인들이 전통 산악인의 길을 추구한 우리의 태도에 공감해 회원으로 가입하면서 산악연맹은 크게 발전했다. 특히 올림픽 개최 후 재정적 지원이 확대되면서 산악연맹은 더욱 발전했다. 다른 산악회가 점차 약화된 것과는 좋은 대조를 이루었다. 연맹 발전에 위한 노력을 인정받아 나는 지난 2012년 대한산악연맹 창립 50주년 기념식에서 '대한산악연맹을 빛낸 50인' 중에 최고령자로 기념패를 받았다.

우리 산악인들의 등정활동 중 특히 히말라야 등정은 세계적으로 인정받을 정도로 성공적인 성과를 내는 활동상 중 하나이다. 많은 산악인의 희생 위에 세워진 위대한 등반 역사는 70여 명의 희생자와 이들을 도운 셰르파(Sherpa : 네팔 동부에 거주하는 산악부족. 히말라야 등반안내나 짐 운반을 돕는 이)들이 만들어 낸 결과임을 우리는 잊어서는 안 된다.

우리나라 최초의 해외원정은 1970년 대만 옥산(玉山 : 해발 3,952m로 동아시아에서 가장 높다)에 원정대를 파견한 것이다. 이후 1977년에 에베레스트에 최초로 등정했고, 현재는 8천m 이상의 14좌를 완등한 등산가가 5명이 넘는 등반 선진국으로 발전했다. 나는 최초의 해외원정인 옥산원정대에 참가하였고, 다음 해에는 내가 직접 원정대를 꾸려 옥산에 도전해 처음으로 3,400m의 배운산장(排雲山莊)에서 고소(高所)를 체험했다. 지금도 그 때의 느낌이 생생하다.

두 건의 산악사고

지금까지 서술한 바와 같이 나의 산행 경력이 모두 순풍에 돛단 것처럼 순탄하기만 한 것은 아니었다. 아찔한 순간도 있었다. 학생들과 적설기(積雪期) 지리산 등행계획을 수립하여 지리산맥 서단에서 시작하여 노고단으로 능선

길을 따라 등반하려 한 적이 있었다. 그러나 그 해는 폭설로 눈이 허리까지 빠질 정도로 내려 50m를 나아가는데 한 시간 정도가 걸릴 것으로 예상되었다. 도저히 예정된 코스를 완주할 수가 없었다. 그래서 코스를 포기하고 구룡사로 내려가 숙박을 하면서 다음날 오기로 한 제2진과 합류하여 가능한 코스를 택하기로 했다.

구룡사에 도착한 우리는 큰 방을 얻어 일행 5명이 조반을 지으려고 방 안에서 버너를 켜고 식사준비에 열중하고 있었다. 그런데 오스트리아제 버너의 공기구멍에서 불이 새어나와 내가 정한성 군에게 버너를 좀 잠그라고 했더니 그가 나사를 반대로 틀어버렸다. 순간 아침에 새로 주입한 휘발유가 순식간에 기화되어 인화하는 바람에 방안에 불이 붙었다. 오스트리아제 버너는 공기를 주입하지 않고 약간의 알코올로 가열하면 자연히 압력이 생겨 휘발유가 기화되는 버너였던 것이다.

방 안에 있던 우리들은 '나 살려라'하고 밖으로 뛰어나가 모두 샘터로 달려갔다. 몸에 불이 붙은 채로 뒤를 돌아보니 방 안이 아직 불길에 휩싸여 있는 것이 보였다. 우리 짐 속에는 장기간 등반에 필요한 휘발유와 알코올이 상당량 있었다. 만약 거기에 불이 붙기라도 하면 어떻게 될지 뻔했기 때문에 다시 방으로 뛰어 들어가 다른 장비들로 우선 불을 제압했다. 다행히 불은 전부 꺼져 이렇다 할 흔적은 남지 않았지만 정군의 얼굴은 알코올 기화 때문에 입은 화상으로 피부가 홀랑 벗겨져 사람 모습이 아니었다. 당사자인 정군은 거울을 보더니 "나는 괜찮지만 어머니가 좀 걱정하시려나."하고 덤덤하게 대꾸하였다. 나 죽는다고 울고불고하는 것보다 얼마나 다행한 노릇인지 안도의 한숨을 내쉬었다.

대둔산에서 산사고 직전

잠시 후 도착한 송 외과선생은 2도 화상이라 흉터가 남겠다고 걱정하였다. 그래서 정군을 친구 집에 머물게 하고 몰래 송 외과병원에 다니며 치료를 받게 했다. 하지만 완치되기 전에 설날을 맞게 되었다. 나는 그의 모친이 아들이 오지 않자 차례 장만도 하지 않고 걱정만 하고 있다는 소식을 듣고 모든 것을 고백하기로 했다. 그 때 정군을 모친과 대면시켰던 장면은 아직도 기억에 생생하다.

그 일이 있은 후 1974년 말 어느 날, 정군이 나의 근무지 명성여중 교무실에 나타났다. 정군은 화상당한 얼굴인지 알 수 없을 못할 정도로 손톱만한 흉터도 없는 호남아의 모습으로 나에게 연말에 결혼하게 되었으니 주례를 부탁한다고 찾아왔던 것이다. 아찔했던 사고였지만 얼마나 다행스러운지 모른다.

산악사고와 관련한 또 다른 일화가 있다. 부산에서 전주로 전근해온 R씨는 산을 좋아해서 전주에 오자마자 등반 동지를 찾았고 단시일 내에 산악인인 나와 절친한 사이가 되었다. 정초에 부산에서 함께 등산을 했던 친구들 3, 4명이 전주와 와서 나와 함께 적설기 등산을 하자고 하기에 그리 높지 않은 대둔산을 추천하여 같이 가기로 하였다. 대둔산 등반을 하다 보니 눈이 깊게 쌓이고 습설이라 산행이 힘들었지만 눈꽃으로 덮인 전망이 아주 일품이어서 모두 환성을 지르며 즐거운 산행을 했다.

그런데 하산하던 중에 R씨가 갑자기 미끄러지면서 고통을 호소하더니 다리가 부러졌다는 것이다. 나는 황급히 달려가 그의 발을 움직여 보니 축 늘어진 꼴이 부러진 것이 분명하였다. 우리는 급히 들것을 만들어 R씨를 그 위에 올린 뒤 눈 위로 끌고 어깨에 메고 하면서 이동했지만 눈 속에서 사람을 안전하게 운반하기란 여간 힘겨운 것이 아니었다. 악전고투를 거듭하고 있는 와중에 날이 저물면 모두 조난하겠구나 싶어 일행에게 하산을 당부하고 나는 먼저 운주지서로 직행하였다.

눈길의 산을 내려온 뒤 또다시 평지 4km정도의 길을 어떻게 달려간 것인지는 지금도 확실히 기억나지 않지만 하여튼 부리나케 달려가 운주지서의 정문을 열어젖혔다. 그런데 내가 얼마나 새게 문을 열었는지 정문 유리창이 깨지면서 그 파편이 지서에서 근무하던 순경한테 날아가 다치고 말았다. 아무튼 전주로 급보해서 어두워지기 시작할 무렵 전주에서 구조대와 관계 인사들이 급히 달려왔다. 무사히 구조된 R씨는 3개월 간 병원에서 치료를 받아야 했다. 그래서 나는 함께한 산행 중에 일어난 사고라 책임감도 느꼈고, 또 R씨 혼자 객지에서 적적하게 누워있는 것이 안쓰러워 하루도 빠짐없이 방과 후에 그의 병실을 지켰다.

R씨는 골절이 완치되고 서울로 영전(榮轉)했다. 그래서 이사 간 집을 찾아 갔더니 한옥 높은 마루 상좌에 나를 앉히고 아래 마당에 자리를 깔고는 아들 삼형제가 무릎을 꿇고 앉아 나에게 큰절을 했다. 나는 평생 그런 큰절을 받아 본 기억도 없으며 그럴 자격도 없다고 사양했지만 그는 나를 은인으로 극진히 대우하려는 자신의 의지를 바꾸려 하지 않았다.

동굴탐험

등산하는 사람이 무슨 동굴탐험이냐고 할지 모르지만, 처음에는 일본의 동굴 탐험팀이 한국에 와서 같이 동굴을 같이 탐험한 것이 계기가 되어 시작했다. 또 일본팀은 우리들을 초청해서 공동으로 일본의 여러 동굴을 탐험하는 활동도 하였다. 나는 원폭피해자운동을 위해 일본의 양심적인 시민들과 교류하는 것 외에 일본 탐험가와도 교류하였다. 그런 활동을 하면서 북한의 동룡굴(蝀龍窟) 정도의 동굴만 있는 줄 알았던 우리들도 남한에 많은 동굴이 있으며 그것의 개발이 필요하다는 인식을 갖게 되었다. 이후 동굴탐험이 활성화되고 다양한 동굴 개발이 시도된 것도 이러한 탐험활동에서 기인한 것이다.

그 무렵 석회암지대가 아닌 호남평야 언저리에서 동굴이 발견되었다는 뉴스가 사회적으로 큰 화젯거리가 된 적이 있었다. 그것은 내가 나서서 탐험과 측량을 해 그 진상을 밝힌 천호동굴 이야기다. 1965년 7월초 익산군 여산면 호산리에서 지하동굴이 발견되었다는 뉴스가 라디오로 방송되자, 많은 사람들이 지하동굴은 석회암지대가 많은 강원도라면 몰라도 지형상 준평원인 호남평야 언저리에는 존재하기 어려운 경우라며 의문을 품고 몰려들었다.

천호동굴은 익산군에서 가장 높은 천호산(天壺山, 500.2m)의 서북능선이 300m 정도로 낮아지는 곳에서 시작되어 서남쪽으로 지하에 형성된 동굴이다. 이 능선에 신기하게도 폭 100m 정도의 석회암층이 산맥의 주행과 대각선으로 박혀 있어서 동굴 형성의 조건을 갖추게 된 셈이다. 이 석회암층은 논산석회라는 회사가 채광권을 갖고 있었는데, 그 회사 소속의 교회목사가 산남쪽 돌무덤에서 나오는 찬바람을 신경통 치료제라고 움막을 짓고 생활하던 중 어느 날 큰 돌을 치우고 굴 안으로 들어가 본 것이 동굴 발견으로 이어진 것이다.

이 뉴스를 들은 많은 사람들이 각지에서 모여들어 진흙 굴에 기어들어가 모험을 즐기는 한편, 채취할 수 있는 석순이나 종유석을 모조리 파괴하는 등 큰 혼란이 일어났다. 심지어 군내(郡內) 각 기관들이 큰 석순을 채취하여 현관이나 기관장 탁자 위에 장식하고 권위를 자랑하는 볼썽사나운 모습이 연출되기도 했다.

그래서 나는 실사와 측량을 할 수 있는 농대 산악반 12명을 탐험반으로 조직하여 그 전모를 세상에 알리고자 하였다. 천호동굴의 성인(成因)과 규모는 이러하였다. 발견된 동굴은 천호산 중턱에서 5% 정도의 경사로, 서쪽으로 복류한 하천을 따라 형성된 길이 677m의 노년기 석회동굴로 내굴과 외굴이 있다. 내굴은 잠수할 곳이 많아 아무나 들어갈 수 없는 위험한 곳이며 외굴에는 수정궁, 화적대 등의 명칭이 붙은 구경거리도 있기는 하지만 대체적으로 위험하고 진흙이 쌓여 통행이 불편한 동굴이었다.

그런데 이 동굴은 사실 처음 발견된 것이 아니었다. 주봉 이름이 병 호(壺)자가 붙은 천호산(天壺山), 물이 들어간 곳은 누항(漏項), 부근 동네 이름이 호산리 호월리라는 점을 감안하면 이 지역에 살던 토착민들은 이미 동굴의 존재를 알고 있었고, 그래서 산과 마을 이름도 속이 비었다는 뜻의 글자를 사용한 것으로 짐작된다. 『동국여지승람(東國輿地勝覽)』 여산현(礪山縣)편에도 "在郡東七里 有川出高山縣 西流漏入壺山麓 伏流達西麓 爲川穴圓徑丈餘"라고 명기되어 있다. 풀이하면 "군 동쪽 7리에 내가 있어 고산현에서 흘러나와 서쪽으로 흐르다가 호산으로 스며들어 복류하여 서쪽 산록에 이르러 내를 이루는데, 그 구멍의 지름이 1장(3m)가 넘는다." 당시 라디오 방송에서 우리나라 최초 발굴 운운한 것은 이런 내용을 모르고 있었던 것이다. 주위의 지식인이나 역사가들의 무지의 소산이라고 할 수 있다.

당국은 신속하게 동굴의 출입을 통제하고 동굴 내 석순이나 석주를 보호해야 할 의무가 있는데도 그것을 방치했을 뿐만 아니라 앞장서서 파괴행위를 선도하였다는 것에 통탄을 금치 못했다. 앞에서 언급했지만 지리산 국립공원의 자연림이 송두리째 도벌당하고, 산속에 목재를 운반하는 도로가 생기고 제재소를 가동할 정도의 도벌행위가 자행되고 있다. 또한 소위 국책사업이라고 하여 덕유산 주봉의 천년자연림을 무참하게 짓밟아 세 코스의 스키장을 건설하는 것 등은 국토개발이 아니라 국토를 황폐화시키는 것이요, 국토사랑, 나라사랑에 위배되는 행위라고 할 수 있다. 이는 단지 한심할 정도의 근심사가 아니라 망국행위에 해당된다고 생각한다.

내가 이토록 산을 즐기고 해외 등반 활동이나 동굴 탐험도 마다하지 않고 활발하게 등산활동을 계속 할 수 있었던 것은 아마도 내가 피폭자라는 사실을 아예 망각하고 살았기 때문이라는 생각이 들기도 한다. 그 어렵던 일제 식민지 시기에도, 저들의 의미 없는 전쟁에 강제로 동원되었을 때도, 불바다 히로시마에서도 살아나왔던 나였기 때문에 오히려 더 건강을 자부하는 습관이 몸에 배어서 그랬는지도 모르겠다. 한편으로는 원폭피해자에 대한 한국사회의 멸시와 무관심이 더 나로 하여금 피폭자라는 존재를 잊게 만들었는지도 모르겠다. 하여튼 왕성한 등산운동은 내 삶에 큰 에너지를 주었고, 아흔을 넘기는 나이를 잊고 살게 해 준 원천이라고 생각한다.

버려진 한국인 원폭피해자

세계 유일의 피폭국이라는 거짓말

내가 피폭운동을 하다 만난 다수의 일본인들을 비롯한 외국인들은 '한국인 피폭자'라고 소개하면 의아해 하며 되묻는 경우가 많다. 한국에도 원자폭탄이 투하되었냐고. 나는 여전히 한국인 피폭자에 대해 무지한 이들에게 원폭이 투하된 히로시마와 나가사키에 많은 한국인들이 살고 있었기 때문이라고 간단히 대답할 수밖에 없었다.

그러면 8월 6일과 9일, 우리 한국인들은 왜 히로시마와 나가사키에 있었는가. 제 발로 살 길 찾아서 간 곳이 마침 거기였을까. 절대 그렇지 않다. 나에게 히로시마는 죽으러 끌려간 곳이었다. 태평양전쟁 말기인 1944년 12월말 일본국 내무성 경보국의 통계에 의하면 히로시마 현과 나가사키 현에 거주하고 있던 한국인의 수는 약 14만여 명이었다. 전쟁 말기 징용이나 징병으로 강제연행된 사람 외에도, 당시 식민지였던 조국에서 더 이상 생활을 유지할 수 없었던 많은 한국인들이 부득이 호구지책을 찾아 일본으로 건너갔다. 일본 본토에 흩어져 거주하던 한국인도 군수시설로 징용을 당하던 때여서, 히로시마와 나가사키에 집중적으로 한국인이 유입되었다.

이 사람들 중 적어도 그 반수인 7만 명 정도가 두 도시에서 피폭 당했을 것으로 추측하고 있다. 게다가 일본인 보다 더 열악한 환경에 살았고, 피폭 직후 시내 가옥철거작업이나 뒤처리에 동원된 청년층이 많았기 때문에 4만 명 정도가 피폭사(즉사하거나 1945년 말까지 사망한 경우)했고, 부상자 3만 명 중, 2만 3천 명이 귀국했을 것으로 추산한다. 나머지 7천 명은 일본에 남았고, 한국으로 돌아온 피폭자 중 약 2천 명은 북을 갔을 것이라고 하지만, 이 또한 정확한 숫자와 실태에 대해서 제대로 조사가 이루어진 바 없다.

일본 사람들은 입만 열면 자기들이 유일한 피폭국이라고 부르짖는데 실은 많은 한국인도 원자폭탄의 희생자이다. 그 수가 얼마나 되는지 확실히 알 수는 없지만 적어도 일본 전체 피폭자 중 10%를 차지하는 것만은 확실하다. 그러니 일본이 지구상 유일한 피폭국이란 주장은 허구에 지나지 않는다.

한국에 귀국한 2만 여 명의 피폭자들은 그 후 어떻게 되었을까. 해방 직후 혼란기에 귀국한 피폭자들은 원자폭탄의 피해가 어떤 것인지도 모른 채, 후유증과 싸우다가 죽어 갔다. 다행히 목숨을 유지한 사람도 파편에 찢기고, 화상으로 문드러진 몰골이 마치 나병환자나 불치병자와 비슷했기 때문에 주위사람들로부터 기피대상이 되었다.

그들은 어쩔 수 없이 사람들의 눈을 피해 인적이 드문 한적한 산골이나 마을에서 멀리 떨어진 불모지에서 살 수밖에 없었고, 가난과 병마와 기아에 허덕이다가 세상을 떠난 이들이 부지기수다. 그래서 일본의 경우 현재 3분의 1가량인 약 29만 명의 피폭자가 아직도 생존해 있는데 비해 한국인 피폭자는 부상자의 겨우 10%인 2천여 명 정도가 살아남아 있는 실정이다.

이 숫자의 격차는 그간 우리 정부의 무관심·무책임의 탓도 있지만, 무엇보다 자국만이 유일한 피폭국이라 거짓 주장을 하며 한국인 피폭자를 외면한 일본정부의 비인간적이고 야만적인 태도의 결과이다.

원폭피해란

일본정부의 '피폭자원호법' 규정에 따르면 '원폭피해자'란 원자폭탄이 터질 때 그 현장에서 화상 등 직접 피해를 입은 자, 어머니 배속에서 피폭한 자, 그리고 원폭투하 후 1개월 이내에 시내로 들어간 자를 말한다. 여기에 해당하는 자는 모두 원호대상으로 삼아 의료지원과 생활지원을 하고 있다.

핵폭탄의 경우 주로 폭발력 때문에 다수가 사망하지만 방사능 피폭에 의한 피해도 무섭기는 마찬가지다. 방사능 피해는 눈에 보이지도 않고 피폭량에 따라 즉시 반응이 나타나지도 않기 때문에 식별과 치료가 어렵다. 방사능은 우리 몸의 모든 세포를 공격하여 이론적으로는 인체에서 발생하는 모든 질병을 유발할 수 있다고 한다. 방사능 물질은 불에 타지도 않고 물에 녹지도 않으며 반감기(방사선 방출량이 절반으로 줄어드는 기간)를 열 번 이상 지날 때까지, 즉 몇 만 년이란 긴 시간을 기다릴 수밖에 없다고 하니 사실상 그 피해는 영원한 것이라고 할 수 있다.

이런 비인도적인 무기에 자국 국민이 몇 만 명이나 죽고 다쳤는데도 한국정부는 14년간이나 끌어온 한일회담 때 일언반구도 언급한 사실이 없다. 왜 그랬을까? 그 이유는 두 가지로 추측할 수가 있다.

하나는 제 나라 국민이 원폭피해를 당한 사실을 한일회담 담당자들이 모르고 있었을 것이란 추측이 가능하다. 그러나 당시 정부의 고위관료나 군 장성 중에 원폭피해자가 있었고, 박정희 정권 시기 가장 오랜 기간 청와대 비서실장을 했던 김 모라는 자도 피폭자였으니 우리 국민의 원폭피해 사실을 모르고 있었을 리는 없다. 또 다른 추론은 한국 정부에 큰 영향력을 행사할 수 있는 어떤 나라가 원폭피해를 거론하지 못하도록 압력을 가했을 것이란 추측이다. 그 나라는 원폭을 전쟁무기로 정당하게 사용했다는 점을 내세우며 비인도적인 무기를 사용했다는 비난을 막을 수밖에 없었을 것이다. 나는 이러한 생각을 국회의 외교통상부 감사장에서 증언해서 의원들의 박수갈채를 받은 바도 있다. 일본도 그 나라가 점령할 당시에는 핵 피해사실에 대해 한마디도 꺼내지 못하다가 독립이 된 뒤 비로소 원폭문제를 제기하여 핵폭탄금지 운동을 전개한 사실만 보아도 내 추론이 억지는 아닐 것이다.

이유야 어떠하든 간에 한국인 원폭피해 문제는 실태조차 모른 채 미궁으로 빠져 들어가 진상규명은 요원한 일이 되고 말았다. 애꿎은 피폭자들만 한일 양국의 책임 회피 속에 한을 간직한 채 죽어간 것이 불쌍할 따름이다. 한일회담 당시 일본정부가 원폭피해문제가 제기되면 그에 대응하는 전략도 구상하고 있었다는 후문까지 들리니 우리 정부의 무능함에 원망이 더 할 뿐이다. 지금 생각해도 참으로 답답하고 안타까운 심정을 억누르기 힘들다.

피폭체험기 투고

한국일보

廣島回想

郭貴勳

一九四五年 八月六日 原爆下 죽음의 體驗記

어린이의 설사와 消化不良에는

아기散

동아일보 1959년 8월 7일자에 연재하기 시작한 『히로시마 회상기』

해방이 된지 15년이 지나면서 정치적으로는 불안정했지만, 한국사회는 그런대로 질서가 잡혀가고 있었다. 내가 겪은 체험을 공론화시켜 보는 것도 좋을 것 같아서 당시 인기가 있었던 『한국일보』에 나의 피폭체험기를 투고했다.

내용은 일본군에 끌려가 훈련을 받던 중 원폭이 투하된 상황과 내가 겪은 피폭순간, 귀국하기까지 목격한 많은 참상 등 이 땅의 젊은이들이 겪어야했던 수난사로 1959년 8월 7일부터 10일까지 연재했다. 한국에서 원폭피해자의 체험기가 언론에 소개된 것은 이 때가 처음이었으며, 이후에도 나의 견문으로는 신문이나 잡지에 피폭자가 직접 쓴 체험기가 실린 사실이 없는 것으로 알고 있다.

그 체험기를 발표한지 50여 년이 지났지만 어느 누구한테도 체험기를 읽었다는 말을 들어 본 일이 없고 기타 언론매체들도 이 체험기를 한 줄 인용조차 하지 않았다. 말하자면 완전 묵살된 것이다.

어떻게 보면 이 사회는 핵에 대해 너무도 무지하고 무감각한 것이 아닌가 하는 의심이 들기도 했다. 원폭투하로 일본이 항복하게 되었고 해방이 앞당겨졌다는 주장도 있어서, 핵폭탄이 신이 내린 은총의 선물이지 무고한 민간인을 대량 살상하는 비인도적인 무기가 아니라는 인식이 우리사회의 저변에 뿌리 깊게 퍼져 있는지도 모르겠다. 이런 잘못된 인식이 14년간을 끌어 온 한일회담에서 한국인의 피폭사실을 한마디도 언급하지 않은 정부의 태도를 은연중에 뒷받침하고 있었다고 생각한다.

밀고 당기는 지루한 협상만 반복하고 있는 한일회담에서 우리 피폭자들의 피해상황이 제기되지 않고 있는 것을 안타깝게 생각한 나머지 나는 1962년 당시 외무부를 단신으로 찾아 간 일이 있었다. 외무부에서는 진정인을 담당부서로 안내하기는커녕, 일층 접수처에서 용건을 묻고는 담당관에게 전화를 연결시켜주었다. 하는 수 없이 전화로 "한일회담에서 우리 동포의 원폭피해사실을 반영해서 상응한 성과를 내달라."고 건의했고, 담당관은 선처하겠다는 형식적인 답변을 할 뿐이었다. 용기 내어 찾아간 보람도 없이 무성의한 정부의 처사에 또 한 번 낙담한 기억이 있다.

한국 원폭피해자를 외면한 한일협정

2015년이면 한일협정을 체결한지 반세기가 된다. 한국과 일본정부가 14년여를 끌어왔던 한일회담은 일제가 저지른 36년간의 식민지 통치에 대해 한 마디 사과도 받지 못하고, 피해 배상도 명시하지 못한 채, 1965년 6월 22일 한일 기본조약과 청구권 조약 등으로 매듭지어졌다. 무상 3억 달러, 유상 2억 달러 총

5억 달러의 경제협력 자금을 받는 조건으로 '최종적이고 완전하게 양국 간의 모든 청구권이 해결된 것'이라는 문구가 조약문에 선명하게 새겨졌다. 독립을 축하하고 경제협력을 위해서라면 수억 불을 줄 수 있다는 술책에 '사과'와 '배상'이라는 용어는 빠지고 말았다.

그러나 이 조약문이 영원히 우리 피폭자들의 발목을 잡을 줄은 그 당시만 해도 절절히 느끼지 못했다. 피폭자들은 병마에 시달리다 못해 한국정부에 "내 몸을 변상하라"며 정부의 적극적인 구호대책을 요청했다. 그러나 한국정부는 우리들의 참상을 진지하게 해결해 주려는 노력은 추호도 하지 않고 일본에서 입은 피해니까 일본에 가서 호소해 보라는 무책임한 태도로 일관했다. 어렵게 일본에 건너 간 피해자를 대하는 일본정부의 반응도 싸늘하기는 마찬가지였다. 가는 곳마다 한일협정으로 청산이 다 끝났으니 네 나라에 가서 해결하라는 식이었다.

한일협정이 발효되기 전에는 일본정부가 한국인에게 원호를 받을 수 있는 자격과 같은 '피폭자건강수첩'을 내 주고 치료도 해준 예가 두 사람 정도 있었지만, 한일협정이 발효된 뒤로는 치료를 위해 도일하려는 사람에게 비자조차 내주지 않고, 물론 건강수첩도 발급해 주지 않았다.

피해자는 있으되 어느 누구도 책임은 지지않는 비상식적인 상황이 지속되었다. 한일 양국의 철저한 외면 속에 버림받은 불쌍한 피폭자는 곳곳에서 신음하며 죽어가고 있었다. 전북 정읍군 출신 피폭자 이남수는 살아보겠다고 서울에 올라와 시장구석 오물처리장 등을 전전하다 원폭 후유증과 사투 끝에 죽게 되었지만 이 사회에서 누구하나 그를 돌아봐 주는 사람이 없었다. 1975년 그는 한 많은 생을 마감하면서 "내가 죽거든 내 관을 일본대사관으로 가지고 가라"

어느 原爆被害者의 죽음

—「補償없으면 屍體를 日本大使館에 두라」는 遺言의 뜻

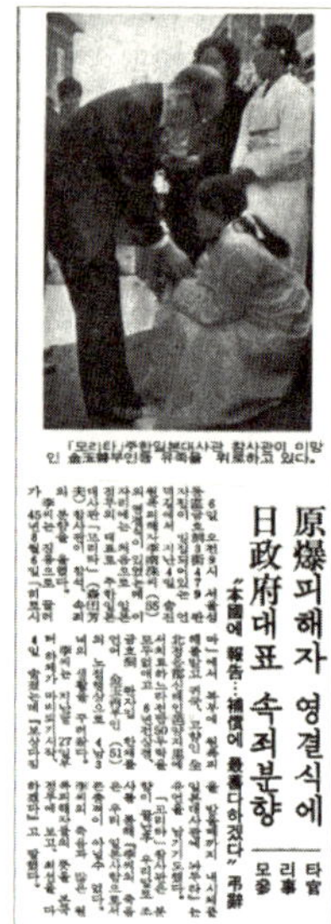

原爆피해자 영결식에 日政府대표 속죄분향

"本國에 報告…補償에 最善다하겠다" 弔辭

"보상이 없으면 내 시신을 일본 대사관에 두라."는 이남수 씨의 유언. 『경향신문』 1975년 3월 8일자(왼쪽). 이남수 씨의 장례식장을 찾아 조의를 표하는 모리타(森田) 참사관. 『동아일보』 1975년 3월 6일자(오른쪽).

는 유언을 남겼다. 변변한 집도 없이 금호동 산비탈 길가에 마련된 그의 영결식장에 주한일본대사관 참사가 찾아와 조의를 표했다는 사실은 국내 언론뿐 아니라 일본 사회에도 알려졌다. 일본정부가 한국피폭자에게 위로의 뜻을 표한 처음이자 마지막 책임 있는 행동이었는지도 모르겠다.

억울한 죽음이 어찌 이남수 한 사람뿐이겠는가. 수많은 피해자들의 참상을 외면하고, 단지 인도적 견지에서 위로를 전하는 것으로 제 할 일 다 했다는 식인 일본정부의 태도에 분노를 느끼는 것은 나 혼자만일까.

일본은 패전하자 사할린에 있는 일본인은 한 사람도 남기지 않고 철수시키면서 한국인 4만 3천여 명을 그 곳에 내팽개쳤다. 그 곳에 방치된 한국인의 고생스러웠을 모습이 눈에 선하다. 언어도 통하지 않고 집도 없고 자산도 없으니 무슨 수로 살아 갈 것인가? 자기들 전쟁에 강제로 끌고 가놓고 그냥 내버렸으니 오도가도 못하던 잔류 한국인들의 억장 무너지는 심정이야 더 말할 필요도 없다.

이런 천인공노할 야만적 행위를 저지른 책임에 대해서도 한일협정 체결 당시 사회적으로 문제가 되었다. 1975년 이후 일본 국회 내에서 이 문제가 제기되자 당시 소노다(園田) 외무상은 "도의적 책임"을 처음으로 언급했다. 그러나 한국인 피폭자에 대해서는 "인도적 책임"만을 줄곧 말할 뿐이었다. 도의적 책임은 실제 피해사실을 인정하고 그에 대한 책임을 느끼는 듯한 뉘앙스이지만, 인도적 책임은 해도 그만, 안 해도 그만이라는 뜻인 것 같다. 여기에 원폭문제에 있어서는 미국이 가해자이며 일본은 피해자라는 인식도 깊게 작용했을 것이다. 언어를 희롱하여 식민지 지배로 파생된 원천적인 죄상을 은폐하고 있는 것이다. 그들 말대로라면 한국인 피폭자들은 일본의 자비심에 기대야 하는 한갓 가련한 구호 대상일 뿐인 것이다.

첫 한국원폭피해자 위령제 참가

1972년 나는 한국인 피폭 2세 "비둘기단"을 인솔하고 한국인 원폭희생자 위령제 참석차 히로시마를 방문했다. 일본은 원폭투하일인 8월 6일에 위령제를 지내지만 우리는 전통의례대로 하루 전날인 8월 5일에 위령제를 거행했다. 첫 위령제 참석이라 만감이 교차하는 가운데 의식을 지켜보았으나 소감을 한마디로 말하자면 자괴감을 억누를 수가 없었다고나 할까.

회장이 동석하고 있으면서도 추도사를 여사무원에게 대독시키는가 하면 무슨 의례나 절차가 있는 것도 아니고 무질서하기 이를 데 없었다. 그 후에도 몇 차례 행사할 때마다 충고를 전해도 받아들여지지 않기에 그 뒤부터는 위령제 참석을 자제하게 되었다. 요즈음은 자리가 잡혀 격식이나 절차가 잘 갖추어져 있다는 말을 들었다.

위령제는 한국인 원폭희생자 위령비가 세워진 혼가와바시(本川橋) 옆 공터에서 열렸다. 1970년에 한국인 원폭희생자 위령비가 건립되었는데 히로시마평화공원 안이 아니라 공원 밖 혼가와 다리목에 세워졌다. 풍문에는 대한제국 황실의 후예인 이우(李鍝) 공(公)의 일본 육군사관학교 동창들이 건립기금 5만 엔의 거액을 희사하면서 이우 공이 피폭당한 지점에 세워달라고 했다는 것이다. 그러나 당시 헌병으로 이우 공을 구조해서 우지나(宇品)로 피난시켰던 모리타 다카시(森田隆) 브라질원폭협회 회장은 그 장소가 이우 공의 피폭지가 아니라고 증언했다. 이후 한국인 위령비가 의도적으로 공원 밖으로 내몰렸다는 주장이 제기되어 논란이 일기도 했다.

위령비 전면은 전 국회의장이었던 이효상 씨가 썼고 후면은 한글학자 한갑수 씨가 썼다. 얼토당토않게 병자호란 때의 수난사에 비유하는 등 한국인 원폭피해자의 원혼을 달래는 위령비로서는 제대로 그 의미를 담지 못한 아쉬움이 있었다.

일부 유지들이 항의하러 가기도 했고 또 비를 옮길 때 일부 깎고 수정하는 등 조치를 취했지만 비문은 여전히 동문서답인 상태였다. 한국인 피폭자의 위령비에 한국인이 원폭으로 겪은 수난사를 기록하는 것이 상식인데, 서울대 교

피폭 2세 '비둘기단'을 인솔하고 히로시마를 방문한 저자.

수에다 저명한 한글학자의 식견이 이 정도여서 두고두고 무식과 아집의 표본으로 남아 있게 되었으니 지금까지 이를 개탄하는 이들이 적지 않다.

결국 히로시마 평화공원에 건립되지 못하고 천변으로 쫓겨난 한국인 원폭 희생자 위령비는 한국인 피폭자에 대한 일본의 차별을 상징적으로 보여주는 징표나 다름없었다. 재일동포들과 한국인 원폭피해자를 돕는 일본 시민운동가들은 일본 '히바쿠샤(被爆者)'와 동등한 피해자인 한국인 희생자의 위령비를 공원 안으로 이전하려는 운동을 벌여나갔다.

히로시마시는 공원 안에 위령비가 많아서 새로 들어갈 여지가 없다는 이유로 이런 요구를 계속 거절했다. 그러나 다른 비가 여러 개 새로 은밀히 건립된 사실이 폭로되어 시 당국의 입장이 곤란해지자 히라오카(平岡) 시장이 나서서 시와 민단, 그리고 조총련 삼자의 의견을 조율해 나갔다. 동포사회가 위령비의 명칭문제로 다시 논의를 거듭하다가 히라오카 시장의 임기가 만료되던 1999년 봄에 위령비는 히로시마 평화공원 안으로 옮겨졌다. 한국인 사업가 권양백 위령비 이설위원장의 주도로 1500만 엔의 민간모금을 하여 이전하였고 남은 자금은 민간단체인 '히로시마위원회'에 기부하여 한국인 피폭자들의 도일치료 여비에 보태고 있다.

손진두 재판과 그 성과

한국인 원폭피해자 운동사에서 거론하지 않을 수 없는 인물이 하나 있는데 바로 손진두(孫振斗) 씨다. 그는 일본 오사카 태생으로 아버지의 일을 돕다가 히로시마시 미나미마치 전매청 창고에서 피폭했다. 폭심지와의 거리는 25km정도였다.

그는 피폭 후 일본에 체류하다 1951년 외국인 등록법위반으로 강제 송환되어 부산으로 귀국했다. 그러나 일할 곳도 마땅치 않고, 일본 태생으로 한국어도 능통하지 않았던 그는 다시 일본으로 밀항을 수차례 시도했으며 그 때마다 체포되어 강제송환 되었다.

1970년 네 번째 밀항할 당시 손진두는 원폭후유증에 시달리고 있었다. 불법입국으로 체포된 후 "나는 원폭피해자다. 치료를 받기 위해서 왔으니 건강수첩을 교부해 달라"고 호소했고, 후쿠오카·히로시마·오사카·도쿄의 양심 있는 일본 시민들과 변호사들이 그를 적극 도왔다. 그들은 그의 송환을 막고,

건강수첩 발급을 요구하는 운동을 이어갔다. 뒤에 자세히 언급하겠지만 히라오카 주고쿠신문 기자와 나카지마 다쓰미(中島龍美) 등이 이 운동의 주축이었다. 1971년 11월에 후쿠오카 현에 건강수첩 교부를 신청했다가 거부되자, 이들은 1972년 10월 후쿠오카 지방법원에 '건강수첩교부신청 각하처분 취소' 소송을 제기했다.

이 소송은 '세계 유일의 피폭국'이라는 인식이 지배적이던 일본사회에 전체 피폭자 가운데 1할이 한국인이었다는 사실을 각인시키는 계기가 되었다. 1974년 3월 30일 마침내 후쿠오카 지방법원이 손진두의 손을 들어줌으로써 한국인 피폭자들에게도 밝은 빛이 비치기 시작했다.

일본정부는 손진두가 외국인이고, 또 밀입국한 범법자이기 때문에 수첩을 교부할 수 없다고 주장하는데 반해, 법원은 '원폭의료법이 일반적인 사회보장법과 입법취지를 달리하고, 피폭자라면 외국인이든 불법입국자이든 상관없이 적용되어야 한다'는 취지로 건강수첩을 교부하도록 판결했다.

일본정부는 항소했지만, 1975년 7월 후쿠오카 고등법원에서도 승소했고, 1978년 3월 30일 최고재판소에서도 최종 승소했다. 최고재판소는 "원폭피폭이라는 특수한 전쟁피해에 관하여, 전쟁수행의 주체였던 국가가 스스로의 책임으로 그 구제를 도모한다고 하는 측면"을 인정해 일본 내외의 모든 피폭자에 대한 일본의 전쟁책임까지 언급했다. 실로 놀라운 판결 내용이었다. 그리고 구식민지 피폭자를 보상하는 것은 '국가적 도의'라고까지 언급했다. 한국에서 그 소식을 전해들은 우리들은 이제 한국인 피폭자의 도일치료와 피폭자 원호의 길이 열릴 것이라고 기대했다. 그러나 그러한 희망도 잠깐이었을 뿐 구원의 길은 그리 쉽게 열리지 않았다.

미쓰비시중공업 본사 방문

1974년 8월 2일, 당시 한국원폭피해자협회의 조판석(趙判石)회장과 박해군(朴海君) 사무국장, 부회장인 나는 도쿄에 있는 미쓰비시중공업(三菱重工業) 본사를 방문하여 미쓰비시 징용 피해자들에 대한 보상을 요구하기로 했다. 6년 전인 1968년 협회는 미쓰비시 회사에 미불임금과 보상을 요구하는 서한을 발송했었는데, 미쓰비시 측에서는 '한일협정으로 모두 청산이 완료되었다'는 회답을 보내왔기 때문에 그에 대한 후속조치로서 이번 방문을 계획한 것이었다. 뒷바라지를 한 사람은 당시 한국의 원폭피해자를 구원하는 시민 모임의 회장이었던 모토요시 요시히로(本吉義宏) 씨였다.

미쓰비시 방문 후 보고집회에서 발언하는 저자. 일본정부와 전범기업 미쓰비시에 보상을 요구하는 최초의 집단행동이었다.(1974.8)

전후에 피해자가 일본 기업을 상대로 직접 보상을 요구하는 최초의 집단행동이자 교섭이었던 만큼 우리의 행보는 많은 이목을 집중시켰다. 우리 3명을 응대한 사람은 미쓰비시 본사 다카쓰카 히로시(高塚寬) 총무부 차장과 과장대리, 계장 3명이었다. 이들은 종전의 "청산은 끝났다"는 견해를 견지하면서도 "(일본)정부가 무슨 조치를 취하면 그에 상응한 역할을 하겠다. 차후 서면으로 답변하겠다."고 해서 우리는 매우 희망적인 결과라고 평가했다. 일본의 언론들도 이런 미쓰비시 본사의 대응에 대해 매우 '전향적'이고 '희망적'이라고 크게 보도하였기 때문에 우리는 더욱 의욕에 차서 다음 교섭상대인 히로시마시로 향했다.

우리는 히로시마에 도착하자마자 피폭자건강수첩을 받기 위해서 서류를 접수시켰다. 과연 히로시마시가 우리의 신청 서류를 접수하고 그것을 심사해서 건강수첩을 교부해 줄 것인지가 초미의 관심사였다.

그에 앞서 손진두 재판 1심 승소 소식을 접한 신영수(辛泳洙) 전 회장은 도쿄에 머물던 1972년 7월 22일, 피폭자건강수첩을 도쿄도에 신청했다. 당시 손진두 재판은 일본정부가 항소를 제기해 후쿠오카 고등법원에 계류 중이었다. 도쿄도는 후생성의 반대에도 불구하고 신영수 씨에게 건강수첩을 교부했고, 치료목적으로 방일한 한국인 피폭자에 대해 건강수첩이 교부된 사례로 기록되었다. 그러니 언론에서는 우리의 수첩신청이 받아들여지느냐, 아니면 거부당하느냐를 더욱 주목하고 있던 상황이었다.

일본정부, 우리들의 수첩신청을 거부하다

히로시마시의 건강수첩 교부 여부는 향후 커다란 파장이 예견되는 매우 중대한 사건이었으므로 많은 기자들이 동행하여 그 귀추를 주시하고 있었다.

나는 내 신청서류가 한 글자의 하자도 없는 완전무결한 것으로 자신하고 있었다. 제대증명서인 복원명령서(復員命令書)와 부대의무관이 원폭 피해를 입었다고 발급한 이재증명서(罹災證明書), 호적등본과 동일인 증명서, 그리고 군대수첩을 첨부해 제출했기 때문이다. 이렇게 완벽한 증빙자료를 첨부해 제출한 내 신청서를 받아보고, 원호과장은 '이런 서류는 필요치 않고 증인이 두 사람 필요하다.'고 일언지하에 돌려세우는 것이 아닌가.

피폭당시를 입증할 수 있는 증빙서류가 없을 때 증인을 세워 피폭사실을 입증하는 것인데 거꾸로 무엇보다 확실한 증거자료를 부인하는 비상식적인 태도로 서류접수를 거부하다니 후안무치하기가 짝이 없었다. 물론 원호과장 개인의 의사가 결정에 영향을 미쳤을리 만무하고, 후생성의 방침에 따른 억지 대응임이 확실했다.

그러나 당시만 해도 그냥 해당 기관의 판단으로만 여겼지 총력을 다해 한국인 피폭자 구호를 차단하려는 일본정부의 철저하고 교활한 술책이 있는 줄은 꿈에도 몰랐다. 당시 1심에 패소한 일본정부는 "원폭의료법은 일본 국내에 거주하는 피폭자에게 적용하는 것이므로, 일본 국외로 나가면 적용되지 않는 것으로 해석된다"는 취지의 행정명령을 내렸다. 이것을 일본에서는 '통달 402호'라고 부르는데, 이런 행정명령을 내린 사실 자체도 발표하지 않아 당시로서는 알 수도 없었고, 이유도 모른 채 우리의 건강수첩 신청은 무위로 돌아갔다.

일본정부는 손진두 재판의 성과를 통달 402호를 통해 무력화시켰던 것이다. 단순한 행정기관 간의 업무지시와 같은 행정명령이 어떻게 고등법원 판결이나 최고재판소 판결보다 더 강력하고 위력이 있는지 그 후로도 오랫동안 우리는 이해할 수 없었다.

뿐만 아니라 '원폭피폭자대책 기본문제간담회'라는 자문기구를 만들어 한국인 피폭자의 승소의 효과를 희석시키고자 안간힘을 썼다. 이러한 실정이니 일본국을 상대로 한 재판에서 승리했다고 해도 마냥 기뻐할 수만은 없는 노릇이었다. 또 다른 방법으로 그 판결을 무력화시킬 수 있는 어처구니 없는 현실의 거대한 벽 앞에 우리는 다시 한 번 좌절을 겪지 않을 수 없었다.

인도적 지원의 허와 실

일본정부의 꼼수

손진두 재판에서 3심까지 패한 일본정부는 '원폭피폭자대책기본문제간담회' 등을 만들어 대책을 논의하는 시늉을 취하는 듯 하였다. 거기서 나온 주장이 소위 "수인론(受忍論)"이었다. 전쟁이라는 것은 누구도 어쩔 수 없는 상황이고, 희생을 당했다고 하더라도 모든 국민이 그냥 감수할 수밖에 없다는 취지였다. 그러나 그건 어디까지나 일본인에게나 수용될 법한 논리이지 한국인 피폭자에게는 전혀 얼토당토않은 억지에 지나지 않았다. 손진두 재판 결과에 대한 책임을 회피하려는 그들의 노력이 겨우 이런 수준이었다.

그나마 일본정부가 한국인 피폭자들을 위해 미봉책으로 내놓은 안은 '도일치료'였다. 한일 양국 정부가 피폭자의 도일치료에 합의한 것은 1980년의 일이었다. 1981년부터 매년 50명 정도를 도일시켜 일본 병원에서 2개월간 입원 치료를 하게 하고 그 기간만큼 건강관리수당을 지급한다는 것이 지원내용의 골자였다. 잔꾀에 능한 일본정부는 처음부터 쓰지도 달지도 않는 방법을 여러 가지 구상했는데, 순진무구한 피폭자와 한국 정부가 거기에 걸려든 것이라고 할 수 있다.

일본정부는 '도일치료'를 지원책으로 내놓으면서도 여러 가지 꼼수를 부렸다. 첫 번째 꼼수는 피폭자의 도일 항공료 등 여비를 한국정부가 부담하게 한 것이다. 일본에서 입은 피해를 치료하는 것이니 당연히 도일치료의 모든 비용을 일본정부가 부담하는 것이 맞는 데도 일본정부는 치료비를 제외하고는 한 푼도 지출하지 않았다. 두 번째 꼼수는 도일치료 대상자에서 중환자를 제외시킨 선정 조건이다. 일본까지 치료를 받으러 가는데, 당연히 한국에서 치료하기 어려운 환자를 데려가야 마땅한 데 겉으로 보기엔 멀쩡한 환자만 치료한다고 하니 참 말문이 막힐 지경이었다. 세 번째 꼼수는 도일치료의 대상자를 5년간 매년 50명 정도로 제한한 것이다. 이 인원 정도면 예산이나 치료 인력을 별도로 조치하지 않아도 원폭병원 여러 곳에 분산시키면 거뜬히 소화할 수 있었던 것이다. 일본정부는 일본인 피폭자를 위한 원호예산만으로도 충분히 도일치료를 감당할 수 있었고, 인도적 차원에서 한국인 피폭자를 치료해 준다는 생색만 낸 격이다. 네 번째 꼼수는 피폭 환자에 대한 책임을 병원 치료에 한정한 것이다. 인도적 지원책이라 선전하던 일본정부가 공항에 도착한 우리 피폭자들을 보호하기는커녕 병원 문에 도착하고 난 뒤부터 자신들의 소관이라고 냉정하게 선을 그을 때는 정말 굴욕감과 분노가 치밀지 않을 수 없었다. 내가 시범케이스로 맨 처음 선정된 10명의 피폭자를 인솔해서 나가사키에 갔을 때 직접 겪은 일이다. 한국 정부는 마지못해 항공료만 내주고 알아서 치료받으라는 식이고, 일본은 병원의 문 안에 들어와야 치료는 시작된다는 것이었다. 우리는 하는 수 없이 교포들의 도움으로 승합차를 대절해 겨우 병원까지 갈 수 있었다. 천지가 낯선 공항과 병원 사이에서 우리 피폭자들은 또 한 번 한국과 일본 두 정부로부터 버림받는 신세가 되었다.

생색내기에 그친 도일치료

이러한 꼼수로 만들어진 도일치료는 성과를 내는 것 자체가 불가능했다. 당시 나는 협회 부회장이었기 때문에 이 모든 과정을 꿰뚫고 있었고, 이렇게 별도의 재원 없이도 지원 가능했던 도일치료가 얼마나 형식적이며 실효가 없는 것이었는지 너무나도 명확하게 알고 있었다.

맨 처음 한국의 공화당과 일본 자민당 간에 합의된 메모('한국인 피폭자에 관한 합의메모')상에는 '한국 의사의 일본 파견 훈련, 일본 의사의 한국 파견 지도, 그리고 한국인 피폭자의 도일치료' 이렇게 세 개 항목이 들어있었다고 한다. 그러나 이것 또한 얼마나 탁상공론인지 조금만 생각해 보면 알 수 있다.

우선 한국 의사의 연수를 예로 들어 보면 의사는 한국에서 대표적으로 돈 잘 버는 직업 중에 하나로 꼽힌다. 돈 잘 버는 한국 의사선생님이 일본에 가서 서투른 언어를 구사하면서 원폭증 치료법을 배워 와서는 가장 빈한한 마을보건소에 배치되어 가장 극빈층인 돈 없는 피폭자를 치료하려 하겠느냐는 말이다. 그런 고귀한 뜻을 지닌 자가 단 한 명이라도 있을 것 같지 않기에 하는 말이다.

시험적으로 몇 명의 의사가 히로시마나 나가사키의 병원에 파견되어 6개월쯤 연수를 받고 돌아와 합천 보건소에 근무한 적이 있지만 그들은 보건소 근무기한이 만료되면 여지없이 보건소를 떠나고 말았다. 그러니 한국 의사들을 훈련시켜서 피폭자 치료를 할 수 있다는 생각은 실효성이 전혀 없는 구상이었다.

합천에 세워진 유일한 피폭자 진료소 개소식.

다음으로 도일치료도 처음부터 한계가 많았다. 우선 환자의 선정부터 문제가 있었다. 일본에서 출장 온 전문의사와 한국 의사가 진찰을 해서 환자를 선정했는데, 그 선정기준 자체가 매우 비합리적이었다. 중환자가 아니라 외부적으로 병증이 확실해 보이는 환자, 치료효과가 눈에 띄게 나타날 수 있는 환자, 그리고 가급적 나이가 어린 환자들로 선정했다. 예를 들면, 켈로이드(피폭후유증으로 나타나는 피부질환)나 화상으로 인한 기형 성형, 간 기능 장애 같이 치료하면 바로 눈으로 그 효과를 확인할 수 있는 경환자 위주로 뽑았다. 당장 죽고 사는 병증이 아니니 사실 도일치료를 해도 그만, 안 해도 그만인 사람들만 선정한 것이다. 원인도 모르고 시름시름 앓다 죽어 간 한국인 피폭자들의 참상을 떠올려 보면 도일치료는 요즘 말로 '의료관광'이나 다름없었다.

환자 선정에 참여했던 한국인 의사가 자기 상관에게 보고하는 자리에 나도 입회할 기회가 있었는데, 그 의사는 "일본 의사들은 참 이상한 사람들이더라.

우리가 보기에는 아무렇지도 않은 사람을 환자라고 분류하는 것에 놀랐다"라고 보고를 했다.

이렇게 5년간 349명이 도일치료로 일본에서 치료를 받았고, 2개월 간의 건강수당을 타가지고 돌아왔다. 도일치료는 한번 뿐인 기회였고, 그 기회조차도 그림의 떡이었다. 그러니 한번 치료로 병이 완쾌되었다는 소리는 듣지 못했고, 계속 치료가 필요해도 다시 받을 수 없으니 과연 도일치료가 효과가 있었다고 할 수 있을까.

애처로운 한국인 피폭자들

그런데도 피폭자들은 하나같이 도일치료를 원했다. 이전까지 무원호(無援護) 상태였던 피폭자들에게 도일치료는 유일한 방안이기도 했다. 환자의 입장에서 보면 우선 일본에 가서 정확한 진단과 치료를 받을 수 있다는 것이 최대의 장점이었고, 다음으로 한국과는 비교할 수 없을 정도의 최첨단 병원 시설은 약을 안 먹어도 저절로 낫는 기분이 들게 할 정도였다. 또 친절한 의료인들의 응대를 받으며 2개월간이나 요양 아닌 요양을 하고 오는 것이었다. 마지막으로 무엇보다 건강관리수당 2개월 분을 손에 넣을 수가 있으니 누구나 도일치료를 혜택이라 여긴 것은 인지상정이라 할 만하다.

한편 일본으로 보면 비용을 하나도 안 들이고 제대로 생색을 낸 꼴이었다. 그것은 책정된 예산으로 입원비를 지출하고, 큰 수술이나 난치병 환자가 아니었으니 소액만으로도 그 효과를 충분히 거두었다고 자부했을 것이다. 반면에 한국 정부로서는 치료도 아닌 치료에 국고만 낭비하고, 병원에서 화장실 휴지가 없어졌다느니 비누가 분실되었다느니 하는 잡음도 있었기 때문에 국가적 오점만 남긴다는 핑계로 도일치료를 중단해버렸다.

그래도 우수한 의료진과 시설을 갖춘 일본 원폭병원에서 일본인들과 마찬가지 치료를 받고자 하는 한국인 피폭자들이 늘어갔다. 다행히 이를 지원하는 시민단체가 그 후속사업을 이어갔다. '히로시마위원회'라고 하는 단체였는데, 약 700여 명이 그 혜택을 받은 것으로 집계되고 있다.

구호가 아닌 보상을 하라

우리 피폭자들은 도일치료 중단으로 다시 아무런 구호조치를 받지 못하는 상태로 되돌아갔다. 일본에서 건강수첩을 받았지만, 일본을 떠나면 그 수첩은 휴지조각이나 다름없었다. 통달 402호 때문이었다. 일본인들은 한번 수첩을 받으면 평생 무료로 치료도 받고, 건강수당도 받는 반면, 한국인은 여전히 똑같은 피폭자이지만 차별받는 존재였다. 나도 일본 갈 때마다 수첩을 신청해서 받은 수첩이 8개나 되었다.

손진두 재판에서 연패한 일본정부는 한국인 피폭자들의 호소가 끊이지 않자, 치료와 원호 혜택을 받기 위해 직접 일본으로 몰려올지도 모른다는 우려에 방비책을 고심했다. 우리 피폭자들의 합리적인 요구와 일본 국내 여론에 떠

밀려 앞에서 언급한 도일 치료를 실시했으나 그마저도 역부족인 것을 실감했는지 실질적인 구호대책으로서 '자금' 지원에 대한 의견이 슬슬 나오기 시작했다.

'무효'라는 도장이 찍힌 저자의 피폭자건강수첩

그런 분위기를 처음 감지했던 것은 주한 일본대사관 경제담당 참사관과 우리 협회 간부들이 가진 면담 자리에서였다. 참사관은 '일본정부 내에서 인도적 차원에서 자금을 지원할 의사가 대두되고 있는데 얼마 정도면 되겠느냐'고 의견을 물어왔다. 그에 대해 우리는 인도적인 차원의 지원금이 아니라 보상금 명목으로 100억 엔 정도는 받아야겠다고 대답했다.

금액을 가지고 실랑이가 있었지만, 참사관 일개인에게 그런 큰 결정을 할 수 있는 권한이 있는 것도 아니니 우리는 크게 기대하지도 않았다. 그는 우리 요구액의 20분의 1정도를 이야기했고, 또 '보상금'이라는 명목으로는 절대 지급할 수 없다는 점도 강조했다. 역시 그의 행위는 탐색에 지나지 않는다고 우리는 짐작했다. 대신 우리는 '협회' 차원에서 공식적으로 일본정부에 '23억 달러 대일보상청구'를 제기했다. 우리가 일본 때문에 피폭을 당했고, 그 후로 오랜 기간 치료도 못 받고 방치되어 온 책임을 물어 정당한 보상을 요구하기 시작했다. 우리 피폭자들이 일본정부에 구호를 호소하는 소극적인 자세에서 벗어나 차츰 피폭자로서의 권리 찾기에 눈 뜨기 시작한 것이다.

인도적 지원금 40억 엔

그러던 차에 1990년 5월에 열린 한·일 수뇌회담에서 일본정부가 인도적인 지원금으로 40억 엔을 지원하겠다고 제안을 했다. 당장 무원호 상태였던 우리들로서 40억 엔은 파격적인 액수였다. 물론 우리가 요구했던 보상액수와는 거리가 멀었지만 그래도 한국인 피폭자를 계속 외면하려고 갖은 꼼수를 부리던 일본정부의 태도로 미루어 보면 결코 적지 않은 액수인 것만은 사실이었다.

그런데 왜 40억 엔인가 곰곰이 생각해 보면, 국제적으로 전쟁피해에 대한 당시 보상액이 대개 2만 불 정도였다. 미국 레이건 대통령이 전쟁중 일본계 미국인을 서부 사막 지역에 불법 감금했던 사실을 인정하고, 대통령의 사과문과 미화 2만 달러를 지급했는데 이것이 전례가 된 것이다. 한국인 피폭자 수는 약 2만 명이었으니, 1인당 2만 달러면 대충 40억 엔 정도가 되었다.

The Kyunghyang Daily News 1990년5월25일 금요일

京鄕新聞

"韓·日동반 亞太시대 主導"

盧대통령 日議會 연설 무역逆調시정 촉구

在日韓國人 공무원채용 검토

가이후 原爆피해자 40億엔 지원

"한국인고통 痛惜의念"

日王 만찬서 사과 가이후도 '솔직사죄'

한국 원폭피해자를 위해 40억 엔 규모의 지원기금 조성 의사를 밝힌 일본 총리 발언 소개. 『경향신문』 1990년 5월 25일

그 돈을 지급하면서 일본정부가 '이 돈은 전쟁피해의 보상금이니 피해를 입은 사람들에게 심심한 사과를 표한다'라고 했으면 아마도 전후 미청산 과제가 한꺼번에

해소될 수 있었을 것이다. 그런데 일본정부는 끝까지 '보상'이라는 말을 꺼내지 않고 '인도적 지원'이란 슬로건을 내세워 한 푼도 개인의 호주머니에는 들어 갈 수가 없도록 조치했다. 한국 정부도 일본의 취지를 그대로 따라 ODA(공적개발원조) 자금으로 40억 엔을 받아 들였다.

1차로 일본에서 한국적십자사로 17엑 엔이 불입된 것은 자금 지원을 약속한 지 1년 반이 지난 1991년 11월 4일이었고, 나머지 23억 엔은 그로부터 또 1년 반이 지난 1993년 2월 17일이었다. 목마르게 기다린 자금이 3년 이상이나 지체되었으니 협회 회원들의 지루함은 이루 다 형용할 수가 없을 정도였다. 당시 나는 협회 회장을 맡고 있었는데, 자금이 언제 들어오는지, 들어온 자금은 어디에 쓸 것인지를 두고 갑론을박하는 회원들의 성화가 이만저만이 아니었다.

그러나 이 자금은 철저히 일본정부와 합의한 가이드라인을 준수해야 했다. 보상금이 아니니 원천적으로 회원 개개인에게 직접적으로 나눠 줄 수 있는 성격의 돈이 아니었다. 피폭자들의 건강진단 비용, 치료비, 피폭자 요양시설 건립비 외에는 한 푼도 지출할 수 없었다. 다만, 한국적십자사·보사부·외교부 실무자급과 한국원폭피해자협회 이사진으로 구성된 '기금관리위원회'에서 한 달에 진료보조비 명목으로 10만 원씩을 각 회원에게 분배하기로 묘책을 세웠다. 피해자들의 격앙된 분위기를 다소간 누그러뜨릴 수 있었다.

그러자 일본 대사관 담당관이 약속 위반이라고 항의를 해 왔다. 회장이었던 나는 다음과 같은 논리를 내세워 답변했다. "40억 엔을 우리나라 돈으로 환전하니 265억 원이다. 그것을 은행에 예치하면 연 이자가 10%라 26억 원의 이자 수입이 발생한다. 회원 1인당 1년에 120만원을 지출해도 2억여 원이 남으니 원금 40억 엔은 손도 안대고 이자만으로 운용할 수 있다. 그러니 일본정부가 가

타부타할 사항은 아니다." 그리고 이 사실을 일본 신문에 크게 보도함으로써 일본정부의 항의도 차단시켜 버렸다.

40억 엔 지원금 사용 계획에는 7개 지부의 피폭자 센터 건립이 포함되어 있었다. 그러나 합천 한 곳에 건설하는 데만 26억 원 넘게 든다는 계산이 나와 다른 곳은 아예 꿈도 못 꾸게 되었다. 그래서 우리들은 가장 피폭자가 많은 합천으로 한정하고 남은 자금의 합리적인 운용 방법을 강구해 나가기로 중지를 모았다. 한편 한국 정부도 일본의 40억 엔에 상응한 자금을 제공하기로 했지만 합천복지관 건립 예정지 용지 대금을 분담하는 것으로 끝이었다.

지원금으로 건립된 합천복지회관

그런데 돈이란 게 쓰기 시작하면 당초 계산대로만 집행되는 것이 아니어서 거액의 돈은 어느 새 10년 안에 바닥을 보일 지경이 되었다. IMF 사태로 금리가 떨어지는 바람에 운용자금이 부족해졌고, 치료비는 오르는 상황에서 회원들에게 지원하던 의료보조금을 끊을 수 없는 처지이니 원금까지 바닥나는 실정이었다.

재판투쟁을 결심하다

절박한 한국인 피폭자 문제

앞에서 언급한 바와 같이 1978년 손진두 씨가 재판에서 승소함으로써 처음으로 한국인 피폭자로서 권리를 인정받는 도일치료의 길이 열렸다. 그러나 한국에 거주하는 피폭자는 일본 피폭자와 동등한 혜택을 받을 수 있는 길이 멀기만 했다. 그래서 나는 일본에 충격파를 던지기 위해 "한국인 피폭자 밀항단을 조직하여 매년 500명씩 인솔하고 밀항하겠다"고 큰 소리를 친 적이 있었다. 한국인 피폭자가 수첩 신청 서류를 소지하고 밀항을 하다 불법입국 혐의로 검거된다 하더라도 손진두의 사례처럼 변호사를 통해 바로 건강수첩을 접수시키면 수첩을 교부해 줄 것이라는 예측에서였다. 그러면 당장 우리 한국인들도 치료를 받고 수당을 지급받을 수 있지 않겠는가. 실현 가능성은 차치하고라도 한국인 피폭자 문제가 이만큼 절박하다는 문제제기는 될 수 있을 것 같았다.

그런 풍문을 들었는지 다음 여름에 도일했더니 줄곧 누군가가 나를 감시하는 기분이 들었다. 하루는 누군가 와서 잠시 의논할 게 있다며 나를 초청하길래 따라 가보니, 일본 국회 여당 정조회 부회장인가 하는 사람과 사회운동을 한다는 무슨 목사가 있고, 외무성과 후생성 실무자들도 기다리고 있었다. 나는 시종일관 한국인 피폭자도 일본에서 입은 피폭이니 일본 국내 피폭자와 똑같은 원호를 받아야 하며 보상도 받아야 한다는 주장을 폈다.

원폭피해자협회 차원에서도 한국인 피해자에 대한 호소활동을 활발히 전개하던 터라 도일치료다, 인도적 지원이다 하는 지원책이 나왔겠지만, 우리의 피해의식은 그런 구호대책으로 치유될 수 있는 차원이 아니었다.

재판 투쟁에 돌입

1990년대 들어 차츰 일본정부가 외면해 온 식민지배에 대한 반성과 사죄를 촉구하는 피해자들의 목소리가 터져 나오기 시작했다. 대표적인 피해자가 바로 20만 일본군'위안부'이고, 7만 원폭피해자이고, 4만 사할린 잔류동포들이었다. 이들은 일본의 법정에 일본정부와 전범기업을 직접 고발하는 소송을 제기했다. 원폭피해자 가운데도 그런 용감한 문제제기를 하고 나선 이가 있었는데, 미쓰비시중공업 나가사키조선소의 징용공이었던 김순길(金順吉)이다.

그는 강제동원과 강제노동, 피폭으로 입은 육체적 고통과 정신적 피해에 대한 사죄와 위자료를 요구하는 소송을 1992년 나가사키 지방법원에 제기했다.

강제동원 피해자들은 1990년대 초부터 일본 정부와 전범기업을 상대로 피해보상과 사죄를 요구하는 재판투쟁을 벌였다. 사진은 1997년 12월 신일본제철 징용 피해자가 소송을 제기하기 위해 법원 향하며 구호를 외치고 있다.(태평양전쟁피해자보상추진협회의 제공)

이어 1995년 미쓰비시 히로시마 징용공 46명도 같은 이유를 들어 히로시마 지방법원에 소송을 제기했다. 강제동원, 강제노동에 원폭피해까지 삼중의 피해자였던 이들은 일본 법정에서 스스로 증언함으로써 자신의 피해를 '사실'로서 인정받는 재판투쟁에 나선 것이다. 재판투쟁은 일본의 식민지배와 전쟁책임을 고발하고 진정한 사죄와 보상을 촉구하는 과거청산 운동의 일환이었다. 그러나 1990년대 내내 진행된 약 70여 건의 재판에서 한국인 피해자는 어느 누구도 승소하지 못했다.

그런 시기에 이치바 준코(市場淳子) '한국인 원폭피해자를 구원하는 시민 모임' 회장과 나도 재판투쟁에 나서기로 결심했다. "비록 지더라도 운동이니까 해

소송 제기를 준비하던 한난병원에서 저자와 후원자, 의료진들과 함께

야 한다"는 확고한 신념이 있었다. 마침 미쓰비시 징용공 재판이 히로시마에서 진행 중이었는데, 내가 한국인으로서는 처음으로 증언을 하게 되었다. 1998년 5월 나는 오사카로 먼저 가서 한난(阪南)중앙병원에 입원해 정밀 검사와 치료를 받으며 증언 준비를 병행했다. 그리고 오사카부에 피폭자건강수첩을 신청해서 교부받고, 건강관리수당도 지급받는 절차를 밟았다. 6월 25일 무사히 히로시마 지방법원에 출두하여 장시간 증언을 잘 마치고, 7월 초 귀국을 했다.

귀국 전에 나는 오사카부 앞으로 '내가 귀국하니 계속해서 건강수당을 한국의 내 계좌로 입금시켜 달라'는 요청서를 제출했다. 그랬더니 예상한대로 오사카부에서 '당신은 귀국하여 피폭자 자격을 상실했으니 수당을 지급할 수가 없다'는 통지서를 보내 왔다. 이로써 한국인 피폭자에 대한 차별대우에 대한 소송을 제기할 증거는 모두 마련된 셈이었다.

재판을 시작하기 전에 준비하고 결정할 사항이 한두 가지가 아니었다. 우선 소송을 어디서 제기할 것인가와 어떤 쟁점으로 다툴 것인가를 결정해야 했다.

첫째, 소송 제기 법원을 어디에서 할 것인가에 대해서 나는 당연히 피폭 장소인 히로시마로 생각했다. 그런데 미쓰비시 히로시마 징용공 재판이 진행되고 있는 터라 당시 시민 모임의 도요나가(豊永) 히로시마지부장이 다른 재판을 추가 지원할 여력이 없다는 뜻을 표해왔다. 그래서 내가 수첩을 발급받은 오사카에서 이 소송을 제기하기로 했다. 둘째, 쟁점은 변호사들과 상의해 보니 '국가보상적 성격인 원호법의 차별 철폐'를 목표로 하자는 의견이 지배적이었다. 소송의 승패를 떠나 지더라도 운동으로 하자는 이치바 회장의 결연한 태도에 나는 큰 힘을 얻었다.

한국인 원폭피해자 운동의 늘 든든한 지원자인 도요나가 히로시마 지부장

그래도 소송비용과 변호사 선정은 의지만으로 해결될 문제가 아니었다. 그러나 이 역시 이치바 회장이 비용문제를 주로 신경 써 주기로 하고, 변호사는 이치바 회장의 부군인 마쓰다 모토지(松田素二) 교수가 알아서 주선해 주었다. 변호인단 단장은 나가시마 야스히사(永嶋靖久) 씨가 맡고, 아다치 슈이치(足立修一), 오다 고오(小田幸兒), 가나이 쓰가야스히로(金井塚康弘), 아라이 구니히로(新井邦弘), 안유미(安由美, 교포), 오타 겐키(太田健義) 변호사가 참여해 주었는데, 모두 마쓰다 씨의 지인들이었다.

개인적으로는 소송비용이나 왕복 여비, 기타 비용을 염출할 여력도 없었고, 법정 방청석을 만원으로 채워 압력을 행사할만한 조직도, 시민단체 동원력도 없었다. 그러나 그런 걱정은 모두 이치바 회장의 만반의 준비로 날려버릴 수 있었고, 나는 재판이 열리는 날이면 나 자신만 단단히 무장해서 오사카로 가기만 하면 되었다. 이치바 회장에게 모든 신세를 지는 처지였으니 전적으로 이치바 회장 내외분의 노력으로 이루어진 재판투쟁이었다.

피폭자는 어디에 있어도 피폭자다

재판 준비를 마치고 제소 서류를 오사카 지방법원에 제출한 것은 1998년 10월 1일이었다. 법원 출입기자들의 스포트라이트를 받으며 재판소 정문을 통과해서 서류를 법원 사무국에 접수시켰다. 이어 기자회견을 하는 순서로 첫 일정은 끝났다.

韓国の原爆被害者を救援する市民の会機関誌　第105号

早く援護を！

1998年12月

私たちは20,000余名の在韓被爆者をはじめとして、すべての外国人被爆者の救援に取り組む市民運動です。

差別のない世のために 郭さんついに提訴!!

韓国の被爆・韓国人

「手当打ち切り不当」

大阪府知事相手に 取り消し求め提訴

公正な審判を訴える郭貴勲さん

郭さん提訴を大きく報道する記事（1998年10月1日付 読売新聞夕刊）

元韓国原爆被害者協会会長の郭貴勲さんが日本国と大阪府を相手取って裁判を起こしました。「在韓被爆者も日本の被爆者と同様自分の国に暮らしながら被爆者援護法による援護を受ける権利がある」というのが郭さんの主張です。法律に従う限りそれが当然であるにもかかわらず、厚生省の通達によってその道が塞がれています。その差別行政の非を問う裁判です。

もくじ

「차별없는 세상을 위해 곽귀훈 씨가 제소!!」 소송 제기 관련 소식을 담은 '한국의 원폭피해자를 구원하는 시민 모임' 회보(1998년 12월, 제105호)

그 후 재판은 2개월마다 열렸는데, 우리 재판이 열리는 법정은 806호실로 지정되었다. 이후 5년여 간 재판이 열리는 날이면 늘 일본의 시민단체 회원들과 교포 청년들, 지인들이 만석을 이루어 우리에게 힘을 실어주었다. 단 한 번도 빠지지 않고 출석한 사람도 있었다. 항소심은 하나밖에 없는 대법정에서 진행되었다. 내 재판이 열릴 때마다 오사카시 직원노동조합 공무원들도 시간을 내서 방청을 하곤 했다. 그들은 자기의 상관, 즉 오사카 지사가 항소심에서 패하도록 나를 지원해 주는 격이었다. 이런 신기하고도 열성적인 후원 속에 재판은 30여 차례나 진행되었다.

재판은 모두 준비서면으로 의견을 교환하는 형식이라 법정에서 갑론을박하는 광경은 그리 흔치 않았다. 조용히 재판이 끝나면 우리는 변호사회관으로 자리를 옮겨 그날 다룬 쟁점과 향후 전망에 대한 변호사들의 의견을 듣고, 서로 소감을 교환하고 토론하는 시간을 가졌다.

그렇게 진행된 재판의 쟁점, 경과, 결과 등에 대해서는 국사편찬위원회에서 펴낸 『원폭피해자 곽귀훈 소송기록』(2005)에 실린 해제에 잘 소개되어 있다. 태평양전쟁피해보상추진협의회 사무국장이었던 김은식 군이 잘 정리한 글이 있으니 나는 여기에서 나의 주장만 간략히 설명하려고 한다.

내 주장의 요지는 한 마디로 내가 피폭자인가 아닌가를 판정해달라는 것이었다. 만약 내가 피폭자 자격이 있다면 중단된 수당을 지급해 달라는 것과, 그로 인해 입은 손해배상을 청구한 것이었다. 그러나 일본정부나 오사카부 지사는 과거에 피폭자로 인정받았다 하더라도 현재 일본에 거주하지 않으면 피폭자 자격이 상실되니 아무것도 지급할 수 없다는 입장이었다.

그러나 좀 더 근원적으로 보면 일본정부가 제정한 원호법은 국가보상적 정신이 기저에 깔린 법이다. 그러므로 국적에 상관없이 외국인이라도 피폭자라면 원호대상이 되어야 마땅하다는 것이 내 주장이었다. 이에 대해 일본정부는 원호법은 사회보장법이기 때문에 세금을 납부하지 않는 외국거주 외국인에게 지급할 수 없다는 주장만 반복했다. 이런 일본정부의 편협한 주장에 대해 나는 이렇게 논박했다.

“나는 아침에 집을 나설 때는 피폭자가 아닙니다. 그러나 일본 간사이공항에 내려서 입국 수속을 마치면 피폭자 자격이 생깁니다. 재판이 끝나고 오후에 귀국을 위해 간사이공항을 떠나면 또다시 피폭자가 아닙니다. 무슨 법이 아침과 낮, 그리고 저녁마다 변합니까? 피폭자는 어디에 있어도 피폭자입니다!”

‘피폭자는 어디에 있어도 피폭자다’라는 말처럼 한국인 피폭자의 주장을 단순하고 명쾌하게 정리한 말은 없을 것이다. 이 말은 한국인 피폭자에 대한 차별 철폐를 요구하는 상징적인 구호가 되었다. 나는 이 말을 명함에 인쇄해 가지고 다니면서 일본사회에 널리 선전하고 공감대를 형성하려고 노력을 했다.

일본인 재외피폭자

원폭 피해를 입고 미국에 이민을 가 살고 있던 일본인이 약 1,000명(60%는 미국 국적, 40%는 일본 국적), 브라질에 약 200명 정도 있었다. 일본인이지만 국외에 거주한다는 이유로 그들도 피폭자원호법을 적용받지 못하고 있었다. 일본정부로서는 자국 국민이니 국내 피폭자와 같은 대우를 해주고 싶었겠지만, 만약에 그런 편의를 도모한다면 한국의 많은 피폭자들이 문제 제기를 해올 것을 우려해 엄격히 차별하고 있었던 것이다. 그러나 그대로 방치한 것은 아니고, 양국에 교대로 의사를 파견하여 피폭자 의료 검진과 치료를 실시했다.

그러던 중 내가 재판을 제기하니까 차별을 느끼고 있었던 미국과 브라질 거주 피폭자들은 내심 환영하는 분위기였다. 한편, 일본정부는 그간 원칙 없이 법운용을 해 온 허점이 드러날 판국이어서 전전긍긍하고 있었다. 몇 가지 사례를 보면, 브라질 이민자 중에 국적은 일본국이고, 주소는 일본 친척집으로 되어 있는 피폭자가 계속 건강관리수당을 지급받고 있었던 것이다. 그에게 그동안 '부당하게 지급받은 수당을 환불하라'는 조치가 취해졌다. 또 다른 사례는 외국에 거주하지만, 일본을 자주 왕래하면서 수당과 치료를 받아 온 사람에게도 잘못 지불된 수당을 모두 반납하라는 통지가 내려졌다고 한다. 일본 국내 피폭자가 해외에 장기출장을 나갔다고 해서 수당 지급이 중단되어 문제가 발생하는 사례도 있었다. 이렇게 일본인 피폭자들에게도 여러 케이스의 다양한 법 집행상 문제들이 나의 재판을 통해 드러나게 되었다.

어쩌면 그들과 우리는 동병상련의 처지나 마찬가지였다. 그래서 재외 일본인 피폭자들의 차별 실태를 알리기 위해서 미국원폭피해자협회 구라모토

오사카 지방법원에 '곽귀훈 소송의 공정판결을 촉구하는 서명'을 제출하는 모리타 회장과 구라모토 회장, 저자(1999.11.12.)

간지(倉本寬司) 회장과 브라질원폭협회 모리타 다까시(森田隆) 회장 두 분을 1999년 11월 재판 때 증인으로 요청했다.

같은 민족인 일본인 피폭자도 차별 받고 있는 실상에 대한 증언이라 재판관도 많이 참고가 됐을 것이다. 내가 재판에 이기면 이들 해외거주 일본인 피폭자들에게도 큰 혜택이 될 수 있었으므로 일본정부의 잘못된 시책을 그들의 입장에서 성토할 수 있는 좋은 기회이기도 했다. 한국인 피폭자들을 차별하기 위해 재외 일본인들도 차별받고 있다는 증언은 우리에게 유리한 분위기를 조성해 주었다.

브라질의 원폭피해자들

재외 일본인 피폭자와 연대해 재판투쟁을 진행하면서 브라질 원폭협회 회장 모리타 씨와는 절친한 동지가 되었다. 알고 보니 모리타 회장은 나와 동년배였고 피폭 당시 헌병 병장이었다. 피폭 장소도 비슷했으며, 나와 같은 오노무라 분원에서 치료를 받았다고 했다. 패전 후 살 길이 막막했던 많은 일본인들이 세계 각지로 이민을 떠났는데, 그 때 모리타 회장도 브라질로 이민을 갔다. 약 20만 명의 브라질 이민자 가운데 피폭자는 200명 정도인 것으로 알려져 있다.

브라질 뿐 아니라 중남미 일대에 산재한 피해자들은 피폭 후유증에 시달리면서도 속수무책이었다. 모리타 회장 내외가 나서서 피폭자협회를 조직하고 본국 정부에 피폭자 구호를 요청하기에 이르렀다. 넓은 곳에 산재해 있는 피해

타이티 피해자들과 원폭피해자 운동에 대해 토론회를 하는 저자

자들을 모으고, 의사결정을 얻기에는 어려움이 많았을 것이다. 모리타 회장이 일본 후생성을 직접 방문해 구호대책을 건의하자 그 때 후생성 관리가 '조국을 배반하고 해외로 떠날 땐 언제고, 이제 와서 같은 일본인이니까 구원해 달라고 하느냐'고 핀잔을 주었다고 한다. 고국의 정부 관료에게서 그런 말을 들으니 눈물이 핑돌 정도였다고 한다. 그런 차별적 시선과 대우를 겪어 본 자로서 모리타 회장과 나, 구라모토 회장 3명은 협동해서 재외피폭자 구원운동을 오랜 기간 지속했다.

어떻게 보면 그들은 일본이 철저히 외면하고자 하는 한국인 원폭피해자들 때문에 역차별을 받았다고 할 수 있다. 일본인 재외 피폭자들이 국내 피폭자와 동일한 구호를 호소하니까 일본정부는 몇 만 명의 한국인들이 몰려온다며 거부했다는 증언이 이를 뒷받침한다. 내 재판이 시작된 후 허둥지둥 재외 일본인 피폭자들에게 부당 지급된 수당을 반환하도록 했으니 애꿎은 피폭자들만 날벼락을 맞게 되었다. 이 또한 그들에게 본의 아니게 피해를 끼쳤으니 한편으로 미안한 노릇이었다.

모리타 회장은 부인도 피폭자라 함께 피폭운동을 전개했는데, 몇 해 전 그 부인이 작고했다. 모리타 회장도 노쇠하여 일본 왕래가 여의치 않으니 그의 큰딸이 대리로 역할을 수행하고 있다.

미국의 원폭피해자들

내가 미국의 원폭피해자협회 회장인 구라모토 씨를 처음 만난 것은 1985년 8월 5일이었다. 그 해 히로시마시는 8월 6일의 원폭 사몰자 위령제와 평화기념식에 처음으로 해외피폭자 대표를 초청하여 헌화하도록 했다. 그 첫 번째 헌화자가 한국의 나와 미국의 구라모토 회장이었다. 5일 리허설에서 처음 만나 헌화 연습을 하고 같이 호텔에 묵으면서 이런 저런 이야기를 나누었다.

구라모토 회장은 1926년 하와이에서 출생하였기 때문에 미국 국적자였다. 5세 때 조부가 병이 깊어 가족이 귀국한 후 그는 히로시마에서 중학교, 고등학교를 다녔다. 교토(京都) 리츠메이칸(立命館)대학에 입학하였으나 야마구치현(山口縣) 히카리시(光市)의 군수공장에 학도 동원된 상태에서 패전을 맞았다. 가족을 찾기 위해 히로시마로 돌아온 그는 방사능 피폭을 당하게 되었으며, 이른바 '입시(入市) 피폭자'에 해당하는 피해자였다. 동생들과 같이 약 1개월간이나 시내를 헤매며 부친을 찾았으나 결국 발견하지 못했다고 한다. 패전

후 히로시마시 부흥국에서 근무했지만 생활이 신통치 않아 동생과 같이 미국으로 다시 이주해 삼촌과 함께 살았다고 한다.

미국에 살던 당시 피폭자들은 자신이 피폭자라는 사실을 밝히기가 어려웠을 것이다. 패전 후 일본을 점령했던 미국은 원폭피해 사실의 유포를 철저히 금지시켜 확산을 막는 정책을 취했다. 그러나 일본에 남은 가족들이 건강수첩을 받고, 평생 의료혜택도 받는 것을 보고 재미 피폭자들도 스스로 구호운동에 나서기 시작했다. 1971년 LA에서 발족한 재미원폭피해자협회, 1972년 샌프란시스코에서 조직된 피폭자협회가 1974년 통합되어 북가주피폭자협회가 발족했고, 피폭자 구호운동을 전개해 나갔다.

구라모토 회장은 수년 전에 작고하여 이미 이 세상에 없는 고인이 되었지만, 내 재판의 증언대에서 최후로 진술한 말을 인용하여 그의 평생 숙원을 여기에 기록으로 남긴다.

"일본 국적을 가지고 일본에 거주하는 피폭자, 일본 국적이지만 일본에 거주하지 않는 피폭자, 일본 국적이 없는 외국인 피폭자가 모두 피폭자인 것은 틀림이 없습니다. 말하기 어려울 정도로 참혹한 원자폭탄 피해로 상처를 입고, 지금도 고통 받고 있는 것이 비운의 피폭자들입니다. 원컨대 모두 똑같이 대우해 주십시오. 그것이 '원자폭탄 투하의 결과로 빚어진 방사선에 의한 건강피해가 다른 전쟁피해자와 다른 특수한 피해라는 점을 감안하여 고령화가 진행되고 있는 피폭자에 대한 보건 의료 및 복지 전반에 걸친 종합적인 원호대책을 강구하고, 나아가 국가로서 원자폭탄에 의한 사몰자의 존귀한 희생을 명기하기 위해서 이 법률을 제정한다'라고 명기한 피폭자원호법의 입법취지에 부합하는 것이라고 확신합니다."

첫 승리

1심 승소 후 후원자들 앞에서 소감을 밝히는 저자

재판이 진행되는 도중에 나는 "이 재판에서 승리할 수 있겠는가"라는 질문을 많이 받았다. 그러면 나는 "법대로 하면 이길 것이다. 그러나 여기는 일본이고, 일본의 법에 따라 일본 법관이 판단하는 재판이니 예측불허이다"라고 답하곤 했다. 꼭 이길 것으로 믿었는데 패하는 경우가 있고, 패할 것이라고 예상했는데도 이기는 경우가 있으니 운명에 맡기고 결과를 담담히 받아들일 수밖에 없는 것 아닌가 하는 생각에서였다. 그러나 정의를 위해서, 인간의 존엄을 위해서 끝까지 싸울 각오는 되어 있었다.

제소한 지 2년 8개월만인 2001년 6월 1일 19번 째 법정에 서게 된 날, 드디어 판결이 내려졌다. '승소!' 천지가 들썩이는 듯한 느낌이 들 정도로 모든 일본 언

일본 정부의 항소 포기를 촉구하는 가두 시위. 일본의 지원자들은 법정에서만이 아니라 거리에서도 지원활동을 활발히 전개해 주었다. 가두시위에 앞장섰던 이치바 회장(왼쪽)

론과 여론이 들끓었다. 신문 1면에서부터 사회면, 그리고 사설과 칼럼에 이르기까지 승소 관련 기사가 넘쳐났다.

굴욕과 천시, 학대의 역사를 살아 온 우리들이 보기 좋게 일본정부에 일격을 가했으니 통쾌하기가 하늘에 오른 것 같았다. 지금까지 나를 지원해 준 일본 시민들도 한마음으로 기뻐해 주었다. 일본에게 당하고만 있었던 한민족이 일본을, 그것도 일본 법정에서 반격의 여지없이 패퇴시킨 격이니 역사 이래 처음 겪는 쾌거이지 않을까 하는 착각마저 들었다. 이는 나 개인의 문제만이 아닌 한민족 전체의 자존감을 회복시키는 문제이기도 했다. 특히 차별을 숙명처럼 짊어지고 살던 교포 청년들이 기뻐하는 모습은 차마 눈물 없이는 볼 수 없는 감격의 순간이었다. 보고회와 축하회를 가지며 나는 여러 날을 격동의 감정을 주체하지 못한 상태로 지냈다.

그 흥분의 열기가 채 가라앉기도 전에 나와 이치바 회장은 도쿄로 가서 '재외피폭자에게 원호법을 적용시키려는 의원간담회' 간부들과 연대해 일본정부가 항소하지 않도록 호소하는 등 국회 홍보 활동을 적극적으로 펼쳐 나갔다.

그러나 주무부처인 후생성은 항소해서 다시 해 보자는 분위기였다. 혹시하는 마음으로 한 가닥 기대를 가졌으나 6월 15일 일본정부가 항소를 결행했다. 모든 것이 원점으로 되돌아가버린 것 같은 허탈한 심정이었다. 의기소침해 하는 나에게 오히려 간사이공항 출입기자 50여 명이 나를 배웅하며 '용기를 잃지 말고 재기하라'고 격려해 주었다. 국적을 넘은 지지를 위안 삼으며 법정 투쟁 1막을 뒤로 하고 무거운 마음으로 귀국길에 올랐다.

질 줄 알았던 2심에서 승리

오사카 고등법원에서 다시 재판이 시작되었다. 그런데 우리 소송 담당 재판장이 뒤집기로 유명한 네모토 마코토(根本眞)라는 인물이었다. 천신만고 끝에 겨우 이겨 놓은 재판이 뒤집힌다면 모든 희망은 수포로 돌아가고 마는 것이니 변호인단과 재판지원회 회원들의 우려가 이만저만이 아니었다. 외나무다리에서 천적을 만난 기분으로 잔뜩 실의에 빠져버렸다.

그런데 1회 공판이 끝났을 뿐인데, 재판장은 바로 다음 재판을 결심으로 하겠다고 고지했다. 2심을 준비하면서 우리의 전략은 부족한 부분을 보완해서 부분 패소한 국가보상 문제도 승리로 이끌 작정이었다. 그러나 대충 훑어보고 패소처분을 내릴 것만 같은 분위기가 팽배해졌다. 우리는 신경을 곤두세우다가 특단의 조치로 재판장 기피 신청을 내기로 전략을 바꿨다.

일본 사법부 역사상 변호사가 재판장을 기피해서 교체된 적은 없다고 한다. 그래도 우리 변호인단은 과감하게 재판관 기피 신청을 선언했다. 그 소리

2심 승소 판결 후 기자회견을 하는 저자

를 들은 세 명의 재판관은 벌떡 일어나더니 그대로 뒷문으로 나가버렸다. 그리고 재판장 기피신청에 대한 판단이 내려지기까지 6개월간 재판은 중지되었다.

재판이 재개되어 법정에 가보니 그전 재판관 3명이 그대로 앉아 있는 것 아닌가. 괜히 시간만 낭비하고 재판관들의 감정만 상하게 해 그렇지 않아도 불리한 재판을 더욱 꼬이게 한 꼴이 되고 말았다. 더구나 재판장은 한 달 전에 열렸던 징용공 재판에서 "일본은 한국에 한일협정 당시 줄 것을 다 주었으니 받을 것이 있으면 네 나라에 가서 받으라"라는 상식 밖의 판결을 한 사람이었다. 우리는 일이 잘못되어도 한참 잘못됐다는 느낌을 지울 수 없었다.

마침내 2002년 12월 5일 판결일이 다가왔다. 나는 당연히 패소할 것으로 예측하고, 착잡한 심정으로 오사카에 갔다. 그런 예단은 나뿐만 아니라 변호인단도, 재판 후원회원들도 마찬가지여서 모두 미리 자포자기하는 기분에 젖어 있었다. 재판장에 들어가면서 변호단장에게 "어떻게 하면 이긴 것이고, 어떻게 하면 진 것인가"라고 물으니, 나가시마 단장은 "짧게 말하면 이긴 것이고, 길게 말하면 지는 것이다."라고 설명해 주었다. 그래서 잘 들리지 않는 귀를 쫑긋 세워 재판장을 쳐다보고 있는데 뭐라고 간단히 선언하고 마는 것이 아닌가. 내 귀에는 잘 들리지 않아 어리둥절하고 있는데 방청석에서 "이겼다" 하는 함성이 터져 나왔다.

통쾌의 극이다!

고등법원에서는 패하리라고 짐작하고 있었기 때문에, 반신반의했던 1심에서 이겼을 때보다 더욱 기쁘고 통쾌했다. 2심에서 승소한 후 나는 기자회견에서 오른 손 주먹을 하늘로 치켜 올리며 "통쾌의 극이다(痛快の至り)"라고 외쳤다. 일본 사법부로부터 또 한 번 승리를 얻고 나니 그 통쾌함을 이루 다 형용할 수 없었다. 일본 주고쿠신문이 나의 이 말을 제목으로 뽑았으니, 한국인 원폭

郭さん「痛快の至り」

援護の広がり期待

広島の支援者も笑顔

韓国人密出国

주고쿠신문 2002년 12월 6일자

피해자가 일본 열도를 뒤흔드는 날이었던 것만은 분명했다.

2심 판결 후 나는 이치바 씨와 함께 다시 도쿄로 달려가서 후원자들과 조직적으로 여당, 야당 할 것 없이 상고 포기를 촉구하고 다녔다. 2심 판결 당일 오후에 돌아올 심산으로 내의 한 벌도 챙기지 않고 왔던 단벌 신세였지만, 여세를 몰아 상고 단념을 이끌어 내기 위해 동분서주했다. 일본정부가 상고하면 재판이 끝나기까지 통상 3년 정도가 걸렸다. 또한 승패를 가늠할 수 없는 것이 재판의 생리인 점을 고려하면 반드시 상고를 포기시켜야 했다. 그래야만 하루 빨리 재외 피폭자들의 살 길이 열리는 것이었다.

한국원폭피해자협회 회원들이 2003년 3월 최초로 수당을 지급받는 뜻깊은 날, 외환은행 본점에서 통장을 들고 기뻐하는 모습

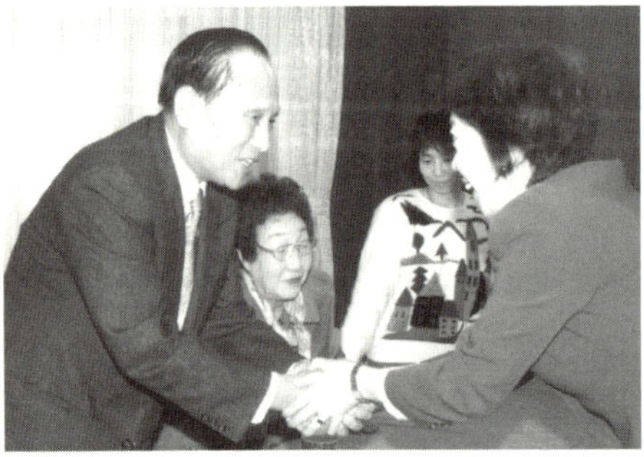

오타(太田) 오사카부 지사와 환담하는 저자(2003.3.18.)

오사카부 지사가 가장 먼저 상고를 단념한다고 발표했다. 이어서 공명당이 결의안을 내는가 하면, 후생노동위원회에서 집중 공격을 가하니, 여당도 나를 만난 자리에서 상고포기를 약속하는 등 분위기만큼은 우리에게 유리하게 흘러가는 것 같았다. 이렇게 되니 후생노동성 대신도 상고포기의 수순을 밟으려는 듯 총리에게 슬쩍 미루고 뒤로 빠지는 모양새였다. 드디어 고이즈미 총리의 재가를 얻어 사카구치 후생노동대신은 12월 18일 상고포기를 공표했다.

이로써 재외피폭자 5천여 명에게도 원호의 길이 열리게 되었다. 재외피폭자들도 건강수첩을 받고 의사의 진단서를 첨부해 건강관리수당을 청구할 수 있게 되었는데, 대부분 매월 3만 4,100엔(한화 35만원 내외)을 죽을 때까지 받을 수 있었다.

2003년 3월 '통달 402호'는 폐기되었고, 그동안 불법으로 정지되고 시효 등으로 밀렸던 모든 수당도 모두 소급해서 지불받게 되었다. 나아가 사망시 장례비까지 지급받을 수 있었다. 2010년 현재 협회 등록 회원 2,632명 가운데 2,482명이 건강수첩을 발급받았다.

모두 34차례의 재판을 거친 후에야 우리는 승소를 확정지었다. 어느 하나 투쟁하지 않고서야 얻지 못하는 권리였다. 그래서 우리 피폭자들은 무려 반세기에 가까운 세월 동안 피폭자 구호운동과 재판투쟁을 해왔다. 그런 노력이 쌓여 우리의 승리로 끝났으니 통쾌한 승리라고 자부한다.

피폭운동에서 반핵평화운동으로

그렇다고 모든 문제가 다 해결된 것은 아니다. 아직도 남아 있는 문제가 적지 않다. 일본인 피폭자와 여전히 차별을 받고 있는 의료비 상한선도 철폐해야 하고, 피폭사실을 입증하지 못해 건강수첩을 받지 못한 150명도 그 해결책을 찾아야 한다. 더 근원적인 문제는 일본이 한국인을 강제동원해 피폭자로 만들었

민족문제연구소 등 시민단체와 강제동원 피해자들이 소송을 제기해 '한일협정' 외교문서가 전면 공개되었다. 이를 통해 원폭피해자, 일본군 '위안부' 문제 등이 한일회담에서 전혀 다루어지지 않았다는 진상이 드러났고, 이후 강제동원 피해 진상규명과 피해보상 운동의 목소리가 더욱 높아졌다.

다는 사실이다. 이에 따라 40년 동안 방치한 책임도 묻고 일본의 배상도 받아야 한다. 한국인 피폭자들이 오늘도 일본의 사법부의 문을 두드리고, 한국정부를 독촉하고 질타하는 이유가 여기에 있다.

그리고 우리는 궁극적으로 핵이 없는 안전한 세상을 만들어야 한다. 핵보유국인 미국에도 많은 방사능 피해자가 있지만 철저히 봉쇄하고 노출시키지 않고 있으며, 구소련의 체르노빌 원전사고는 유럽까지 피해를 주었으니 러시아도 국제사회에 떳떳할 수는 없다. 지구상에서 유일한 피폭국으로서 핵보유국을 비난하던 일본도 지난 2011년 후쿠시마 원전사고

히로시마에서 피폭경험과 재판투쟁을 증언하는 저자 (2009.5.16.)

에 속수무책으로 우왕좌왕하는 모습을 보니 과연 우리는 핵으로부터 안전하다고 자신할 수 있는지 새삼 걱정스러운 의문을 품어 본다.

청소년들에게 강제동원과 피폭경험에 대해 강연하는 저자(2013.11.14., 수락중학교)

편서풍 덕분에 지금까지는 안면할 수 있지만 우리의 서쪽 원전은 안전한가, 아니 우리나라의 원전은 과연 전혀 걱정할 필요가 없는가. 방사능 피폭에 대한 방어책은 앞으로도 영원히 발견하지 못할 것이란 전망도 나오고 있어 여전히 피폭자의 불안을 증폭시키고 있다. 우리 인류는 이미 핵폭탄의 파괴력을 경험했고, 원전사고로 인한 가늠하기 힘든 피해와 방사능 공포를 체감하고 있다.

외세의 식민지배와 침략전쟁, 원자폭탄이 인간에게 준 피해가 무엇이며, 그 피해를 진정으로 회복하는 데 얼마나 많은 노력이 필요했는지를 너무나도 잘 알고 있는 나로서는 새삼 강조할 수밖에 없다. 이제는 한반도와 동아시아의 평화를 위해 반핵평화운동을 펼쳐 나아가야 한다. 내 삶의 기록이 미래 세대에게 반핵평화운동의 작은 지침서가 되길 바란다.

한국인 피폭자와 함께 한 일본인

히로시마의 양심, 히라오카(平岡敬) 시장

히라오카 다카시(平岡敬, 1927~) 시장은 일본 오사카에서 출생했지만 부친의 직장을 따라 당시 식민지였던 조선의 여러 소학교를 다녔다. 경성중학을 졸업한 뒤, 경성제국대학 예과에 다니다가 흥남에 있는 일본질소흥남공장에 학도 동원되었다고 한다. 그 때까지만 식민지 조선은 '나의 산하'였고, 조선인들은 '나의 동포'였다고 그가 어느 책에 쓴 것을 보았다. 일본이 패전한 후 귀국한 히라오카 씨는 와세다대(早稻田大)를 졸업한 뒤 히로시마 주고쿠신문사(中國新聞社)에 입사했다. 그는 기자로서 승승장구 하여 주고쿠신문사 편집국장과 주고쿠방송(中國放送) 사장을 역임한 뒤, 1991년 히로시마 시장 선거에 도전하여 당선되었고 2기 8년을 재직하고 야인이 되었다.

내가 처음 히라오카 씨를 만난 것은 1967년 2월 초 히로시마의 평화공원을 찾아갔을 때였다. 그곳 관장이 신문사로 전화를 걸어 나를 취재하도록 주선해 히라오카 씨를 만나게 되었다. 나는 귀국한 후 처음으로 다시 일본을 방문한 때였다. 혹시 몰라서 피폭 관련 증거자료를 챙겨 갔다. 히라오카 기자는 그 자료들을 토대로 나를 집중 취재했다. 나이는 나보다 세살 아래고 누구에게나 웃는 낯으로 대하여 호감을 주는 인물이었다.

시장 퇴임 후 그는 소련이 447회나 핵실험을 하여 오염시킨 중앙아시아의 세미팔라틴스크 실태조사와 반핵 평화 홍보운동에 역점을 기울였다. 그리고 자기가 평생 모은 자료를 히로시마대학에 기증하여 핵과 방사능 연구에 활용하도록 한 점도 높이 평가받고 있다.

그는 내가 한국에서 하고 있는 피폭자운동을 음으로 양으로 후원해 주었다. 히라오카 씨는 한국인 피폭자 문제를 많이 취재했기 때문에 우리와 의사소통이 매우 잘 되었다. 또 도쿄의 나카지마 다쓰미(中島龍美) 씨를 내게 소개해 주어서, 그로부터 한국원폭피해자협회 설립 등에 큰 도움을 받았다.

한국인 원폭피해자의 참상을 일본에 최초로 소개한 히라오카 씨의 저서

히라오카 씨는 1965년 한일 국교가 다시 정상화 된 때부터 한국을 오가며 특히 피폭자문제를 일본 사회에 알리고 부각시키는 데 노력을 기울여 왔다. 그는 일본인으로서 한국인 피폭자 문제를 다루는 것은 바로 일본 자신의 문제를 제대로 바라보는 일이라고 여겼는데, 특히 그가 쓴 『편견과 차별(偏見と差別)』(1972)이나 『무원의 해협(無援の海峽)』(1983)은 제목부터 한국인 원폭피해자들의 애환을 잘 표현하고 있다. 그

리고 이 책들에는 한국의 어떤 언론이나 책에도 기록되어 있지 않은 피폭자들의 참상이 히라오카 씨의 따뜻한 시선과 함께 담겨 있다.

표면에 나서지는 않았지만, 그가 적극적으로 추진해 거둔 최대의 성과는 손진두 재판의 승리라고 할 수 있다. 외국인에 전과까지 있는 피폭자 손진두를 감싸고 후원한 이들은 도쿄의 나카지마 씨와, 히라오카 기자를 중심으로 한 '히로시마의 양심' 그룹, '손진두의 일본체류와 치료를 요구하는 전국 시민 모임' 소속 회원들이었다. 이들은 불법입국으로 체포된 손진두를 갖은 수단을 다하여 한국으로의 강제송환을 막고, 7년의 재판 투쟁을 승리로 이끌었다. 인간애에 입각한 이들의 헌신은 청사에 빛날 일이고, 우리 한국인들도 잊어서는 안 될 것이다.

한국인 피폭자 문제의 전도사, 나카지마 다츠미(中島龍美)

1967년 2월 중순 도쿄에 도착해서 히라오카 씨로부터 받은 주소로 나카지마(中島龍美, 1928~2008) 씨에게 전화를 걸었다. 나카지마 씨는 내가 묵고 있는 닌교쵸(人形町)의 여관으로 지체 없이 찾아왔다. 사실 그 당시 나는 20여 년 간 히로시마의 기억으로부터 격리된 사회에 살고 있었기 때문에 내가 피폭자라는 사실만 인지할 뿐 그 외 모든 문제에 있어서는 백지 상태나 마찬가지였다.

피폭으로 인한 후유증이 무엇이고, 어떻게 죽어 가며 또 후손에게 어떤 영향을 미치는지에 대해 나는 한국 어디에서도 정보를 얻을 수 없었다. 그러니 국제적으로 원폭 피해에 대한 세론은 어떠했고 어떤 조직이 반핵 평화 활동을 전개하고 있었는지 당연히 모르고 살았던 것이다.

일본 정부의 상고 포기 소식을 듣고 나카지마 씨와 같이 기자의 질문을 받고 있는 저자

그 정도로 무지한 나를 친절히 지도해 주고, 많은 자료를 모아서 건네주는 등 모든 협조를 아끼지 않았던 인물이 나카지마 씨였다. 그가 전해 준 원폭 관련 자료들은 그해 7월 '한국원폭피해자원호협회' 출범 당시 귀중한 참고자료가 된 것은 두말할 나위도 없다. 이후 우리가 도일할 일이 빈번히 생겼을 때마다 무일푼인 우리들을 일본으로 초청해 주었고, 도쿄에 체류할 때면 늘 그의 자택을 숙소로 내주었을 정도였다. 자신의 공을 내세우지 않았지만 한국인 피폭자들에게 헌신적이었던 그는 공로자 중에 공로자라고 할 수 있다.

히라오카 씨는 직업상 자기 이름을 나타내지 않는 은자라고 한다면 나카지마 씨는 정면에 나서서 손진두를 후원하고 재판투쟁을 주도한 인물이다. 우리 한국인끼리도 선뜻 나서기 어려운 처지의 손진두를 일본인으로서 나서서 돕기가 얼마나 부담스러웠을지 묻지 않아도 알 수 있다. 모든 일본사회의 비난이나 역풍을 이겨내고 손진두를 도와 3심까지 승리해서 외국인 피폭자를 구원하는 활로를 개척한 공적은 한국인 원폭피해자 운동사에 반드시 기록해야

할 것이다.

나카지마씨는 "재한피폭자문제시민회의"라는 시민단체의 대표로서 도쿄에서 주로 활동했는데, 일본 국내에서 재한피폭자의 위치를 공고히 하려는 모든 정치적인 입장이나 전술에 대해서 어느 누구 보다도 뛰어난 탁견을 가지고 있었다.

일찍 고인이 되어 안타까운 심정을 억누를 수가 없지만, 그가 남긴 저서 『조선인 피폭자 손진두 재판의 기록(朝鮮人被爆者孫振斗の記録)』(편저, 1998)과 『재한피폭자 문제를 생각한다(在韓被爆者問題を考える)』(편저, 1988)만 읽어보아도 그가 한국인 원폭피해자에 대해 얼마나 깊은 이해를 가지고 있고, 많은 기여를 했는지 알 수 있다.

2011년 나는 한국인 피폭자 재판기록을 모두 수집해서 영구 보관하는 작업을 국사편찬위원회와 함께 추진했다. 다른 한국인 원폭피해자들에 관한 재판기록은 그 소재지를 알고 있었으나 손진두 재판 기록을 찾을 수가 없어서 고민하던 차였다. 그때 나카지마 씨의 미망인과 연락이 닿았다. 그의 호의로 생전 나카지마 씨가 한국인 원폭피해자 문제를 싸안고 고민했을 2층 서재에 들어가 그의 손때 묻은 서적과 자료들을 일일이 찾아보았다. 그 가운데서 간신히 손진두의 재판기록을 찾을 수 있었다. 함께 간 시민단체 회원 5~6명과 함께 그곳에서 조의를 표한 것이 그와의 '진정한' 마지막 작별이었다. 다행스럽게도 그의 자료가 국사편찬위원회에 영구히 보관됨으로써, 그가 한국인 피폭자에 대해 평생을 바친 노력이 기록으로나마 한국인들에게 전해지게 되었다. 평생 출세도 재산도 탐하지 않고 오로지 한국의 피폭자를 지원한 그의 명복을 빌어 마지않는다.

한국인 피폭자의 동반자, 이치바 준코(市場淳子)

일본정부를 상대로 한국인 원폭피해자에게 보상하라는 요구를 관철시키는 것은 처음부터 우리 능력만으로는 역부족이었다. 많은 일본의 양심적인 인사나 시민단체들의 절대적인 협력이 없었다면 이 운동은 불가능했을 것이다. 그 가운데 우리를 지원해 준 대표적인 사례를 꼽자면, 협회가 사무실도 없이 빈사상태였던 1974년부터 매년 거금을 지원해 준 종교단체 '선린회'와, 합천복지회관에 위령각 건립을 지원해 준 봉사단체 '태양회' 이사장 다카하시 코우준(高橋公純)이 있다. 선린회가 지난 40년간 기부한 총액을 가늠하자면 거의 10억 원에 달하는 거금이다. 개인의 기부이지만, 우리 정부조차 신경 쓰지 않는 원폭피해 망자(亡者)들을 위해 위령각을 짓고 손수 위패를 제작해 모셨으니, 그 정성만으로도 새삼 고맙지 않을 수 없다. 이러한 종교단체나 독지가의 기부가 있었지만 일본 전체로 따지면 거의 미미한 수준이라고 말할 수밖에 없는 것이 현실이다.

그런 와중에서도 "한국의 원폭피해자를 구원하는 시민 모임"은 독보적인 공을 세운 단체라고 할 수 있다. 처음 발족할 때는 모토요시 히로시(本吉義宏) 씨가 주도했지만, 1972년에 마쓰이 요시꼬(松井義子) 여사가 중심이 된 시민단체가 오사카에서 새롭게 발족했다. 우리가 협회 명칭에서 '원호'자를 떼고 피해자 협회 본연의 자세로 새 출발했을 때이기도 하다. 기독교인인 마쓰이 회장은 한국 기독교교회여성연합회와도 손잡고 한국인 피폭자 구원활동을 추진하였다. 그는 기회가 있을 때마다 한국인 피폭자 문제를 호소했고, 1990년대에는 일본군'위안부' 문제에도 열심히 매달렸다. 수많은 반전·평화운동을 전개해 국제적으로도 평가받는 인격자였다.

마쓰이 회장이 작고해 회장직을 물려받은 이가 이치바 준코(市場淳子, 1956~) 씨다. 내가 원폭 관련 행사에 참여하기 위해 여름방학을 이용해 일본에 가면 행사장소를 안내해 주거나, 숙식을 해결해 주는 조력자가 필요했다. 그때마다 키가 훤칠하게 큰 학생이 나를 맞아주곤 했는데 그가 마쓰다 모토지(松田素二)였다. 나중에 교토대 교수가 된 그는 아프리카사회학의 권위자인데, 그 분이 이치바 회장의 부군이다. 그러니까 이치바 씨 부부 둘 다 학생 때부터 마쓰이 회장과 함께 시민모임의 핵심멤버였던 것이다.

이치바 회장은 매년 시간이 허락될 때마다 두 어린 딸까지 데리고 한국의 피폭자 가정을 직접 방문해 원호의 손길을 펴기도 했다. 그러다 보니 아무래도 한국말을 못하는 것이 매우 불편했던 모양이다. 본래 약학과 출신으로 약사였던 그녀는 다시 한국말을 배워 소정을 과정을 마치고 지금은 한국어를 가르치는 대학 강사로 활동 중이다.

또 하나 놀라운 일은 이치바 회장이 자기 수입을 한 푼도 손대지 않고 고스란히 한국의 피폭자를 돕는데 사용하고 있다는 사실이다. 두 딸은 출가도 하고 취직도 할 정도로 성장했으니 부모로서 더 부양할 것도 없고, 부군의 수입으로만 가계를 꾸린다고 한다. 자신의 수입 전부를 한국인 피폭자를 위해 쓴다는 것은, 그가 그만큼 혼신을 다해 열정적으로 활동해 온 증거라고 할 수 있다.

나는 두 사람이 대학생이었을 때부터 알고 지냈으니, 사양할 것도 체면 차릴 것도 없는 막역한 사이였다. 1990년대 중반 미쓰비시 징용공 재판 때문에 평택에서 이런 저런 이야기를 나누던 끝에, 나는 "협회 회장도 그만 두고 했으니 우리 무엇인가 거창한 일을 하나 꾸려보자"고 제안했다.

그것이 무르익어 일본정부를 상대로 큰 재판을 시작하는 구체안으로 발전되었다. 드디어 1998년 10월 오사카 지방법원에 소송을 제기하면서, 무려 5년간 오사카를 무수히 왕래하게 되었다. 그 때마다 내가 묵는 숙소는 '마쓰다호텔' 아니면 '이치바호텔'이었다. 내가 자주 머물렀던 부부의 집을 우리는 재미삼아 이렇게 부르곤 했다.

이치바 준코, 마쓰다 모토지 부부와 저자

이 재판투쟁을 이끌어 가는데 큰 힘이 되어준 변호사들은 모두 마쓰다 교수와의 인연으로 만났다. 부부는 시민모임의 여러 행사와 재판투쟁에 늘 선도적인 역할을 했다. 법원에서 재판이 끝나고 검토회가 열리면 마쓰다 교수가 사회를 보고 이치바 회장이 상황설명을 하거나 질의에 답변하는 식이다. 사석에서나 공석에서 서로 경어를 사용하는 두 사람을 전혀 부부라고 생각하지 못하는 이들도 더러 있었다.

두 분 다 유수의 대학을 졸업했기 때문에 논리가 정연하고 사리가 분명하다. 마쓰다 교수는 『도시를 길들이다(都市を飼い慣らす)』(1996)와 『아프리카사(新書アフリカ史)』(1997)란 저서가 있고, 이치바 회장은 『히로시마를 가지고 간 사람들(ヒロシマを持ちかえった人々)』(2000)이란 명저가 있다.

특히 이치바 회장의 책은 한국에서도 아직 찾아볼 수 없는 한국인 피폭자에 대한 전문해설서이다. 그 외에도 한국에서 나온 원폭피해자 구술서를 일본어로 번역 출판하는 등 많은 역서가 있다. 역서의 번역료나 인세는 당사자인 한국인 피폭자들에게 모두 환원한다는 것이 그의 원칙이다. 이 부부에게 부를 축적하려는 욕심 따위는 처음부터 삶의 목표에 없는 것처럼 보였다.

한 때 철모르는 한국원폭피해자협회 회장들이 이치바 회장을 오해 또는 곡해하여 비난하던 때도 더러 있었다. 그러나 그는 한 번도 반론을 제기하지 않았다. 그들을 지원하는 활동을 묵묵히 이어갈 뿐이었다. 범인(凡人)이라면 대항하고 변명하고, 욕도 했을 것인데 그런 장면을 나는 한 번도 보지 못했다. 이치바 회장은 오늘도 한국인 피폭자의 재판투쟁을 지원하는 일을 계속하고 있다. 늘 한국에 오면 여전히 피폭자의 집을 방문하고, 이어갈 재판의 원고들을 만나는 것으로 대부분의 여정을 채운다.

상고포기후 기자회견 이찌바회장과의 포옹직전

내 재판이 승리로 끝나고 일본정부가 상고를 포기했던 날, 일본 국회에서 기자회견을 한 뒤 이치바 회장이 왈칵 나에게 달려들어 포옹한 순간을 나는 잊을 수가 없다. 그 장면은 일본 마이니치신문에 크게 실려 화제가 되기도 했다. 내 재판의 승리는 30년 넘게 한국인 피폭자와 함께 한 이치바 회장에게 주는 선물과도 같았다. 그 기쁨을 이치바 회장과 내가 함께 나눈 찰나가 아니었나 싶다.

실천하는 성자, 모토지마(本島等) 나가사키 시장

모토지마 히토시(本島等, 1922~) 씨를 처음 만난 것은 1992년 내가 협회 회장을 맡고 있을 때였다. 나가사키 시장이었을 당시 한국 원폭 피해자들에게 사죄의 뜻을 표하기 위해 한국에 왔을 때 내가 안내를 담당했다. 그러면서 그 고매한 인격에 감동받았던 첫 인상이 오래도록 남아 있다.

모토지마 전 나가사키 시장

모토지마 히토시 시장은 1922년 2월 나가사키현 최서단의 오도열도 중 기타우오노메무라(北魚目村)에서 출생했다. 올해로 92세의 노인이다. 오도열도는 일본열도 최서단에 있는 섬들로 이루어졌는데, 일본 본토보다 중국 대륙에 더 가까운 섬들이다. 막부(幕府) 시기 가톨릭교도들이 '시마바라의 난(島原の亂)'을 일으켰다가 당국의 박해를 피하여 서쪽으로 도망쳐 가다 더 갈 수 없는 지점에 이른 곳이 바로 오도열도였다. 메이지(明治) 초기 일본의 종교탄압은 처절했다. 오도열도 가운데 에부쿠로(江袋)에서는 동백나무 생목을 삼각으로 깎아 날을 세운 것을 바닥에 깔고 그 위에 신자들을 무릎 꿇게 했다고 한다. 무릎 위에는 150근(90kg) 정도의 돌을 올려놓고 몇 시간씩 고문을 하거나, 전신이 피투성이가 된 신자를 또 구타하는 등 악형을 가한 곳으로 유명하다. 이 섬들 주민 대부분은 현재도 가톨릭교인일 정도로 일본의 다른 지역과는 판이한 분위기가 있는 곳이다.

그런 전형적인 가톨릭 마을에서 모토지마 씨는 나고 자랐다. 당시 10살 정도였던 그의 조부도 고문으로 다리가 부러져 평생 절뚝거렸다고 한다. 그가 태어난 에부쿠로에는 급한 산 사면(斜面)에 30호 정도의 집이 점점이 있었다. 수도·전기는 물론 전화도 없고 차도 다닐 수 없었다. 인근의 학교라고 해야 집에서 왕복 8킬로미터나 떨어진 거리에 있는 3학급의 복식학급(학생부족이나 교실부족 때문에 2개 이상 학년을 한 교실 또는 한 교사에 의해 운영하는 학급)이었다. 그는 사세호(佐世保)에서 고등과를 다니며 갖은 고생을 하다가, 고교 재학 중에 징병되었다. 그는 간부후보생 교육을 마치고 임관하기 직전에 패전을 맞았다. 전후에는 교토대학 공학부 토목과를 졸업한 후 교육계에 종사했다. 정치인의 비서, 시의원, 현의원 등을 지내다가 시장 선거에 출마, 4번이나 재선되어 16년을 나가카시 시장으로 재직했다.

그가 세상에 가장 큰 주목을 모은 사건은 1990년 1월 18일 우익 청년으로부터 총격을 받아 빈사 상태에 이르렀을 때였다. 1988년 12월 7일 시장의회에서 한 야당의원이 "쇼와천왕에게 전쟁책임이 있느냐"고 질문한 것에 대하여 "천왕에게 전쟁책임이 있다고 생각 한다"고 답변한 것이 화근이었다. 그는 '천황' 전쟁책임발언 후 3개월간 자신에게 온 편지를 모아 한권의 책을 만들었는데, 7300통 중 자신의 발언을 지지하고 격려하는 것이 6942통이고, 비판이나 항의한 편지는 381통 뿐이었다고 밝혔다.

모토지마 시장은 한국인 피폭자문제에 대해서도 많은 관심과 노력을 기울였다. 1990년 4월 한국원폭피해자협회의 방일단 일행과 공식 면회한 자리에서 일본인으로서 '공식사죄'의 뜻을 전했고, 1992년 10월 피폭도시 나가사키의 시장으로서 처음으로 한국에 건너 와 피폭자들의 자택을 직접 방문해 위로하고 사죄했다. 협회 사무실을 방문해서는 "우리 일본인은 여기에 와서 무릎 꿇고 사죄해야만 합니다. 강제동원 시켜 가혹한 노동 착취를 한 것은 물론, 마지막에는 피폭 사망케 한 것은 모두 일본의 책임입니다. 진심으로 사과드립니다."라고 정중히 사과의 뜻을 표했다. 이런 언행이 한국 내에서는 높이 평가받았지만, 나가사키 시청에는 "또 총격을 당하고 싶은가"라며 항의 전화가 많이 걸려 왔다고 한다. 그가 한국의 피폭자들에게 사과하러 간다니까, 일본의 비평가들을 '네가 무슨 일본을 대표하는 사람이냐'라고 비아냥거렸다 .그러나 그는 묵묵히 한국의 피폭자들을 찾아다니며 무릎을 꿇고 사죄하거나 위로하면서 위로금을 전달했다.

한국사회에서는 현역 시장은커녕 동네 반장도 거들떠보지도 않는 천덕꾸러기인 피폭자를 일본의 현역 시장이 찾아 와 사과한다는 것은 그 시절 우리 상식으로도 생각하지 못한 일이었다. 뿐만 아니라 시장을 수행한 시직원은 나가사키시가 지원할 수 있는 일을 찾아서 지원하겠다면서 여러 가지 구상을 했다. 그 후 나가사키시는 협회와 지부에 TV, 전송기기, 문서장 등의 많은 사무용 기기나 전자제품을 해마다 기증하는 것으로 실천에 옮겼다. 모토지마 시장은 말로만의 사죄보다는 무슨 방법으로든지 실질적인 원호를 해보려고 했지만 시장 개인으로서는 매우 힘든 과제였다.

나는 모토지마 시장을 안내하면서 그에 대한 소감을 '성자'라고 평했는데, 이분이 여느 사람과 달리 성인과 같아 보여서 한 말이었다. 그는 '다른 지원자들과 협력해서 국가의 두꺼운 벽을 파괴하고 재판투쟁을 승리로 이끈 곽귀훈·이강녕의 용기에 감탄을 보낸다'며 우리를 늘 격려해 주었다.

정열과 집념의 평화운동가, 히라노 노부토(平野伸人)

반핵세계대회에 토론자로 함께 한 히라노 씨와 저자 (2009.8.5.)

재한피폭자운동에서 또 빼놓을 수 없는 동지가 바로 '한국피폭자를 구원하는 시민 모임' 나가사키 지부장인 히라노 노부토(平野伸人, 1946~) 씨다. 히라노 씨는 피폭 2세로 태어나 와세다대(早稲田大) 교육학부를 나와 교육계에 종사하다가 정년퇴임했다. 교직에 있을 때부터 '전국 피폭 2세 단체 연락협의회'를 조직, 운영하다가 현재는 피폭2세 교직원회 회장으로만 활동하면서 나가사키의 피폭관련 운동을 주도하고 있다.

최근 그는 나가사키 평화대회 사무국장과 고교생 평화대사 파견 위원회 대표, 고교생 1만인 서명활동 실행위원회를 조직·운영하고 있다. 10년 이상의 긴 세월 동안 10명에서 20명을 인솔해 매년 제네바를 방문해서 1만인의 서명 명단을 UN에 제출한다. 처음에는 나가사키의 한 단체의 행사로 출발했는데, 차츰 발전하여 시에서 현으로, 이제는 전국적인 행사로 발전했다. 고교생 평화대사는 전국에서 응모한 희망자를 선발대회를 통해 선정한다. 이제는 일본만이 아니라 세계가 주목하는 평화운동으로 발전해 가고 있다. 일본 전국의 피폭운동과 평화운동가들이 노쇠해 가는 판에 이 운동을 젊은 세대가 이어갈 수 있도록 유력한 통로를 만드는데 큰 의미가 있는 사업이 아닐 수 없다. 여기까지의 성공도 모두 히라노 씨 개인의 정열과 집념으로 이룩된 것이니 앞으로도 더욱 이 평화운동은 발전하여 가리라고 믿어 의심치 않는다.

한국인 피폭자를 발굴하고 지원하는 일에도 그는 정력적인 추진력을 발휘했다. 특히 늘 부족한 재정을 효과적으로 마련하고 보완하는 데 큰 비법을 갖고 있는 대단한 수완가이기도 하다. 그가 한국을 방문한 횟수만 300회를 넘었다고 하니 그 활동력에 수반한 재정 지출만 해도 상상을 초월하는 액수일 것이다. 게다가 1991년 김순길 재판 이래 모든 한국인 피폭자 재판 투쟁을 이끌어 오면서 후원자를 조직하고 모금활동을 하는 등 진심어린 지원을 아끼지 않았으니 그 노력과 공을 이루 다 말할 수 없다.

2012년 히라노 씨는 『모토지마 히토시의 사상–원폭·전쟁·휴머니즘(本島等の思想–原爆·戦争·ヒューマニズム)』이란 책을 편찬했다. 이것만 보아도 그가 모토지마 시장을 얼마나 존경하고 그의 휴머니즘 정신을 계승하고자 하는지 짐작할 수 있다. 그동안의 피폭운동을 정리한 『바다 저쪽의 피폭자들(海の向こうの被爆者たち)』(2009)과 공저인 『생명을 이어가며(命つないで–在韓被爆者金文成さん救援の記録)』(2010)는 그의 재한피폭자에 대한 정력적인 활동과 애정을 고스란히 담고 있다. 여러 단체를 지휘하는 사무실은 항상 만인의 거처이자 연락처인 그의 집이다. 여전히 그의 전화와 팩스는 한국으로 연결중일 것이다.

원폭피해자협회와 나

협회 설립 초기

앞에서 언급한 바와 같이, 나는 히라오카 씨의 소개로 도쿄에 가서 나까지마(中島) 씨를 만나 많은 정보와 자료를 얻어 귀국했다. 그 때 얻은 자료는 협회 창립을 주도한 김재근 씨에게 전달했다. 협회 설립에 많은 참고가 되는 자료들이어서, 협회 설립에 미력이나마 기여했다고 스스로 여기고 있다.

1967년 드디어 한국 원폭피해자들의 단체인 "한국원폭피해자원호협회"가 창립되었다. 당시 신문에 '공고'를 내고 회원들도 모집하였다. 원폭협회가 발족된 뒤 나는 호남지부장을 맡아 협회 조직과 운영에도 적극 참여했다. 당시 호남지부 회원 수는 182명이었던 것으로 기억하는데, 전남 보성군 출신들이 많았다. 그들은 대부분 나가사키와 부근 도서지역 탄광으로 끌려가 광부로 일했다. 모두 징용으로 끌려간 사람들이라 대부분 비슷한 또래들이었다.

당시 국내에는 6·25 전쟁 중 부상을 입은 사람들이 제대나 퇴직 후에 사회에 나와 '군경원호회'를 조직하여 정부보조금이나 사회 이권을 넘겨받아 자금을 축적하고, 불우한 회원들을 위한 원호사업을 펴고 있었다. 우리 원폭피해자들도 그것을 본떠 사회 저명인사를 영입하여 정부보조금을 지원받거나 운영재원을 마련할 수 있지 않을까 하는 기대를 가지고 '한국원폭피해자원호협회'의 설립 허가를 받았다. 그런데 1대 홍순봉, 2대 김익성 회장으로 바뀌어가며 진력을 다해 보았지만 성과는 나타나지 않았다. 협회 운영은 답보상태에 머물렀다.

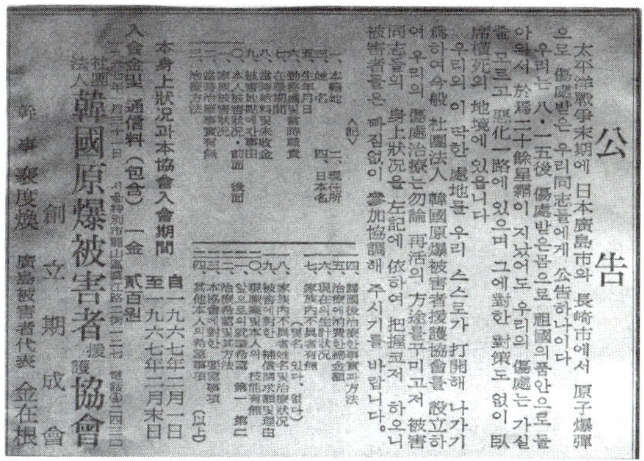
公告

太平洋戰爭末期에 日本廣島市와 長崎市에서 原子爆彈으로 傷處받은 우리同志들에게 公告하나이다

우리는 八·一五後 傷處받은몸으로 祖國의품안으로 돌아와서 於焉二十餘星霜이 지났어도 우리의 傷處는 가실줄 모르고 惡化一路에 있으며 그에 對한 對策도 없이 臥席橫死의 地境에 있읍니다

우리의 이 딱한 處地를 우리 스스로가 打開해 나가기 爲하여 今般 社團法人 韓國原爆被害者援護協會를 設立하여 우리의 傷處治療는 勿論 再活의 方途를 꾸미고저 被害同志들의 身上狀況을 左記에 依하여 把握코저 하오니 被害者들은 빠짐없이 參加協調해 주시기를 바랍니다。

〈記〉

一、本籍地 二、現住所 三、姓名 四、日本名 五、生年月日 六、勤務處및當時職責 七、在留期間 八、當時給料및未收金 九、被害地點에서 事由 一〇、本人被害狀況·前面 後面 一一、家族被害狀況 一二、當時治療事實有無 一三、治療方法

四、歸國後治療한事實과方法 五、治療에消費한總金額 六、現在의生計狀況 七、家族內不具者有無 八、家族內不具者姓名및治療狀況 (몇名 있다, 없다) 九、被害者에對한補償請求額및理由 一〇、現職業및本人의技能有無 一一、앞으로의就業希望 第一 第二 一二、治療希望및其方法 一三、本協會에對한要望事項 一四、其他本人의希望事項 (以上)

本身上狀況과本協會入會期間 自一九六七年二月一日 至一九六七年二月末日

入會金및通信料(包含) 一金貳百원

一九六七年一月三十一日 서울特別市龍山區漢江路三街一二七 電話④二四三三

社團法人 韓國原爆被害者援護協會 創立期成會

幹事 裵度煥 廣島被害者代表 金在根

일간지에 실린 협회 설립 공고

신체적 고통에 생활고까지 겪고 있던 회원들은 평소 사회에 불만이 많았던 데다가 큰 기대를 걸고 출범한 협회마저 유명무실한 존재로 빠져들게 되자 울분을 참지 못했다. 협회 사무실은 그들의 불평과 언쟁이 넘치는 장소로 변해 가는 느낌이었다. 협회 사무실도 회장의 입김으로 겨우 남산골 구석진 곳으로 이전할 수 있었지만, 서울 시내 중심부에 사무실을 운영하려고 해도 운영비를 마련할 방도가 없었다.

이렇게 운영 자체가 궁색하다 보니 협회는 불평분자들의 집합처가 되고 말았다. 협회 사무실이 언쟁과 고성이 오가는 장소로 오인 받는 지경에 이르자 주위에서도 기피하게 되었다. 나도 협회 초창기에 아내를 동반하고 협회 회의에 참석한 적이 있었다.

회의라고 했지만 말도 안 되는 악담과 고성만 난무하는 현장을 목격한 아내는 집에 돌아가자마자 절대 그런 집단에는 접근도 하지 말라는 경고를 했고, 그 태도는 평생 바뀌지 않았다.

그런 지경이 된 협회에 피폭자 당사자가 아니고서야 누가 접근해서 구호의 손길을 내밀겠는가. 협회의 열악한 상황이 계속 되자 우리 피해자들의 애원도 안개처럼 무시되고, 매스컴이나 사회단체의 관심도 희박해져 갔다. 협회 존립의 큰 뜻마저 차츰 희석되는 안타까운 현실에서 절절한 애소를 할 수 있는 존재는 역시 당사자뿐이란 인식이 점점 강해졌다. 그래서 우리는 '원호'라는 두 글자를 떼고, 1971년 9월부터 '한국원폭피해자협회'로 재발족을 했다.

그러나 협회 간부를 역임했던 어떤 이는 협회를 상대로 30여 차례의 소송을 해서 20여 번 승리했다고 자랑을 하고 다닐 정도로 회원 간에, 또는 협회를 상대로 한 송사가 협회의 고질병처럼 난무했다. 협회 사업 중 소송과 변호 등 법무 관련 업무가 한 축을 담당한다고 할 정도로 한심한 지경이었다. 그러니 헤아릴 수 없이 많은 한국의 자선단체나 기업, 그리고 독지가가 멀리 아프리카나 소말리아 난민을 구제했다는 기사는 읽어 보았지만, 한국원폭협회를 찾아 피폭자를 구원했다는 사실은 내가 알기로는 이우정·공덕귀 여사의 '한국기독교교회여성연합회'의 구호활동을 제외하고는 없는 것 같다.

협회 스스로가 신뢰받을 만한 조직이 못 되니, 중요한 일이 있다고 신문사에 취재를 요청해도 묵살당하기 일쑤였다. 국가로부터 무시당하고, 사회에서 멸시받고, 자선단체도 인지하지 못하는 피폭자들을 과연 누가 구제할 것인가. 스스로 나설 수밖에 도리가 없지 않겠는가.

그런 자책이 드는 한편, 피폭자로서 어떠한 사명감이라도 가져야 할 것이 아닌가 하는 반발심과 투지가 생기곤 했다.

나의 원칙

나는 어떠한 경우라도 협회에서 다른 회원과 시비를 가르거나, 옳고 그름을 따지려고 하지 않았다. 남이야 뭐라 하건 나 자신의 신념에 따라 행동하고 처신하려고 마음먹고 있었으니 때로는 손해를 본 것 같아도 시일이 지나고 보면 별로 손해 본 것도 없었다. 그리고 협회는 내가 여러 가지 일을 하는 가운데 공익을 위해 일하는 곳이지 사리를 추구하려고 하는 곳은 아니었다. 내가 이만큼 누구를 위해서 노력했으니, 그도 얼마만큼 내게 보답할 것이란 기대 같은 것은 처음부터 접어야 했다. 의식이 풍족한 연후에야 예의를 안다는 옛말처럼, 솔직히 협회 회원들은 의식주가 충족된 사람의 집단이 아니니 사회 통념상 인간관계에서 보이는 예의 같은 것을 처음부터 기대하기가 어려웠다. 피폭후유증으로 안정된 직장을 얻기는커녕 최소한의 치료조차 제대로 받지 못하는 궁핍한 생활 속에 이중 삼중의 고통을 받고 있는 처지였으니 그들에게 고상한 예의를 기대하는 것은 애초부터 불가능했을 지도 모른다.

한 예로 신영수 회장은 여섯 번이나 협회 회장직을 수행한 인물이다. 내가 그의 노고를 전부 알지는 못하지만 곤란에 처한 회원들에게 늘 많은 도움을 주었다. 그는 협회와 우리 원폭피해자들의 처우를 개선하기 위해 온 인생을 다

바쳤다고 해도 과언이 아닐 정도로 애쓴 인물이다. 그런 그가 세상을 뜨자, 협회에서 멀지 않은 곳에 장례식장이 마련되었다. 그러나 장례를 치르는 3일 동안, 협회 회원들이 거의 조문을 오지 않았다. 나는 3일 동안 빈소를 지키고 있었기 때문에 그 사정을 훤히 알고 있다. 장례식이 끝난 후에 협회가 조의금을 보낼 터이니 계좌번호를 알려 달라고 유족에게 전화가 왔는데, 유족측이 거절했다는 말을 들었다.

또 하나 예를 들어 보면, 대인기피증에 걸려 일본에 직접 건강수첩을 신청하러 가지 못하는 회원이 있었다. 우리는 그이를 대신해 일본정부에 재판을 하기로 하였고, 그를 위하여 나는 일본인 시민운동가와 변호사 등과 함께 재판투쟁을 위한 지원팀을 구성했다.

그래서 피해자가 직접 일본에 가서 수첩을 신청해야 한다는 기존 관행을 깨고, 한국에서도 건강수첩을 신청하고 교부할 수 있도록 재판투쟁에서 승리를 이끌어 냈다. 그는 그동안 받지 못했던 건강수당까지 한꺼번에 받을 수 있게 되었다.

우리는 그가 살고 있는 이천시까지 몇 십번을 왕복했고, 갈 때마다 위로금을 전하는 등 정성을 쏟아 그가 재판에서 이기도록 적극 지원했다. 그런데 일본으로부터 건강수당이 송금된 지 수개월이 지났는데도 아무 소식이 없어 마지못해 연락을 해보았다. 그랬더니 이미 오래 전에 1,500만 원 정도를 수령했다고 아들이 대답을 하는 것이다. 3년이나 일본을 오가며 재판을 도왔던 우리에게 차 한 잔쯤 대접해도 좋을듯한데 그런 인간적 예의를 보인 협회 회원은 안타깝게도 드물었다.

씁쓸하지만 이것이 협회의 적나라한 현실이었다. 나는 그런 실태를 명심하고, 내 원칙을 지키며 행동했다. 또 애초부터 그리 큰 기대를 하지 않았으니 이런 일을 당할 때마다 매번 실망할 일도 없었다.

평화회관 건립 도서화전

1990년 봄, 협회는 창립 이래 최초로 '도서화전'을 추진했다. 원폭피해자 복지평화회관을 건립 기금을 마련하고자 기획한 사업이었다. 나는 어떤 경위로 누가 이런 대규모 사업을 기획하게 되었는지 자세히 알지 못한다. 1989년 가을 정년을 하고 마침 한가한 시간을 가지고 쉬고 있었는데, 이 사업의 추진을 도와달라는 신영수 회장의 요청이 있어서 참여하게 되었다.

우선 국회 보사분과 위원장인 황명수 의원이 한국원폭피해자 복지평화회관 건립추진위원회 대회장을 맡아 주었고, 당시 민자당 총재인 김영삼 의원이 고문으로 참여해 뒷받침을 해주었다. 조직 구성은 명분상으로도 나무랄 데 없었고, 후원자로서도 모자람이 없었다. 사업을 실제로 추진하는 본부장은 김정현이 맡아 총지휘하고, 자금책은 이병낙, 총괄실장은 정재일 등이 맡아 일선에서 추진함으로써 사업이 잘 진척되어 갔다.

작품제작은 우선 인사동에 전시장을 가진 고당 조두언의 광주요에서 도자기, 주로 백자를 초벌구이 해서 전국의 화가·서예가·저명인사들에게 보내 그림이나 서예를 청탁했다. 글이나 그림이 완성되면 그것을 회수해서 유액을 발라 다시 구워 작품을 완성하는 식으로 진행했다.

면목동에 별도 사무실을 차려놓고, 제일 먼저 전국의 화가·서예가·저명인사들 200여 명을 선정 한 뒤, 취지 설명서와 협조공문을 발송했다. 그 공문이 도착할 때쯤, 전화로 작품을 청탁하는 과정을 밟았다. 말로는 쉽지만 전화 한 통화로 귀중한 작품을 기증해 달라고 하니, 누구라도 선뜻 승낙하기가 쉽지는 않았다. 그것도 한두 사람도 아니라 200여 명을 설득하는 지난한 작업이었으나, 우리 실무진들은 전화만으로 그 많은 작가들에게서 작품기증의 승낙을 받아내는 놀랄만한 능력을 발휘했다.

도자기라고 해도 그 모양과 크기가 각각 다르고, 또 동양화에 적합한 것과 서예에 적합한 것들을 구분해서 전국 각지에 산재한 작가의 화실에 일일이 배달했다. 초벌구이 도자기 3~5점과 물감을 보낸 뒤 그림이나 글씨가 완성되었다고 하면 작가의 집을 직접 방문했다. 선두에 서서 협조하여야 하는 입장이

세종문화회관 미술관에서 열린 도서화전. 사진 왼쪽이 김영삼 민자당 총재, 오른쪽인 신영수 회장, 그 왼쪽이 저자

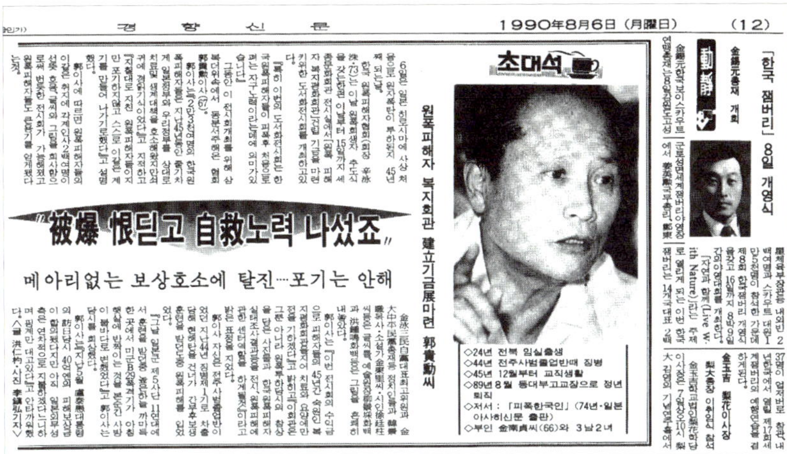

경향신문 1990.8.6. 13면 기사

었던 나는 아무리 교섭해도 승낙하지 않는 작가를 직접 나서서 설득하는 역할을 자임했다.

피폭자인 내가 직접 방문하여 피폭자의 실상을 알리고 그 원호사업의 일환으로 추진하는 일이라고 진심을 담아 부탁하는 것이 나의 설득 비법이었다. 그렇게 간곡히 요청하니 작품기증을 거절하는 작가는 없었다. 그렇게 해서 모은 작품이 동양화가 76명, 서양화가 47명, 서예가 22명, 문인 8명, 저명인사 32명, 총 185명에 800여 점이나 되었다. 우리는 세종문화회관 미술관 전관을 대여해 이렇게 출품된 작품들을 전시했다.

1990년 8월 6일 원폭피해자위령제를 거행하고 바로 이어 개막식을 가진 전시회는 1개월 간 계속되었다. 당시 위령제는 여당의 유력인사인 김영삼 총재가 참석하게 되면서 보사부장관을 비롯한 정부관료들과 여야 중진들이 대거 임석하여 준국가 행사처럼 진행됐다. 도예·서화 전시회로서도 전례 없이 성황리에 개막을 했다.

그런데, 1개월간이나 길게 열린 전시회에서 예상과 달리 작품 판매실적은 매우 저조했다. 작품이 판매되어야 그간 투자금을 회수하고 복지평화회관의 주춧돌이라도 놓을 터인데, 김영삼 총재나 보사분과 위원장이 체면상 부득이하게 산 경우를 제외하면, 자진해서 작품을 구입하려는 일반인은 극히 드물었다. 전도가 매우 우려되는 판국이었다.

세종문화회관 전시가 끝난 뒤 전국 큰 도시를 돌며 전시회를 열었지만, 서울에서 잘 안 팔리는 도자기가 대구나 광주에서 팔릴 리가 없었다. 십 여 명이나 되는 실무자의 체재비용도 충당하기 어려운 판매실적에 우울한 나날을 보낼 수밖에 없었다.

그러나 협회에서는 마지막 승부처가 일본이라며 사전 예비조사차 나를 일본에 갔다 오도록 했다. 나는 이익 배분에 대해서는 들은 적도 없었는데, 실무진들은 신 회장의 약간의 허풍을 금과옥조로 신봉하고 있었던 모양이다. 신 회장은 "일본에 가면 택시기사를 비롯하여 나를 모르는 사람이 없으니, 내 이름을 걸고 도자기 전시회를 열면 돈은 산더미처럼 모금될 것이다."라고 했다는 것이다. 한일국교정상화 이후 일본이 경제 호황을 구가할 때 일본에서 한국 청자의 진한 바람이 불 때도 있었다. 그러나 그것도 점차 사그라지고, 1990년대 초에는 일본인들도 지출을 자제하는 분위기였다. 하물며 한국인 피폭자를 구제한다고 거액을 희사할 일본인이 많지 않을 것은 뻔한 이치였다.

나는 다량의 협조 공문과 견본을 가지고 도쿄 민단본부를 방문해서 도자기 전시회의 개최에 대해 협의하였고, 전시회 성공여부를 면밀히 검토하고 돌아왔다. 우선 전시장은 민단 건물 맨 상층을 사용하기로 하고, 개막은 다음 해 3월 1일 경축일에 하기로 했다. 재일교포 유력자의 협조를 구하는 등 여러 가지방법을 검토하였다. 그러나 교포들이 도자기를 구매한다는 것은 거의 기대하기 어렵고, 거저 주면 받을까 하는 분위기여서 전망이 매우 흐렸다. 돌아와서 도쿄에서의 성공은 매우 희박하다는 보고를 자세히 했으나, 그들은 이미 도쿄 전시를 기정사실화해 버렸다.

실패한 도쿄 전시회

사전조사와는 상관도 없이 그들은 무슨 마법에 걸린 자들처럼 맹목적으로 도쿄전시회를 추진해 나갔다. 전 작품을 중형 컨테이너 3대에 실어 도쿄로 발송하고, 관련 종사원 10명이 도일해서 민단본부 근처에 숙소를 정했다. 대량의 안내문을 발송한 뒤 민단 위층 강당에 작품 전시를 완료하고, 1991년 3월 1일, 3·1절 경축식이 끝난 후 전시장을 개관했다. 특히 3·1절 경축식에는 황명수 보사분과 위원장이 직접 참석해 경축사보다는 도자기를 사 달라고 요청하는 언사를 강하게 해서 주위의 빈축을 사기도 했다.

애초 나는 도쿄전시회가 성공하기 어려운 이유를 다음과 같이 들어 만류했다. 우선 누가 도자기를 살 사람인가를 예상하지 않으면 판매가 안 될 것이니, 도자기를 구입할 주체를 분석 연구해야 한다. 크게는 일본인과 재일동포 두 부류로 예상할 수가 있다. 구매해 줄 상대가 일본인이라면 처음부터 허상을 쫓는 환상에 불가하다고 나는 생각했다. 당시 일본인은 한국인의 민단 본부나 조총련 본부 건물 부근에 접근하는 것도 꺼릴 정도였다. 일본인이 접근을 꺼리

도쿄전시회 실무진과 함께

는 장소에서 전시회를 개최한다면 당연히 일본인은 얼씬도 안 할 것이 분명했다. 두 번째, 일본인은 청자를 주로 선호하지 우리가 가지고 가는 백자는 선호하지 않는 편이었다. 청자의 오묘한 빛깔이나 백자의 우아한 빛에 감탄하면서도 그들이 선호하는 것은 그 중에서도 중소형의 아담한 것이었다. 우리가 가지고 간 글씨와 그림이 그려진 대형 백자는 그들이 별로 좋아하지도 않고, 집 구조상 그렇게 큰 작품을 두고 감상할 장소도 마땅치 않았다. 그러니까 그들은 우리 전시품을 외면할 것이 뻔했다. 우리 입장에서 보면 다들 명사고 유명한 예술가의 작품이지만, 일본인 입장에서 보면 그들의 취향과는 아주 다른 타국의 작품이었다. 그래서 일본에서 전시회를 열었지만 일본인은 전혀 관람하지 않는 전시회가 되고 말았다.

그 다음으로 한국인 교포들이 구매해 줄 것이라고 기대할 수 있는데, 그 당시는 한국인 교포들이 이제 겨우 생활기반을 구축한 상태였다. 의식주 걱정에서 벗어난 것이 최근의 일이고, 큰 집을 소유하거나 실내에 대형 백자를 놓고 감상할 처지와 안목을 갖추기에는 아직도 요원한 때였다. 고국의 친척들에게서 기증받거나 헐값에 산 도자기가 대부분이지 큰 돈 내서 구입한다는 것은 상상하기 어려운 사정이었다는 것을 짐작했어야 했다. 이런 사유로 특수 관계에 있는 사람이 마지못해 한두 점 구입할지언정, 관람하러 오는 교포조차 없을 것이라고 나는 예상했다.

그러나 내 말에 귀 기울이는 이는 없었다. 전시회가 개막을 하자 내 충고는 어김없이 적중했다. 특수 관계에 있는 사람이 작품 1점을 구입한 것 말고는 오가는 관람객조차 없이 날마다 파리만 날리다가 전시회는 무위로 끝나고 말았다. 결국 허풍은 허상처럼 날아가고, 원폭피해자들을 위한 복지평화회관 건립이라는 숭고한 목표도 수포로 돌아갔다. 나 또한 이 사업의 책임자로서 수익은 제쳐 두고라도 우선 종사원들의 교통비와 점심 값을 걱정하는 가련한 입장으로 전락했다. 최후의 마지막 수단으로 오사카 총영사관에서 다시 한 차례 도자기 전시회를 개최하였으나, 결과는 도쿄전시 때와 같아서 겨우 또 한 점이 팔리는 것으로 전시회는 막을 내릴 수밖에 없었다. 즉 우리는 완전 파산한 것이다.

이와 같이 정세를 오판한 무리한 사업 추진으로 많은 인력과 재력을 낭비하고, 모처럼 고조된 피폭자 지원 분위기에 찬물을 끼얹는 사태를 자초한 것을 두고두고 후회했다. 복지평화회관 건립도 송두리째 무산되어 버린 것이 매우 안타까워 오래도록 기억에 남아있다.

첫 번째 임무는 사무실 이전

평화회관 건립 기금 모금 도서화전 사업이 실패로 끝난 뒤, 나는 1992년 9월 총회에서 제12대 회장으로 당선되어 회장직을 맡게 되었다. 당시 협회 사무실은 성북구 삼선교 근처 성북천 북편 제방 밑에 반토굴과 같은 4~5평 남짓한 공간이었다. 맨 흙 바닥에 책상 두 개를 놓고, 회장과 사무원이 앉아 사무를 보고 있었다. 천장에는 백열등이 하나 매달려 있었고, 구석진 곳에 재래식 회장실이 있어서 급한 용무는 안에서 해결 할 수 있었지만, 악취가 빠지지 않아 비위생적인 그런 곳이었다.

그래서 나는 회장의 첫 번째 사업으로 사무실 이전을 목표로 삼았다. 아무리 토굴과 같은 형편없는 사무실이지만 사단법인의 재산이니 회장이 독단으로 처분할 수는 없었다. 보사부의 허가를 얻고 이사회를 거쳐 매각위원회를 통해 매각하는 절차를 진행하였다. 후환이 없도록 공정을 기울이는데 나름대로 최선을 다했다.

그러고 나니 협회 사무원의 밀린 월급을 지불해 달라는 요구가 나를 또 난감하게 했다. 무슨 수로 밀린 월급을 지불하느냐고 물으니, 협회 임원들은 일본에 가서 모금을 해오라고 했다. 일본에 가서 누구더러 돈을 달라고 하느냐고 하니, 지원 단체를 찾아가 보라고 했다. 생전 처음으로 돈을 구걸하러 일본으로 가 모금활동을 하는 신세가 되었다.

정신 나간 사람이 아니고서야 아무에게나 손 내밀고 무작정 돈을 달라고 할 수가 없어서 우선 도쿄에 있는 나카지마(中島龍美) 씨를 찾아가 사정을 이야기 했다. 그러나 그도 그럴만한 자금이 없어서 불가능하다고 했다. 그래서 오사카로 가 마쓰이(松井淑子) 회장을 만나 사정했더니 오사카 시민회에도 그럴 만한 돈은 없다고 하였다. 정말 난감한 심정에 되돌아올까 망설이다가 다시 용기를 내어 나가사키로 향했다.

나가사키에 히라노 노부토(平野伸人, 전국피폭2세단체연락협의회) 회장을 만나 전후 사정을 얘기했더니, 두 말도 않고 내가 필요한 금액을 건네주는 것이 아닌가. 지옥에서 부처님을 만난 기분으로 귀국해서 체불된 임금을 완불할 수가 있었다.

나는 그 후부터 히라노 씨에게 이렇게 말하곤 했다. "히라노 씨가 가라고 하면 지옥만 빼놓고 어디든지 갈 용의가 있다."고. 사무실은 그때 돈으로 7천만 원쯤 받고 판 것으로 기억하고 있는데, 그 중 5천만 원으로 신식 건물 2층을 임대해서 입주하고 나머지 2천만 원은 저축해 두었다.

협회 인사쇄신

당시 협회사무실에는 징용 출신자 한 명과 시골 면장 경험자 한 명 이렇게 두 명의 사무원이 있었다. 현대적인 사무능력이 없는 이들이어서 경리장부나 마땅히 구비되어 있어 할 문서들이 제대로 정리되지 못하는 상태였다. 그러나 두 사람에게 그런 능력을 갖추라고 하는 것은 거의 불가능했고, 본인들도 잘 알고 있는 터였다.

그래서 서운하겠지만 용퇴를 종용했고, 대신 퇴직금을 지불하겠다고 약속을 했다. 급료도 지급하지 못해서 일본까지 구걸하러 다닌 것을 생각하면 퇴직금 지급 역시 난감한 일이었다. 사무실을 교체한 후 조금 남은 여유자금이 있었으나 법인재산이라 보사부장관의 허가를 받아야 쓸 수 있는 돈이어서 임의로 사용할 수 없었다. 그러나 어떻게든 타결책이 있을 것 같았다.

여러 가지 방도를 놓고 숙고한 끝에 두 사람에게 퇴직금을 안 주었다고 나를 노동청에 고발하라고 지시했다. 노동청은 당시 보사부 산하에 있는 하부 기관이었다. 계획대로 나를 고발하니까, 왕십리엔가 있었던 노동청 출장소에서 나에게 호출명령이 떨어졌다. 2,3차례 출두해서 예치된 영여자금을 사용해도 된다는 승낙을 받아내고 말았다. 밀린 급료와 퇴직금까지 받았으니 그들은 협회 자리를 미련 없이 비워주었다.

새로 신식 행정경험이 있는 사무국장을 채용해서 업무를 추진하려고하니 이제는 각 지부와 행정수준이 맞지 않아 마찰이 계속되었다. 즉 본부 체제는 현대식으로 되었는데 지부가 그에 따르지 못해서 마찰음이 그치지 않더니 결국 새 사무국장은 자진 사퇴하고 말았다.

의욕에 넘쳐 모든 문제를 단번에 개혁하려고 하니까 그에 따른 부작용이 따르는 것은 필연적인 귀결이다. 그런 사실을 모르는 바는 아니지만 불합리한 것을 묵인하면서 언제까지나 질질 끌고 갈 수만은 없는 것이 내 단점이자, 한편으로는 장점이라고 할 수 있다. 협회의 가장 근본적인 문제는 수입이 전혀 없다는 것이다. 협회를 운영하려면 최소한의 인건비나 통신비 등 사무실 유지를 위한 경비가 필요한데, 그 재원이 전혀 없는 것은 또 다른 문제를 야기할 수밖에 없다. 일본정부가 지출한 ODA자금에서 협회에 대한 지원이 생길지 모르지만 그 당시로서는 수입이 없는 적자운영을 할 수 밖에 도리가 없었다.

하마터면 살인혐의자가 될 뻔

내 다음으로 회장직을 맡은 이는 L이라는 사람이었다. 그는 당시 마포구에서 살면서 복덕방을 경영하고 있었다. 지방자치법이 생기면서 시행한 구의회 의원 선거에서 아무도 출마하지 않자 주위의 권유로 나서서 구의원이 된 사람이라고 전해 들었다.

기초단체장으로서 구의원 배지를 달고, 그것이 무슨 왕정시대의 마패인양 으스대며 자기과시를 노골적으로 하는가 하면, 청와대나 보사부에도 출입하여 위세를 부리기도 했다. 그의 안하무인격의 행동거지가 너무 지나쳐 주위의 빈축을 사는 인물이었다.

그가 협회 회장이 되자 날마다 서울 지부장과 시비를 거듭하는 일로 소일거리를 삼을 정도였다. 당시 서울 지부장도 그와 비슷하게 아집이 강한 사람이었다. 이 때문에 둘 다 한 치의 양보도 없는 논쟁만 계속하다가, 싸움이 최고조에 달하면 성북서에 연락해 경찰관이 출동을 요청할 정도라는 것이다. 경찰관이 출동해 양편 말을 들어 보면, 그저 그런 사소한 말다툼이라 사건으로 처리하기도 어려운 것이었다.

경찰관은 노인들끼리 조금씩 양보하면 될 것을 무얼 다투기만 하느냐고 설득하곤 웃으며 돌아갔다고 한다. 그 후에도 몇 차례 경찰이 출동했지만 나중에는 아무리 경찰을 요청해도 출동하지 않았다는 후문이 돌았다. 그러면 협회장은 자기 아들까지 불러내 싸움을 키웠다. 그에게는 아들이 8명이나 있어서 그 중 힘이 센 아들이 출동해서는 제 아버지의 편을 든다는 것이다. 세상에 희한한 무리도 있는 법이다.

그가 회장직을 내놓고 얼마 지나지 않은 해에 서울지부 총회가 협회 사무실 근처 음식점에서 열렸다. 그 때 지부장이 나더러 사회를 부탁해서 마이크를 잡고 사회를 보려고 하는데, 그가 달려들어 내 마이크를 확 탈취해 갔다. 회원들도 왕왕거렸지만, 그는 막무가내로 마이크를 쥐고 있었다. 나는 그와 시비를 가릴 성격이 아니니까, 마이크를 뺏긴 채 그 자리에 그대로 서 있었다. 회원들이 나서서 모두 그를 비난하던 중에 그가 몇 마디 고함을 지르더니 갑자기 그 자리에서 쓰러지고 말았다.

급히 119를 불러 그는 병원으로 실려 갔고, 그 이후 회의는 순조롭게 끝이 났다. 그런데 병원에 운송되었을 때 그는 이미 절명한 뒤였다고 했다. 나는 순간의 위기를 모면한 것이었다. 마이크를 빼앗기지 않으려고 옥신각신하다가 그가 졸도하였다면 나는 영락없이 살인혐의로 피의자 신세를 면치 못하였을 것이다.

그의 갑작스런 죽음이야 안타까운 일이지만, 나의 철학과 신념에 따라 그와 다투지 않는 것은 참으로 천만다행이었다. 더 다행스러웠던 것은 그의 아들이 바로 옆에 앉아서 시종일관 자기 아버지의 행동을 주시하고 있었기에, 타인에게 살인혐의를 전가시킬 수 없는 명명백백한 상황이었다.

"까마귀 싸우는 곳에 백로야 가지마라, 성난 까마귀 흰 빛을 시새움하리라." 까지는 아니지만 협회라는 곳은 실로 여러 가지 잡다한 일화들이 많은 곳이었다. 근묵자흑(近墨者黑)이란 말도 있듯이, 나는 그런 분위기나 탁류에 오염되지 않도록 신경을 곤두세워 살피고 조심하려고 했다. 여기에서는 나와 관계가 있는 것만 추려서 기록으로 남긴다.

협회와 보건복지부

원폭피해자협회를 지도 감독하는 곳이 보건복지부라는 것을 모르는 사람은 없다. 그러니 보건복지부가 피폭자의 사정을 잘 알고 관련 정책을 수립하거나 구호책을 마련해야 하는데, 그렇지 못한 경우가 있어서 우리 피해자들에게 빈축을 사는 일이 종종 있었다.

하나 예를 들면, 내가 오사카 지방법원에서 승리한 뒤 일본의 "재외피폭자에게 원호법을 적용시키려는 의원간담회" 소속 국회의원이나 후생성 관리들이 한국인 피폭자들의 실태를 파악하고, 그 타결책을 찾아보려고 우리나라를 방문하는 경우가 더러 있었다. 그런 와중에 2001년 8월 30일 2박 3일 일정으로 일본정부의 후생노동성 사카구치(阪口力) 장관이 한국피폭자를 지원할 방도를 살피기 위해 내한했다. 그는 원폭피해자 지원업무를 담당하고 있는 대한적십자사 총재를 만난 후, 보건복지부 장관을 방문했다. 자기 나라 국민도 아닌 타국의 피폭자를 어떻게 구호할 것인가 하는 문제는 그야말로 인도적 차원이고, 일본 정치권역 밖의 일임에도 불구하고 그는 한국을 방문해서 대응책을 강구하려는 의욕을 보였다.

이에 대비하는 한국 정부의 대응이 미덥지 않아서, 미리 최일출 회장이 보사부 장관을 만나 일본정부를 교섭할 때 필요한 예비지식을 제공하기도 했다. 그 당시 보사부 장관은 김 모라는 여당 정치인이었다. 김 장관은 사카구치 일본 후생성 장관을 만나자마자 제1성으로 "원폭피해자에 대한 보상 문제는 의무사항이 아니다."라고 발언을 했다. 한국인 피폭자의 참상을 말하고, 일본정부가 이들을 구호해야 할 도의적, 인도적인 책무가 있다고 역설해야 할 한국

정부의 장관이 오히려 일본 장관에게 면죄부를 주는 발언으로 회담을 시작했다는 이야기를 전해 듣고 얼마나 실망했는지 모른다. 게다가 한국인 원폭피해자 보상 문제의 주무 부서인 일본 후생성 장관이 한국의 피폭자를 도울 방책을 협의하러 온 자리에서 말이다.

그가 국제법 전공자라도 되어서 일본의 책임이 없다는 것을 제대로 알고 말했는지 알 수 없지만, 최소한 내가 알기로 그는 경제학 전공이다. 도우려고 온 사람에게 책임이 없으니 도울 필요가 없다고 말한 장관은 도대체 어느 나라 장관이란 말인가. 보건사회부 담당 장관의 인식이 이 정도로 바닥인 것에 우리들은 아연실색할 뿐이었다. 그리고 김 장관은 도대체 어느 나라 사람인가를 당장이라도 달려가 따져 묻고 싶은 심정이었다.

그 다음 해 내가 일본 고등법원에서 승리한 후, 일본에서 새로운 원호법이 시행될 시기에, 그래도 한국정부에 재판 경과를 알려 두는 것이 좋겠다는 생각이 들어 보사부를 방문하려고 했다. 그 당시 보사부 총무국장을 하고 있던 집안 친척한테 전화를 걸었다. "내가 보사부를 방문하려고 하는데, 위부터 방문할까, 밑에서부터 방문을 할까"를 물으니 그의 대답이 "한국의 보사부라는 곳은 원폭의 '원'자도 모르는 곳이니까, 밑에서부터 시작하는 것이 좋을 것 같다"는 대답이었다. 그도 나름대로 보사부에서 잔뼈가 굵은 사람인데, 우리 피폭자들이 그동안 원폭의 '원'자도 모르는 담당부처에 생사를 의지하고 있었단 말인가 하는 한탄이 절로 나왔다. 나는 그동안 나와 관계된 신문기사와 여러 자료를 가지고 과천에 있는 보사부를 찾아갔다.

당시 원폭문제는 보건자원정책과의 손덕수 사무관이 담당이라고 들어서 손 사무관을 찾아갔다. 인사를 건네자 그의 맨 처음 일성은 "원폭피해자는 어떻게 생긴 사람입니까?"라고 묻는 것이었다. 원폭담당관이 평생 원폭피해자를 만난 것이 내가 처음인 듯해서 "원폭피해자란 나 같은 사람들이니 나를 자세히 보라."고 대답하였다. 한국 정부의 담당관이 원폭피해자를 본 일도 없고, 무엇인지 알지도 못하는 것은 물론 그만의 책임은 아닐 것이다. 그래도 내심 섭섭한 심정을 억누르며 모든 신문기사와 관계서류를 내놓고 설명을 하고는 집에 돌아와 버렸다.

그런데 돌아와서 그의 명함을 자세히 살펴보니 내가 사는 아파트 바로 옆동에 살고 있었다. 나는 아파트 동 대표를 역임한 경력도 있어 새삼 친근감이 들어 조석으로 그를 찾아 원폭피해자에 대한 정보를 제공하고, 그를 이해시키는 일을 게을리 하지 않았다. 나의 노력이 빛을 보았는지 다음해에 원폭피해자 지원금으로 28억 원을 계상했더니, 국장회의에서 첫 해 지원금으로는 너무 많다 하여 일부 삭감하고 22억 원이 책정되었다. 이 지원금을 시작으로 정부의 지원이 관례로 정착했다. 현재는 원폭피해자 지원에 관한 정책 수립 등을 질병정책과에서 담당하고 있어 확고한 시책이 수립되고 있으며 지원금도 보조받고 있다.

다만 담당 사무관에 의하면 그 과 산하에 50여 개의 법인이 있는데, 다른 여러 단체의 사건 수를 합한 것보다 원폭피해자협회의 분쟁 건수가 많아서 조정에 어려움이 적지 않다고 한다. 원폭협회에 대한 지적은 담당 부처의 실무자로서 고충을 호소하는 말이겠지만, 한 때 몸담았던 조직이 비난을 받는 현실이 나로서는 결코 편치만은 않았다.

그 외 협회와 관련하여 가슴 속에 남아 있는 응어리 하나를 풀어 놓겠다. 내가 재판에 승리한 뒤 정부는 개인이지만 국가적 문제를 해결한 공적을 치하하며 큰 훈장을 주겠다며 협회에 추천해 올리라는 공문을 발송했다고 한다. 공문을 받고 협회는 관례에 따라 이사회를 열고 투표를 한 결과 찬반이 10:10으로 나왔다는 것이다. 그런 경우에는 의장이 어느 쪽을 결정하여 보고하면 될 것인데, 의장인 회장도 기권하여 10:10으로 보고했다는 후문이다. 나라에서 주겠다는 훈장마저 제 발로 차는 격이었다. 사태 파악도 못하고 아집만 센 이사에, 그를 지도해야 할 회장의 무능력이 더해진 어처구니없는 결과였다. 보건복지부도 납득하기 힘들었던지 반대표를 무시하고 2004년 4월 7일 보건의 날에 국민훈장 동백장을 내게 수여했다. 자신들의 의료복지 개선에 미력이나마 기여한 나에게 국가가 훈장을 주어 격려한다는 데 어찌해서 반대를 했을까. 상식으로는 이해하기 힘들지만 모두가 내 부덕의 소치라고 여기고 자성하고자 한다.

피폭자를 진심으로 감싼 김근태 장관

2005년 10월 21일 역사상 처음으로 김근태 보건복지부 장관이 합천 복지회관을 방문한다고 해서 나는 일찍 열차로 대구에 가서 자동차로 합천에 도착했다. 열차로 동행한 보건복지부 담당과의 한 과장은 이 기회에 요구할 사항이 있으면 모두 요구하라면서 요구 사항이 없으면 담당과에서도 일을 할 수 없다고 했다. 그래서 나는 몇 가지 요구사항을 정리해서 머리에 넣고, 장관의 내방을 기다렸다.

위령각에 모셔져 있는 원폭희생자 위패들

그런데 김 장관은 오후 3시쯤 비서관도 대동하지 않고, 혈혈단신으로 회관을 내방했다. 비서 역할은 담당 과장이 맡는 것 같았다. 김 장관은 사전 브리핑을 받는 자리에서 우리의 요구사항을 들었고, 그 뒤 위령각을 참배한 후 회원들과 간담회를 가지고 다시 기자회견으로 요구사항을 재확인하는 일정을 소화했다. 김 장관은 원폭피해자에 대한 많은 사전 정보를 가지고 있었을 뿐 아니라, 위령각 앞에서 한 위령사를 들으니 피폭자의 과거부터 현재까지의 통한을 숙지하고 있는 것처럼 보였다. 간담회장으로 자리를 옮긴 김 장관은 피폭 노인들에게 큰 절을 하면서 자기는 보건복지부장관으로 온 것이 아니고, 대한민국의 특사로 온 것이라고 했다. 그리고 피폭자들의 그간 노고를 위로하고 사과하는 등 최대한의 예의를 다하는 인간적 면모를 보였다. 그리고 일일이 피폭자들의 희망 사항을 듣는 등 성심성의껏 피폭자들을 예우하는 모습이었다.

나는 그 자리에서 일본 ODA자금 중에서 매월 의료보조비로 일인당 10만원씩을 지불하고 있는데, 그 자금이 고갈된 후에도 정부가 그대로 계승해 줄 것, 합천복지회관과 같은 규모(수용인원80명)의 복지회관을 또 하나 건립해 줄 것, 매월 회원 1인당 5천 원씩의 회비를 납부해서 협회를 운영하고 있는데 그 금액을 국가에서 지원해 줄 것 이렇게 세 가지 요구사항을 건의했다. 이 건의사항은 김 장관에 의해 80% 정도 받아들여졌다. 지금도 정부가 의료보조비 지원 예산을 적십자사에 하달하고 있다. 새로 건축을 건의한 복지관은 원래 50명 수용 규모로 상정했으나 정부 예산관계로 30명으로 축소되어 별도 신축 대신 합천 원폭피해자복지회관을 증축하는 쪽으로 낙착되었다.

생각해 보니 김근태 장관만큼 피폭자를 이해하는 관료는 지금까지 한 명도 없었고, 그토록 무언의 실천력을 갖춘 정치가도 전무후무했다. 그는 고문후유증으로 너무도 일찍 타계했지만 그의 유지는 부인에게 이어지고 있는 듯 하다. 그의 숭고한 이념이 누군가에 의해 계승되고 있다는 것은 원폭피해자로서 매우 다행한 일이다. 그가 짧은 삶을 접었을 때 나는 그의 영전에 명복을 비는 것으로 추모의 정을 표할 뿐이었다.

국사편찬위원회에 재판 기록 기증

내 재판이 끝난 뒤 이치바 회장은 나에게 재판기록을 보내겠다고 연락을 해왔다. 이치바 회장은 여러 재판기록물이 2층에 가득 차 있어서 2층이 무너질 것 같다는 농담을 했지만, 내 재판기록이니 본인이 소장하라는 호의가 느껴졌다. 나는 기꺼이 보내라고 했다. 그가 보내 온 재판기록물들은 무려 12kg이나 되었다. 이 많은 재판기록물을 내가 어떻게 할 것인가 고민하던 차에, 누군가가 국사편찬위원회에 기증하면 잘 보관될 것이 아닌가 하고 귀띔 해 주었다. 일부만 가지고 과천에 있는 국사편찬위원회로 위원장을 만나러 갔다.

국사편찬위원회를 찾아 가 위원장 면회를 청했더니 나를 위원장실로 안내해 주었다. 초면에 인사를 교환하고 보니 위원장은 이만열(李萬烈) 선생이란 분이었다. 나는 자기소개를 간단히 하고 나의 판결문을 내 보이면서 이 자료를 국사편찬위원회에 기증하고 싶은데, 기증하면 잘 보관하고 또 그 사실을 역사에 기록함과 동시에 교과서에도 반영할 수 있느냐고 물었다. 위원장 말씀이 잘 보관하고 편찬 정리할 수는 있지만, 교과서에 쓰는 것은 우리 소관이 아니라 어렵다고 솔직히 말하였다. 나도 교육계에 종사했던 사람이라 그런 것은 잘 알고 있다고 화답하고 기꺼이 기증을 약속했다. 2층에서 아래 층 현관까지 따라 나와서 작별인사를 하는가 했더니, 승용차 승강장까지 배웅하면서, 우리 차가 정문을 나올 때까지 그 자리에 서 있는 것이 아닌가. 그 전에 한 번 만난 적도 없지만 진심이 묻어나는 배웅을 받고 보니 이 위원장이란 분은 양반 중에서도 최상급의 양반이라고 나는 깊이 존경하는 마음을 품게 되었다. 그 뒤 한번은 나의 재판 담당 변호사와 그 가족들이 내한하여 국사편찬위원회에 가 보고 싶다고 해서 그 뜻을 전했더니, 이만열 위원장은 최상급 접대와 만찬까지 베풀어 주었다. 5년간 일본인 변호사들에게 진 신세를 모두 갚은 기분이었다.

내가 기증한 자료들은 복사본으로 두 벌, 마이크로필름으로 한 벌이 제작되어 내게 배달되었다. 그리고 재판자료는 2005년에 『원폭피해자 곽귀훈 소송기록』 세 권으로 묶여 나와서, 여러 곳에 배포할 수 있었다.

내 재판기록은 정리되어 책으로 발간되었지만, 다른 여러 원폭피해자 관련 재판기록은 여전히 일본 각지에 분산되어 있었다. 일본에서도 5년 정도 보관기간이 지나면 대부분 폐기 처분된다고 해서, 한국인 원폭피해자들과 양심적인 일본인 변호사, 시민운동가들의 땀과 눈물이 섞인 자료들을 모두 수집해

국사편찬위원회에 영구 보관될 원폭피해자 소송자료를 둘러보고 있는 저자와 이치바 회장, 원폭피해자 이강녕 씨

보관하는 방도를 고민했다. 여기에 뜻을 같이 하는 여러 사람이 모여 예산과 수집 담당자, 관련 일정 등에 대한 계획을 세웠다. 이 방대한 자료를 수집하는 데 예산을 투입할 수 있는 곳은 역시 국사편찬위원회라고 생각하고 문의한 결과, 류준범 편사연구사가 사료 수집을 추진해 주기로 했다. 민족문제연구소 김민철 박사와 나까지 모두 3명이 일본 각지를 돌면서 한국인 원폭피해자와 관계된 모든 재판서류를 변호사들의 협조로 전량 수집하여 국내로 들여오게 되었다. 그 자료를 정리하는데 약 1년이란 시간이 걸렸고, 2012년 10월에 모든 기록이 전산화되어 국사편찬위원회 홈페이지에서 검색 가능하게 되었다. 총 34,000여 쪽에 이르는 방대한 기록물이다.

그것을 완성한 뒤, 11월 14일 국사편찬위원회는 그동안 수고한 공로자들에게 감사장을 수여하였으며, 다음 날에는 국제학술회의와 환영 만찬 등 그간의 성과를 정리하고 노고를 치하하는 행사가 이어졌다. 이제 누구든지 국사편찬위원회 홈페이지에서 우리들의 법정투쟁과 귀중한 승소 기록을 검색할 수 있게 된 것 또한 피폭자 운동사에 남을 만한 의미있는 진전이었다고 평가하며, 이 사업에 참가한 일원으로서 자부심을 간직하고 있음을 고백해 둔다.

부록

- 기고문
- 소송 관련 주요 자료
- 언론보도
- 탐험기
- 연보

나의 시점(視點)

1944년 나는 마쓰야마 다다히로(松山 忠弘)라는 이름으로 학업 중에 징병되어 다음 해인 1945년 8월 6일 히로시마에서 훈련 중 피폭하였습니다. 생과 사의 경계선을 배회하면서도 피폭 이후 56년을 살아왔습니다. 그러나 피폭자는 일본 국내에서만 원호를 받을 수 있다는 사실에 피폭자원호법의 재외피폭자 적용을 요구하며 나는 일본을 제소했고 2001년 6월 오사카지법에서 승소했습니다. 그런데 일본정부는 "같은 요구에 대해 히로시마와 오사카에서 반대하는 판결이 나왔다"면서 한센병과는 달리 공소를 제기했습니다.

그러나 1999년 3월 히로시마 지방법원의 소송은 히로시마 시내의 구(舊) 미쓰비시 중공업에서 일하고 있었던 한국인 징용공들의 미불임금을 지불하라는 소송이었고, 징용공들이 피폭하여 원호에도 약간 언급하고는 있지만 원호법 재판에서 일본정부가 승리한 것은 아닙니다.

작년 5월 한센병 환자들의 판결이후 고이즈미(小泉) 수상은"인도적인 입장에서 공소하지 않겠다."고 명언하였습니다. 원래 일본정부가 "인도적인 입장"이란 용어를 사용하기 시작한 것은 한국인 피폭자에 대해서였습니다.

사할린(舊 樺太)에 내버린 조선인 4만여 명에게는 "도의적"이란 용어를 사용하면서 두 사건을 구별하여 왔습니다. 내가 제기한 재판에서 재판소가 "원호법은 인도주의다"라고 판결했고 여론도 "인도상 공소하지 말라"고 했지만 정부는 종전의 "인도적 입장"을 잊은 것인지 들으려고 하지 않았습니다.

물론 우리들은 "보상"을 강하게 요구하고 있었기 때문에 "인도적 지원을 받고 싶지는 않다"고 강하게 주장한 바 있습니다. 지금도 일본정부에"인도적 지원"을 요청하려는 의도는 추호도 없습니다.

우리들은 피폭자라면 누구나 지불할 건강관리수당 정도는 지불하라는 "피폭자의 권리"를 주장하고 있는 것입니다.

히로시마, 나가사키의 피폭자 중에는 조선인·중국인 그리고 포로였던 네덜란드인 등 10여 개국의 국민이 있는 것으로 알고 있습니다. 한국에서도 미국에서도 아니 브라질에 살고 있어도 피폭했으면 "피폭자"인 것에는 틀림이 없습니다.

1978년 피폭자건강수첩 교부를 청구한 한국인 손진두 재판에서 최고재판소는 "원폭2법(원폭의료법, 동 특별조치법)은 국가보상적 성격"이라고 판결하고 있으며, 작년 오사카 지방법원 판결도 "피폭자원호법은 국가보상과 사회보장의 성격을 함께 가진 법"이라고 판단하고 있습니다. "일본 땅을 벗어나면 피폭자가 아니라고 차별하는 것은 헌법 14조에 위배될 우려가 있다."고도 지적하고 있습니다. 또 작년 말 나가사키의 지방법원에서 나와 같은 경우인 이강녕의 판결이 있었는데 일본이 패소하였습니다.

피폭자의 권리를 계속 짓밟고 있는 일본 정부는 1974년 후쿠오카 지방법원에서 손진두 재판에 패배하니까 "공중위생국장 통달 402호"를 내렸고, 1978년 최고재판소에서 패하니까 "원폭피해자대책 기본문제 간담회"를 만들어 판결과 반대 견해를 도출하고 우리들 재외피폭자를 배제해 왔습니다.

나의 수첩재판에서 패소 후 조직한 것은 "재외피폭자에 관한 검토회"입니다. 손진두 씨의 재판에서 세 번 승소하고, 나와 이강녕 재판에서도 승소하여 우리들은 5연승을 했지만 우리들에게는 아무런 변화가 없습니다.

재판부가 상식적이고 당연한 판단을 하였음에도 불구하고 일본정부는 연로한 많은 재외피폭자를 언제까지 학대할 계획입니까? 언제까지 이웃나라 사람들에게 지탄받고 원수처럼 살아갈 작정입니까?

– 『아사히신문』 2002년 2월 5일자

2005년 5월 UN에서는 NPT(핵확산금지조약, 5년마다 개최) 검토회의가 열렸다. 이 회의는 세계 평화주의자들의 관심이 지대하여 수만 명이 뉴욕 시내를 행진하고, 일본도 1천여 명의 NGO회원들이 참석하는 분위기였다. UN본부 현관에는 일본 시민단체 핵병기금지평화건설국민회의에서 제작한 나의 사진이 크게 전시되었고, 핵군축 요구가 고조해 있는 분위기 속에서 2005년 5월 11일 나는 NPO인 평화자료협동조합(Peace Depot)이 주관하는 워크숍에 참가하여 약 40분간 우리의 입장을 세계인들에게 호소하였다. 그 원고를 여기에 전재한다.

한국인 피폭자의 증언

곽귀훈 한국원폭피해자협회 회장

유엔본부 워크숍에서 발표를 하고 있는 저자

1) 한국인 피폭자란?

태평양전쟁이 끝난 해인 1945년 8월, 일본에 살고 있던 한국인의 수는 236만 명이었다고 합니다. 이들은 일본이 전쟁을 수행하기 위해서 강제로 연행해 온 사람과 1910년 일본이 한국을 식민지화 한 후 일제의 가혹한 착취로 인해 토지를 빼앗기고 역사와 문화 그리고 언어는 물론 이름까지도 빼앗긴 채 일본의 하급노동시장으로 흘러온 가련한 군중들이었습니다.

1944년 말의 통계에 의하면 히로시마(廣島)현에 살고 있던 한국인의 수는 81,863명이었고, 나가사키(長崎)현에는 59,573명이 살고 있었던 것으로 집계되고 있습니다. 이들 중 과연 얼마나 많은 한국인이 원폭투하 당시 두 도시에 거주하고 있었는지는 아무도 알 수가 없습니다. 이 외에도 많은 군인·군속들이 있었고 또 강제노동현장에서 탈출하여 두 도시로 잠입해서 방랑하고 있었던 사람의 수도 상당수가 될 것으로 추측되고 있습니다.

지금까지 알려진 바로는 히로시마에서 약 5만 명, 나가사키에서 약 2만 명, 합계 7만 명의 한국인이 피폭해서 그 중 사망한 사람은 히로시마에서 3만 명, 나가사키에서 1만 명이고 한국으로 귀국한 사람이 2만 3천명, 일본에 남아 있는 사람이 7천 명입니다.

히로시마에는 1930년 이후 한반도 남부의 산간지방인 합천군이라는 곳에서 히로시마 시내의 하천정비 공사나 군수공장의 하급노동자로 많은 사람들이 가족과 함께 유입되었습니다. 나가사키 현에는 한국의 여러 지방에서 강제징용되어 온 사람들이 시내가 아니라 부근의 섬인 하시마(端島)와 고야키지마(香燒島)등의 탄광에서 일하고 있었는데 그곳에서 일하던 광부들도 귀국할 때 나가사키 항을 이용했기 때문에 임시피폭자인 것은 확실합니다.

원자폭탄이 투하될 당시 히로시마 시의 인구는 42만 명이었고, 나가사키 시의 인구는 27만 명으로 합치면 70만 명 정도가 되는 셈인데 그 중 10%인 7만 명이 한국인이었습니다. 세상 사람들은 대부분 일본이 지구상 유일한 피폭국이라고 알고 있지만 일본의 식민지 지배로 인하여 한국인 피폭자가 7만 명이나 있다는 사실을 아는 사람은 많지 않습니다.

2) 한국인 피폭자의 수난의 역사

원래 히로시마에 유입된 한국인은 산골 마을의 빈농으로 조국이 해방되어 고향으로 돌아가도 살 집이 있는 것도 아니고 농사를 지을 수 있는 토지가 있는 것도 아니었습니다. 또한 피폭해서 몰골이 악성 유전병 환자 같으니 접근하는 이웃도 없는 상태였습니다. 뿐만 아니라 한국어도 어설프니까 이웃과 서먹서먹하여 고독과 빈곤 그리고 병마에 시달려 죽어갔습니다. 조국은 해방되었지만 얼마 지나지 않아 6.25사변으로 동족상잔의 비극을 겪으니 아프다고 병원에 갈 수도 없고 약 사먹을 돈도 없어 그대로 죽어야만 했습니다.

2만 3천명이 귀국했다고 하지만 현재 원폭피해자협회에 등록되어 있는 회원 수는 2천 3백 명뿐입니다. 일본의 피폭자수가 28만 명이고 그 중 절반이 살아남아 있는 실정이니까 한국도 1만 1천 명 정도는 살아 있어야 하는데 4분의 1정도만 등록이 되어 있습니다. 세상 사람들은 한국의 피폭자를 3중의 피해자라고 말하고 있습니다. 즉 강제노동시장으로 연행된 피해, 피폭, 그리고 그대로 방치되어 60년의 세월을 보냈으니 이를 일컫는 말입니다.

우리들은 한일정상화조약이 체결된 지 2년 후인 1967년 한국원폭피해자협회를 조직하여 일본정부에 피해보상과 사죄를 요구하였습니다. 그럴 때마다 일본정부는 "한일국교정상화조약으로 모두 청산이 되었다."고 답변하였습니다. 하지만 14년간이나 지속된 회담에서 한국인 피폭자문제는 일언반구(一言半句)도 언급된 사실이 없었습니다. 그러니 그 책임은 한국정부에도 있는 것입니다. 한국정부에 원호를 호소하면 일본에서 입은 피해니까 일본에 가보라는 태도입니다. 그런 상황에서 오랜 시간이 흘러갔습니다.

이와 같은 암울한 상황이 지속되고 있을 때 일본 태생의 한국인 피폭자 손진두(孫振斗)라는 청년이 일본으로 밀항하여 체포되는 사건이 일어났습니다. 이 청년은 "나는 원폭피해자로서 후유증을 치료하기 위해서 왔으니 건강수첩을 교부해 달라"고 호소했습니다. 그러나 후쿠오카(福岡)현이 수첩교부를 거절하여 재판이 이루어졌습니다. 이 재판을 일반적으로 손진두의 수첩재판이라고 부르고 있습니다. 다행스럽게도 일본 법정에서 "손진두가 외국국적의 밀항자라고 해도 그가 원폭피해를 입었다면 마땅히 수첩을 교부해서 치료를 할 수 있게 해 주어야한다."라는 판결을 하였습니다.

후쿠오카 지방재판소의 판결이 1974년 3월 30일이었는데, 그해 7월 22일 한국원폭피해자협회장인 신영수 씨가 도쿄에 수첩교부신청을 하였습니다. 그런데 일본정부는 후생노동성 공중위생국장 명의로 "이 수첩은 일본의 영역을 벗어나면 그 효력이 상실 된다"라는 '통달 402호'를 내려 천신만고 끝에 쟁취한 재판의 승리를 휴지조각으로 만들고 맙니다. 고등법원에서 승리하고 1978년 3월의 최고재판소에서도 승소했지만 그것은 아무것도 아니라는 듯이 통달 402호의 위력은 최고재판소의 판결보다도 위에 있었던 것입니다.

"일본이 법치국가인가"라고 의심할 정도의 부당한 조치가 4반세기나 지속되고 있는 현실이었습니다. 그간 일본정부는 "원폭피해자대책 기본문제 간담회"라는 기구의 자문을 받아 외국인을 제외시키는가하면 한편으로는 일말의 양심은 있었던 것인지 일본 방문치료로 350명을 치료할 때도 있었고, ODA(공적개발원조)자금 40억 엔을 인도적인 차원이라고 하면서 지원하는 등 미봉책을 동원하였습니다. 그러나 한국인 피폭자의 참상은 날로 가중되어 가고 있었습니다.

3) 원호법 재판의 승리와 일본 정부의 상고 단념

일본 방문치료도 5년간의 기한이 다 되고 40억 엔의 지원금도 바닥이 보이기 시작한 1998년 5월, 나는 일본의 병원에서 치료받기 위해 오사카의 한 병원에 입원하였습니다. 입원 중에 피폭자 건강수첩을 갱신하고 건강관리수당도 5년간 지급한다는 통지서를 받은 뒤 귀국하면서 나는 "수당을 한국의 통장으로 넣어줄 것"을 서면으로 부탁하였습니다. 그랬더니 "당신은 일본 영토를 벗어나 피폭자의 자격을 상실했기 때문에 건강수당을 지급할 수가 없다"는 통지서를 보내 온 것입니다.

피폭자가 일본에 있으면 피폭자이지만 일본 영토를 벗어나 귀국하면 피폭자가 아니라는 것은 아무리 생각해도 이상해서 1998년 10월 1일, 일본정부와 오사카부 지사를 상대로 "내가 피폭인가 아닌가" 확인해 달라는 피폭자확인 소송을 시작하였습니다. 이것을 "곽귀훈의 수당 또는 원호법 재판"이라고 칭합니다.

손진두의 최고재판소 판결문에 명시한 "원폭2법(뒤에 원호법으로 통합)은 그 기초에 국가보상적인 성격이 있는 법"이라고 되어있는 것이 유일한 희망이었습니다. 한국인이 일본의 법정에서 일본인 법관의 판단을 받는 부담은 컸으나 나는 "피폭자는 어디에 있어도 피폭자다"라는 것과 "국가보상적"이라면 국적이나 영토의 개념은 초월할 수 있다고 생각했습니다.

2001년 6월 1일 오사카지법의 판결은 내 주장이 인정된 판결이었습니다. 각종 매체에서 크게 보도하여 재외피폭자들이 당장 구제되는 것 같은 분위기였지만 일본정부가 공소하여 다시 원점으로 돌아왔습니다. 일본정부는 그 뒤"재외피폭자에 대한 검토회"를 만드는 등 여러 가지 시책을 내놓았으나 재외피폭자에 대한 차별정책의 기본은 한 치도 변한 것이 없었습니다.

고등법원에서는 우리가 결국 패할 것이란 소문에 우리들은 재판관 기피 신청을 하는 등 온갖 수단을 강구하였지만 승산은 없었던 것이 사실입니다. 일본정부는 원호법이 사회보장법이기 때문에 세금을 납부하지 않는 외국인에게는 해당되지 않는 속지주의(屬地主義) 원칙의 법이라고 주장하는데 대하여 나는 국가보상적인 법이니까 속인주의(屬人主義)가 원칙이라고 반론했습니다. 두 주장 모두 정론인 것 같은 분위기였습니다.

2002년 12월 5일의 판결은 원호법은 국가보상적 성격과 사회보장적 성격이 공존하는 법이라고 판단하였습니다. 제1심 판결 후 공소단념을 주장하는 여론에 후생성 장관인 사카구치 장관은 고법의 판결을 지켜보겠다고 언명한 바 있습니다. 그래서 이제는 후퇴할 구실이 없어졌다고 믿었지만 일은 그리 간단하게 풀리지는 않았습니다. 국회 안에 상고단념운동본부를 만들고 "재외피폭자에게 원호법을 적용시키려는 의원간담회"의 의원들을 중심으로 각종 매체를 비롯하여 시민단체들의 협조를 얻어 일본정부를 설득하였습니다. 그 결과 2002년 12월 18일 일본정부가 상고를 단념한다는 발표를 한 것으로 재판은 마무리되었습니다.

4) 재외피폭자에게 원호법 적용

재외피폭자란 일본 영토이외에 살고 있는 피폭자를 말합니다. 미국에 약 1,000명(일본국적 40%, 미국국적 60%), 브라질 등 중남미에 약 200명, 한국에 약 3,000명 그리고 북조선에 약 1,000명, 합계 5,000명 정도라고 알려져 있습니다. 정확한 숫자는 아닙니다. 원호법을 적용한다고 발표한 뒤 2년 반이 지났지만 한국인 피폭자의 30% 정도는 아직 수첩을 받지 못한 상태입니다.

이와 같이 수첩발급이 지지부진한 것은 일본의 행정력의 문제로 60년이란 긴 세월이 지난 이제 와서 피폭자가 기억을 상기시키는 것, 그리고 피폭자라는 증언을 해줄 증인 2명을 찾는 어려움, 또 반드시 일본에 가야만 수첩을 신청할 수 있는 이유 때문입니다. 피폭자의 노령화로 꼼짝도 못하는 사람도 있는데 일본정부의 방침은 확고부동입니다.

아직도 한국의 피폭자 중 3분의 1정도가 원호를 받지 못한 상태이고 또한 일본의 피폭자와 차별이 있다는 사실에 대하여 나는 매우 심각한 심정으로 대응책을 모색하고 있는 중입니다.

매년 약 100명 정도의 피해자들이 사망하고 있으니 빨리 서둘러야한다고 생각하고 있습니다. 북조선의 피폭자 약 1,000명에 대해서도 반드시 구호해야할 사람들입니다. 일본정부는 스스로 "일본정부와 피폭자와의 관계는 국가와 국가간의 관계가 아니라 국가와 피폭자 개인의 관계"라고 말하고 있습니다. 길은 만들어졌다고 생각하고 있습니다. 하루속히 북조선의 피폭자들의 실태도 정확히 파악하여 이에 대한 대비책 즉 구호의 손길을 전향적인 자세로 임하여야 할 것입니다.

금년은 피폭한지 60년이 되는 해입니다. 그런데 아직도 구호되지 못한 피폭자가 있어서야 되겠습니까? 하루속히 모든 피폭자가 구제되기를 강력히 촉구하는 바입니다.

5) NPT의 위기와 동북아시아 비핵화

잘 아시다시피 핵확산금지조약(NPT)에 가맹하고 있는 나라는 188개국이나 됩니다. 원래 NPT는 불평등조약입니다. 핵을 보유할 수 있는 나라가 있고 핵을 보유할 수 없는 나라가 있는 것이 애당초 이상한 조약이라고 생각합니다. 인도, 파키스탄, 이스라엘은 공공연한 핵보유국이지만 가입하지 않고 있습니다. 최근에는 이란이 핵을 평화목적으로 개발하고 있다고 하면서 핵을 보유하려 하고 북한도 핵을 가지고 있다거나 개발 중이라고 말하는 등 갈피를 잡을 수 없는 상황입니다. 하여간 무분별한 핵확산을 방지할 수 없는 매우 혼돈되고 우려스러운 상황이라고 하겠습니다. 그러니 금년에는 반드시 가맹국들이 온 힘을 모아 실효성 있는 새 조약을 체결해 주시기를 절실히 요망합니다.

한편으로는 핵보유국들이 핵감축 조약을 체결하는 등 노력을 기울이는 것 같은데 특히 전략공격능력삭감조약(모스코바조약)은 평가할만한 것입니다. 그러나 삭감할 수 있는 구체적인 방법이나 조치 등의 노력이 부족하다는 평이 있으니 5년 전에 합의한 "핵무기의 완전철폐에 대한 핵보유국의 명확한 약속"이 성실히 지켜져야 할 것입니다. 우리들은 하루 속히 핵무기가 완전히 없어져 핵이 없는 평화로운 세상이 되기를 염원하고 있습니다.

다음으로 동북아시아의 비핵화에 대한 것입니다. 결론부터 말씀드리자면 우리들은 동북아시아에는 절대로 핵이 있어서는 안 된다고 믿고 있습니다. 다행히 한국과 북조선이 1991년 한반도의 비핵화(非核化)에 합의하였고 일본도 비핵 3원칙을 발표하여 비핵에 대한 기본적인 자세는 정립되어 있는 상황이기 때문에 비핵화의 합의도출은 불가능한 일이 아니라고 생각됩니다.

그러나 일본은 미국의 핵우산 하에 있고 평화목적이라고는 하지만 우라늄 농축시설이나 핵의 재처리시설 등으로 다량의 플루토늄을 보유하고 있으며, 미국의 미사일 방위체제를 구축하고 있는 점 등에서 우리들은 우려하고 있습니다. 또한 북조선은 체제의 유지 때문인지는 몰라도 공공연히 핵보유국이라고 선언하고 있으며 6자 회담도 난항을 거듭하는 등 동북아는 그야말로 불똥 튀기는 초긴장 상황이 지속되고 있습니다.

남과 북의 어느 한 쪽에 핵이 있으면 통일은 불가능합니다. 만약 통일이 된다고 하더라도 이데올로기의 희생양이 될 수밖에 없습니다. 때문에 동북아시아 특히 한반도에는 반드시 비핵화가 되어야 하는 것입니다. 이것이 우리들의 염원이며 우리들이 살아갈 유일한 길입니다. 핵을 가지고 나라를 지키고 국민을 보호한다는 것은 환상 중의 환상입니다.

핵 보유가 자멸의 길이란 것을 명심하면서 3개국이 비핵화에 합의하여 주변 3국인 미국·중국·러시아에게서 안전보장을 얻는 것이 최선의 길이라고 생각하고 있습니다.

6) 한국인 피폭자에게 남겨진 길

현재 한국원폭피해자협회에 등록되어 있는 회원 수는 2,322명이고 피폭자건강수첩을 소지하고 있는 회원 수는 1,850명, 수첩이 없는 회원 수는 472명입니다. 협회원 외에도 개인적으로 수첩을 신청한 피해자가 280명이니까 아직 수첩이 없는 무원호 피폭자는 752명입니다. 우리의 과업은 이 사람들에게 수첩을 취득해서 원호를 받을 수 있게 하는 것입니다. 즉 금년 중에 무원호 피폭자들이 모두 수첩을 취득하여 원호의 혜택을 받게 한다는 것이 우리의 당면 과제입니다. 또 한 가지 우리의 소망은 한국정부도 자국국민의 문제이니 어떻게든 구제의 손길을 펴야한다는 것입니다. 그러기 위해서 우리도 노력할 것입니다.

우리들이 지난 60년간이나 일본정부를 향해 절규해온 것은 단돈 몇 푼을 받기 위해서가 아닙니다. 일본이 침략전쟁을 반성하고 그에 따른 사과와 보상을 받기 위해서였습니다. 아무리 적은 돈이라도 그것은 전쟁책임의 보상금이니까 금액의 대소와는 관계가 없습니다.

우리들은 불행하게도 인류최초의 원폭의 피해자로서 그 무기의 잔악성을 몸으로 체험한 사람들이기 때문에 원자폭탄을 제작하여 인류멸망의 길로 사용하는 것을 단연코 반대합니다. 동시에 핵이 없는 평화적인 세상이 도래하기를 기원하면서 이만 줄입니다.

소 장

재한피폭자수첩소송
소송 금액 금 3,979,540엔
첨부인지액 금 27,600엔
1998년 10월 1일

청구의 취지

1. 피고인 오사카부 지사는 원고에 대하여 원고가 원자폭탄 피해자에 대한 원호에 관한 법률(평성 6년 법률 제117호) 1조 1호의 피폭자 지위에 있다는 것과, 원고가 건강관리수당 지급 인정(기호번호 건(健)17489)에 따른 건강관리수당 수급권자 지위에 있다는 것을 확인한다.
2. 피고 오사카부 지사가 원고에 대해 실권(失權) 취급한 것을 취소한다.
3. 피고 오사카부는 원고에 대해 금 68,260엔과 1998년 10월 이후부터 2003년 5월까지 매월 25일에34,130엔을 지급하라.
4. 피고인 일본국과 피고인 오사카부는 원고에 대해 각자 연대하여 금 200만 엔과 지불 시까지 연리 5%의 금원(金員)을 지급하라.
5. 소송비용은 피고들이 부담한다.

라는 판결과 가집행 선언을 요구한다.

일본어 원문 : 『원폭피해자 곽귀훈 소송기록1』, 국사편찬위원회·한일역사공동연구위원회 한국측위원회 편, 1·4쪽 수록

진 술 서

一. 본 제소에 있어 제 의견을 진술하겠습니다. 원래는 경제평론가로 지금은 각료의 위치에 있는 분이 항상 말씀하시길, "일본은 엄밀한 의미에서 자본주의국가가 아니다"라고 했습니다. 자본주의란 모든 자본이 주식시장에 상장되고 각 기업의 경영정보가 공개될 뿐만 아니라 주주에게 이익이 배당되는 것이 자본주의의 상식인데 일본은 가장 중요한 주주는 10번 정도로 밀려 나고 총회는 어둠의 권력자인 "총회꾼(總會屋)"이 좌지우지하고 있으며 대장성의 관료가 호송선단(護送船團)방식으로 운영하고 있는 시스템이니 정확하게 말하면 일본이라는 나라는 관료통제국가라는 것입니다. 따라서 일본의 경제가 재건되려면 정보가 공개되고 진정한 자유경쟁의 시장원리가 적용되는 사회가 되는 것이 선결문제라는 것입니다.

二. 그런데 내가 이번 제소하려고 하는 것은 피폭자원호법의 재외피폭자 적용문제입니다. 원래 일본정부는 특히 재외피폭자에 대해서 1965년의 한일 국교정상화조약체결 당시 양국 간에 모든 문제가 청산되었다고 일관되게 주장하고 있습니다. 그러나 1978년의 손진두 수첩재판에서 최고재판소는 "원폭의료법은 전쟁 수행주체였던 국가가 스스로의 책임에 의해 그 구제를 도모하려는 측면이 있으므로 그 점에서는 실질적으로 국가보상적 배려가 제도의 근저에 있다."고 국가보상의 측면을 명확하게 긍정하고 있습니다. 또 "전후 자기의사와는 관계없이 일본국적을 상실한 사정을 감안한다면 국가의 도의적 측면에서도 원고에게 같은 법을 적용하는 것은 수긍이 된다."라고 국적과는 관계없이 피폭자에 대한 보상책임을 명확하게 판결하고 있습니다. 그럼에도 불구하고 일본정부는 그 이전인 1974년 3월 30일 후쿠오카 지법에서 손진두 재판 초심에 패배한 후, 동년 7월 22일에 후생성 공중위생국장통달로 "일본국의 영역을 벗어나 거주지를 옮긴 피폭자에 대해서는 원폭특별조치법 적용이 되지 않기 때문에 실권(失權)취급을 하는 것으로 해석된다."라는 고식(姑息)적인 긴급대응책을 강구했던 것입니다.

즉 원폭피해자라고 인정된 자라도 일본국내에 거주하고 있으면 원폭의료법이 적용되지만 일단 일본의 영역을 벗어나면 피폭자의 지위나 권리를 상실한다는 것입니다. 이 통달은 그 후인 1978년 3월, 앞에서 언급한 바와 같이 최고재판소에서 손진두가 승리했음에도 하등의 변화가 없을 뿐만 아니라 원폭2법이 1994년 12월에 피폭자원호법으로 통합된 뒤 지금까지도 그 위력을 발휘하고 있습니다.

三. 상식적으로 내가 생각해 보면 종래의 원폭2법이나 그 후의 피폭자원호법에는 국적요건이 없습니다. 그것은 피폭자라고하면 일본인이나 외국인이냐를 관계하지 않고 국가보상의 배려로 구제해야한다는 입법취지 때문임과 동시에 최고재판소의 판결 때문입니다. 이와 같은 입법취지나 최고재판소의 판결보다도 국장에 불과한 관료의 통첩이 가장 우선적으로 취급되는 것에 대하여 나는 크게 우려할 뿐만 아니라 일본인도 어느 한 사람 그런 것을 납득하는 사람은 없을 것으로 생각합니다.

원폭2법이 있었던 1974년 7월의 통달이 4반세기가 지난 지금에 이르기까지 엄존한다고 하는 것도 좀 불가사이한 일이지만 원폭2법이 원호법으로 통합된 현재까지도 겨우 국장의 통달이 최고재판소의 판결보다도 더 효력이 있다고 하는 것은 과연 일본이 법치국가인 것인가 또는 법의 지배가 통하는 나라인가를 의심하는 사람이 있다고 해도 변명의 여지가 없을 것입니다.

처음에 언급한 것처럼, 일본은 엄밀한 의미에서 자본주의 국가도 아니고, 관료가 통제하는 국가라고 말하는 것도 아닌 것 같습니다. 법으로 통치되는 국가도 아니고 비법치국가라고 말할 정도의 국가도 아닌 것이라고 나는 생각하고 있습니다.

四. 최근에는 한일 간에도 교통이 편리해져서 양국 간을 당일로 왕복할 수가 있습니다. 내가 아침에 집을 나올 때에는 피폭자의 자격을 상실한 사람이지만 일본에 도착해서 피폭자수첩을 취득하면 점심때쯤에는 피폭자의 권리가 생기게 됩니다. 그러나 또 석양에 귀국하기 위해서 공항에 나가 법무성 게이트를 통과한 순간 권리를 잃게 됩니다. 하루 사이에 실권(失權)과 복권(復權)이 반복되는 신분, 이것은 패션모델과 같지, 건강을 관리하기 위한 수첩이 하루에 몇 번이나 변한다고 하는 것은 누가 생각해도 정상이라고 생각할 수는 없습니다. 이런 이상스런 발상은 그 근본을 따져 보면 모두 일본인의 차별의식에서 나온 것입니다.

일본인은 예부터 본인들은 선택된 민족이라고 하면서 다른 민족은 모두 자기들보다 하급의 민족이라고 생각하고 있는 경향이 많이 있습니다. 우리들의 입장에서 보면 일본민족도 우랄 알타이계의 일파인 것이며 현재 일본의 역사나 문화 · 민족 · 풍습 등은 대부분 대륙에서 전래되고 계승발전된 것으로 우리와 대동소이한 것으로 인식하고 있습니다. 그런데 어떤 이유인지 몰라도 근세에 이르러 자기들의 선배, 선조를 짓밟고 학대하는데 쾌락을 느끼는 사람들이 많아진 것으로 생각됩니다.

나는 태어나 보니 조국이 이미 일본의 식민지하에 있었고 일본의 식민지정책으로 집안은 극빈의 상황이었으며 우리들의 역사나 언어, 문화, 풍습 등은 모두 유린되고 말살되어 오로지 황국신민이 되는 길밖에 도리가 없어 황국신민으로 성장하였습니다. 일본인보다 더 우수한 일본인으로 일본군에 입대하여 마지막에는 히로시마에서 피폭하였습니다.

일평생의 절반을 일본에 봉사한 셈이지만 하루도 일본인의 차별에서 해방된 일은 없었습니다. 그때 나도 조국을 구할 수만 있고 차별 없는 세상을 만들 수만 있다면 생명을 바쳐도 아깝지 않겠다는 생각을 항상 하고 있었습니다. 일본의 패전으로 독립국 국민이 되었지만 지금도 식민지시대의 악몽에서 완전히 해방된 것은 아닙니다.

그동안 과거를 반성하는 일본인들이 우리들에게 깊이 사죄한다고 몇 번이나 되풀이 했지만 그런 것은 모두 표면적인 체면치레에 불과한 것이고 본심은 정반대의 정책으로 일관하고 있는 것을 우리들은 간파하고 있습니다.

五. 그러나 시대가 변하고 사람들의 사고도 차츰 변해가고 있습니다. 그리고 두 나라가 서로 장벽을 쌓고 살 수 있는 시대도 아닙니다. 이제부터는 일본의 여러분들도 좀 더 대국(大局)적인 입장에서 거시적으로 사건에 대처해 주기를 간절히 바라는 바입니다.

이와 같은 시대의 배경도 있기에 감히 제소하기에 이른 것입니다. 끝으로 프랑스정부는 지금도 구 식민지에서 일하였던 현지 세네갈인 원(元)군속들에게 본국과 같은 금액의 연금을 송금하고 있다는 사실을 일본인들도 참고로 해야 할 것입니다.

자유와 인권이 존중되는 사회, 평등과 차별이 없는 세상이 하루 속히 오기를 갈망하는 바입니다. 그리고 일본이 진정한 자본주의 사회로 발전하고 법의 지배가 최우선하는 사회로 발전할 것을 희망하는 바입니다.

마지막으로 바라건대 재판관 여러분은 법의 지배의 관점에서 한일의 새 시대에 부응하는 공정한 심판을 해 주도록 소망하는 바입니다. 이상으로 제소의 변을 마치겠습니다.

1998년 11월 8일

곽 귀 훈

일본어 원문 : 『원폭피해자 곽귀훈 소송기록1』, 국사편찬위원회·한일역사공동연구위원회 한국측위원회 편, 25~28쪽 수록)

판 결 문

평성13년 第58호 피폭자원호법상의 피폭자 지위확인 등 청구공소사건

평성13년 第103호 동 부대 공소사건

(원심 · 오사카지방재판소 평성10년(行ウ) 第60호)

평성14년 2월 5일 구두변론 종결

판 결

동경도 치요다구 가즈미가세키 1정목 1번지 1호

공소인(부대공소인) 일본국

대표자 법무대신 모리야마 마유미(森山真弓)

오사카 주오쿠 오데마에 2-1-22 오사카부청

공소인 (부대공소인) 오사카부

대표자 지사	사이또 후사에(斎藤房江)
양명 지정대리인	와타나베 지에꼬(渡辺千恵子)
동	도모리히 데아끼(友利英昭)
동	오하마 도모미(大浜寿美)
동	나가다 겐지(長田賢治)
동	이마쓰지 요시쓰구(今辻義嗣)
공소인 (부대공소인)국가지정대리인	히바라 도모기(日原知己)
동	오까야마 유키히라(岡山幸平)

동　　　　　　미야자와 겐지(宮沢憲司)

동　　　　　　하라다 마키꼬(原田真紀子)

동　　　　　　가나야마 가즈히로(金山和宏)

동　　　　　　나라이 스스무(成井 進)

공소인 (부대공소인) 오사카지정대리인　　　　니시하라 지로오(西原次郎)

동　　　　　　세쓰라쿠 고오기(設楽広巳)

대한민국 경기도 성남시 분당구 야탑동 334 장미마을 801-404

(송달처) 오사카부 스이다시 야마다니시 2-9 A-1-303 미쓰이 요시꼬(松井義子方)

피공소인(부대공소인)　　　곽귀훈(郭貴勳)

소송대리인 변호사　　　　나가시마 야스히사(永嶋靖久)

동　　　　　　아다찌 슈이찌(足立修一)

동　　　　　　오다 고오지(小田幸児)

동　　　　　　가나이쓰카 야스히로(金井塚康弘)

동　　　　　　아라이 구니히로(新井邦弘)

동　　　　　　안 유미(安由美)

동　　　　　　오타 겐기(太田健義)

주 문

1. 본건 공소와 부대공소를 모두 기각한다.
2. 공소비용은 공소인(부대공소인) 등의 부담으로 하고 부대공소비용은 피공소인(부대공소인)이 각각 부담한다.

사실과 이유

제 1 당사자가 청구한 재판

1. 공소인(부대공소인 이하 「공소인」이라고 함)등의 공소의 취지
   (1) 원 판결 중 공소인 등 패소부분을 취소함
   (2) 피공소인(부대공소인 이하 「피공소인」이라고 함)의 청구를 모두 기각한다.
   (3) 소송비용은 제1, 2심 모두 피공소인의 부담으로 한다.

2. 피공소인의 부대공소의 취지
   (1) 원판결 주문(主文)4를 취소한다.
   (2) 공소인인 일본국과 오사카부는 피공소인에 대해, 연대하여 200만 엔과 이에 대한 평성10년 7월 23일부터 지불이 완료되는 시점까지 연리 5푼의 이자에 상당하는 금액을 지불하라.
   (3) (원판결 주문3과 선택적)
   공소인 일본국은 피공소인에 대해서 17만 650엔과 평성11년 1월부터 평성15년 5월까지 매월 말일 한해 3만 4130엔을 지불하라.

제 2 사안의 개요

1. 본건 사안의 개요는 이하와 같이 정정하는 것 외에 원판결의 '사실과 이유'의 「제2. 사안의 개요」(원판결 3쪽 15째줄부터 28쪽 15째줄까지)중 공소인·피공소인 관계부분과 같은 것이므로 이것을 인용한다(단 특별히 특기하지 않는 한 피폭자원호법시행령에 대해서는 평성14년 4월 1일 정령 제148호에 의한 개정 전의 것과 피폭자원호법시행규칙에 대해서는 평성14년 5월 31일 후생노동성령 제74호에 의한 개정 전의 것을 말한다.).

2. (1)원판결 6쪽 10행목의 「후생사무차관통지」의 다음에 「이하 「158호 통지」라고 한다」를 첨가한다.

(2) 원판결 14쪽 21행목의 다음 행을 개정해서 아래와 같이 첨가한다.

「d. 피폭자원호법의 급부체계(의료급부와 각종수당의 지급과의 관계) 원폭의료법에 기초한 급부는 일본국내에서만 수급할 수 있는 것이므로 동법에 재외피폭자를 적용대상으로 하지 않았던 것은 분명하다. 따라서 동법의 추가시책으로서 제정된 원폭특별조치법과 이것을 하나로 한 피폭자원호법도 재외피폭자를 적용대상으로 한 것은 아니다.

또 피폭자원호법의 제정경위, 건강관리수당의 취지, 동법의 전문 등에 의하면 피폭자에 대한 가장 기본적인 원호는 의료급부이다. 각종수당의 지급은 의료급부만으로는 충분하지 않다고 생각하는 사람들에게 보완적으로 주는 원호정도로 인식되어 있다. 따라서 의료급부가 전혀 마련되어 있지 않는 재외피폭자가 각종 수당을 지급받을 수 있는 상황은 동법의 법 구조에 맞지도 않고 동법의 급부체계를 무시하는 것이다.」

(3) 원판결 27쪽 7행목에서 25행목까지 다음과 같이 개정한다.

「(4) 국가배상법상의 위법성과 손해

(피공소인의 주장)

가. 402호 통달의 위법성

(가) 402호 통달은 원폭특별조치법, 동법 시행규칙에 위배된다.

원폭특별조치법에는 도(都), 도(道), 부(府), 현(縣)의 구역을 넘어서 거주지를 옮겼을 경우에는 권리를 상실시킨다는 규정은 없다. 이 점에 관해서 소화 49년 7월 원폭특별조치법시행규칙의 일부를 개정하는 성령(소화 49년 후생성령 제27호)에 의해 동법시행규칙(소화 43년 후생성령 제34호)가 개정됨에 따라 종전 특별수당수급권자는 도(都), 도(道), 부(府), 현(縣)의 구역을 넘어서 거주지를 옮기면 실권(失權)된다고 하는 것이 개정되었다.

그럼에도 불구하고 당시의 후생성(현재의 후생노동성)은 상기 규칙개정 취지에 어긋나는 402호 통달을 내려서 개정 전과 같은 위법 상태를 존속시켰다. 이와 같이 402호 통달은 원폭특별조치법의 규칙에 위임한 범위를 넘고 있는 것으로서 동법의 시행규칙에 위배된다.

(나) 402호 통달은 재한피폭자의 배제를 의도한 것이다.

손진두판결의 제1심 판결(후쿠오카 지재(地裁) 소화 49년 3월30일 판결 · 행집(行集) 25권 3호 209쪽)은 일본에 거주관계가 없으므로 원폭의료법의 적용을 갖추지 못했다는 국가의 주장을 배척하고 손씨에 대해서 원폭의료법의 적용을 인정했었다. 그래서 당시의 후생성(현재의 후생노동성)은 재한피폭자에 대하여 입구에서 규제를 할 수가 없으니까 출구에서 규제하려고 402호 통달을 내렸고 나아가 일본국외의 피폭자에 대한 동법의 적용을 부정하려고 의도한 것이다.

(다) 402호 통달은 피폭자원호법에도 위반된다.

402호 통달은 피폭자원호법의 시행에 다른 158호 통지에 의해 동법하에서도 유효한 것으로 되어 있다.

그러나 동법에는 「피폭자」가 일본에 거주도 현재(現在)도 하지 않은 경우에 「피폭자」란 지위를 상실한다는 취지의 명문규정은 없고 그와 같이 해석하여야 할 합리적인 이유도 없다. 402호 통달은 이와 같은 해석을 전제로 한 것으로서 동법에 위반된다.

(라) 402호 통달은 전기와 같이 헌법 14조, 25조 1항, 98조 2항 외에도 B규약 26조 2조 1, A규약 2조2에도 위반된다.

나. 공소인들의 고의 (위법성의 의식과 심각성)

(가) 402호 통달입안 당시(소화 49년 7월)

당시의 후생성(현 후생노동성)은 원폭2법에 국적요건이 없는 것과 거주지의 변경에 의해 권리를 상실한다는 취지의 규정이 없는 것을 잘 알고 있으면서도 손진두 판결의 제1심판결을 받은 뒤 재한피폭자들의 피폭자건강수첩의 교부신청이 증가할 것을 우려해서 원폭2법의 재한피폭자 적용을 가능한 한 제한하기 위해서 402호를 내린 것이다.

(나)손진두 판결 당시(소화53년 3월)

최고재판소는 손진두 판결에서 원폭의료법에는 실질적으로 국가보상적 배려가 제도의 근저에 있으며 나아가 외국인에 대해서도 동법의 적용을 해야 한다고 하였는데 이것은 피폭으로 인한 건강상 장애의 특수성과 중대성 때문에 그 구제에 있어서는 내외인(內外人)을 구별할 수 없다는 취지로 판시하였다.

이런 판결을 받은 당시의 후생성(현 후생노동성)은 원폭2법의 피폭으로 인한 장애의 특수성과 중대성에 주목해서 내외인 평등의 인식이 요구되어 온 것을 쉽게 이해하였을 것이다. 그런 의미에서도 402호 통달의 위법성은 더욱 분명한 것이다.

(다) 피폭자원호법 제정당시(평성6년 12월)

그 후 원폭2법은 통합되어서 피해자원호법이 제정되었는데 여기에는 「국가의 책임」이 명기되고 원폭2법의 국가보상적 성격도 한층 강화되었다. 그런데도 일단 건강수첩을 취득한 피폭자가 일본 국외로 출국하는 경우의 취급에 대해서는 전기와 같이 자의적으로 운용되어 왔었다. 이것은 402호통달하에서는 권리 상실의 확실한 판단기준을 발견할 수가 없어서 통일적이고 합리적인 판단이 불가능한 것에 기인한다. 당시의 후생성(현 후생노동성)은 일단 피폭자건강수첩을 취득한 피폭자가 일본 국외로 출국한 경우의 취급에 있어서 법령과 402호 통달 사이에 어긋남(齟齬)이 있는 것을 충분히 인식하고 있었을 것이다.

(라) 오사카부 지사로 인한 실권의 취급을 받을 당시(평성10년 7월)

피공소인은 본건 건강수첩을 취득하고 오사카부 지사로부터 건강관리수당의 지급인증을 받았는데도 평성 10년 8월분부터는 402호 통달로 인한 실권의 취급을 받아서 수당의 지급을 받지 못하고 있다. 공소인 등은 이와 같은 402호 통달이 피폭자원호법의 국적을 불문하고 피폭자가 입은 특수한 피해에 비추어 피폭자원호를 강구해야할 인도적 목적을 방해하고 있다는 것을 쉽게 인식했을 것이다.

(마) 이상에 의하면 공소인 등의 위법행위는 단지 과실에 의한 것에 그치지 않고 재한피폭자의 배제를 의도한 것이므로 고의로 평가해야할 것이다.

다. 공소인 등의 국가배상책임

이와 같이 공소인 등은 원폭2법과 피폭자원호법 외에도 헌법과 국제인권규약에도 위배하는 402호 통달의 위법성을 인지하면서까지 이것을 입안하고 방치해서 오사카부 지사에게 집행시켰다. 뿐만 아니라 본건 건강수첩의 권리를 잃게 하는 취지와 취급은, 위법인 402호 통달에 기초한 위법한 집행이었고 이에 더하여 피폭자건강수첩의 실권에 대해서는 하등의 언급도 없는 402호 통달에도 위반하는 위법성이 강한 것이라고 할 수가 있다.

공소인 등의 행위는 어느 것이나 국가배상법상의 위법행위이기 때문에 피공소인에 대한 손해배상책임을 면하기가 어렵다.」

(4) 원판결 28쪽 12행목에서 15행목까지 다음과 같이 개정한다.

(공소인 등의 주장)

가. 원폭의료법, 원폭특별조치법과 피해자원호법이 일본에 거주도 현재도 않는 자에 대해서는 적용되지 않는다는 해석과 이 점을 확인하여 시달한 402호 통달과 158호 통지는 어느 것이나 적법이다.

따라서 당시의 후생성(현 후생노동성) 공중위생국장이 402호 통달을 입안하고 유지해서 동 후생사무차관이 158호 통지를 내리고 또 오사카부 지사가 피공소인에 대한 건강관리수당지급을 중지한 것에는 하등의 위법이 없다.

나. 법령의 해석에 관해서는 학설 · 판례 등의 견해가 나뉘고 있고 어느 것이나 그 나름의 논거가 인정되는 경우에 공무원이 한 쪽의 해석을 채택한 경우는 그것이 결과적으로는 위법이었다 하더라도 공무원에게 국가배상법 1조 1항의 과실이 있다고 할 수는 없는 것이다.

이와 같은 관점에서 보면 원폭의료법, 원폭특별조치법과 피폭자원호법이 일본에 거주도 현재도 하지 않는 자에 대해서는 적용되지 않는다는 해석은 그 급부체계, 입법자 의지, 피폭자가 일본에 거주 또는 현재하는 것을 전제로 한 각종 규제의 존재, 법적성격 등을 근거로 한 합리적인 해석이었다. 또 이와 같은 법률에서는 재외피폭자에 대한 급부를 예정한 규정은 전혀 존재하지 않고 이러한 법률이 재외피폭자 들에게도 적용된다는 판례 · 학설은 본건소송 이전에는 없었던 것이다. 따라서 가령 402호 통달이 위법이었다고 할지라도 국가의 공무원과 오사카 부지사에게 국가보상법 1조 1항의 고의 · 과실이 없는 것은 명확하다.

제 3 당 재판소의 판단

1. 피폭자원호법 1조의 「피폭자」가 일본에 거주도 현재도 않게 되어 당연히 「피폭자」란 지위를 상실하는가 안하는가(일본에 거주 또는 현재(現在)하는 것이 「피폭자」란 지위의 효력이 존속하는 요건인가 아닌가)대하여 판단한다.

(1) 법문상의 피폭자란 지위에 대해서

가. 피폭자원호법상 「피폭자」란 요건은 동법 1조 각호의 어디인가 해당해야 하며, 피폭자건강수첩을 교부받아야 한다는 두 가지이다. 일본에 거주나 현재하는 것을 법문상의 요건으로 하고 있지 않다.

나. 그리고 피폭자원호법 2조 1항에 의하면 피폭자건강수첩의 교부를 받으려고 하는 자는 거주지(거주지가 없는 자는 그의 현재지로 한다)의 도도부현(都道府縣)지사에게 그 취지를 신청해야 한다. 따라서 피폭자건강수첩의 교부를 받고 「피폭자」란 지위를 취득하기 위해서는 적어도 신청의 시점에서 일본에 있어야만 하는 것으로 되어 있다.

그러나 일단 피폭자건강수첩을 받은 연후에 수첩을 반환할 필요가 생기는 것은 사실상 「피폭자」가 사망했을 때 뿐이다. (동법시행규칙 8조)

피폭자가 일본에 거주도 현재도 하지 않게 되었을 때 당연히 동법의 적용 대상에서 제외된다거나 「피폭자」란 지위를 상실한다(상실시키는 것이 가능하다)는 등의 명문규정도 없다.

따라서 피폭자원호법 동법시행규칙의 법문상은 일본에 거주 또는 현재하고 있는 자만을 그 적용대상으로 한다거나 일본에 거주 또는 현재하는 것이 「피폭자」란 지위의 효력존속요건이라고 해석할 수 있는 직접적인 근거는 없는 것이라고 하겠다.

(2) 해석상의 「피폭자」라는 지위에 대하여

공소인 등은, 피폭자원호법이 해석상 일본에 거주 또는 현재하는 자만을 그 적용대상으로 하고 일본에 거주도 현재도 하지 않게 된 자에 대해서는 법률상 당연히 피폭자」란 지위를 상실한다. 즉 일본에 거주 또는 현재하는 것이 「피폭자」란 지위에 있다는 효력발생요건일 뿐만 아니라 효력존속요건이라고 주장한다.

그래서 동법상 공소인 등이 주장하는 해석이 동법의 법적성격, 입법자 의지, 법률 전체의 법구조 등에 비추어 본다면 합리적인 것이라고 시인할 수 있는가 아닌가에 대하여 아래와 같이 검토한다.

가. 행정법과 속지주의의 원칙에 대하여

(가) 공소인 등은 피폭자원호법은 행정법이기 때문에 일반적으로 행정법규는

일본국내에서만 효력을 갖는 것이 원칙이니까 예외규정이 없는 한 일본에 거주도 현재도 하지 않는 자에 대해서는 적용되지 않는다고 주장한다.

(나) 확실히 강제조사나 각종의 규제 등 행정기관이 공권력의 행사에 관한 국법에 있어서는 국가주권에 유래하는 다른 국가에 대한 불간섭의무에 비추어 공소인 등이 주장하는 속지주의의 원칙이 타당하다.

(다) 그러나 피폭자원호법과 같은 소위 급부행정에 관한 국법에 있어서는 속지주의(屬地主義)의 원칙을 엄격하게 적용해야 할 필연성은 없다. 반대로 그 성질상 급부를 받는 측의 인적측면에 착안해서 속인주의(屬人主義)적인 입장(인적범위를 한정하는 반면 장소적 범위를 일본 국내에 한정하지 않는 입장)을 채용하는 법제에도 십분 합리성이 인정된다. 우리나라의 전쟁피해에 관한 다른 보상 입법에도 명문(明文)규정이 없어도 국외 적용을 인정하고 있는 법제의 예도 더러 있는 것이다(유족등원호법, 전상병자(戰傷病者)특별원호법 등).

(라) 이상에 의하면 피폭자원호법은 행정법규이기 때문에 속지주의에 당연히 해당하는 것이라고 할 수는 없다. 나아가 「피폭자」란 지위를 일단 적법, 유효하게 취득한 자가 일본에 거주도 현재도 하지 않게 되었다고 해서 속지주의의 원칙을 근거로 당연히 그 지위를 상실한다는 해석을 채택할 수는 없다고 할 것이다.

나. 피폭자원호법의 성격에 대하여

(가) 공소인 등은 피폭자원호법은 비거출제(非據出制)의 사회보장법이니까 일본국의 사회구성원이 아닌 해외거주자에게는 적용되지 않는다고 주장한다.

(나) 확실히 일반론으로서는 비거출제의 사회보장제도는 그것이 사회연대나 상호부조의 관념을 기초로 해서 사회구성원의 세(稅) 부담에 의존하고 있다. 그래서 그 적용대상자를 일본국 사회의 구성원에만 한정해야 한다는 해석도 있을 수 있다. 그러나 개별, 구체적인 사회보장제도에 있어서 어느 범위의 대상자를 적용대상으로 할 것인가는 각기 그 제도에 있어서 정책결정의 문제이다. 피폭자원호법을 사회보장으로서의 성격에서 연역(演繹)적으로 공소인들이 주장하는 해석을 도출하는 것은 합당하지 않다.

(다) 그리고 피폭자원호법은 원폭의료법을 그 전신으로 하고 있으므로 동법의

취지는 헌법재판소가

「원폭의료법은 피폭자의 건강면에 착안해서 공비(公費)에 의해 필요한 의료급부를 하는 것이므로 그 점에서 본다면 소위 사회보장법으로서 다른 공적의료급부입법과 같은 성격을 갖고 있는 것이라고 할 수가 있다. 그렇다고는 하지만 피폭자만을 대상으로 해서 특별히 본 입법이 성립되었다는 연유를 이해하기 위해서는, 원자폭탄 피폭으로 인한 건강상의 장애가 과거 그 예를 찾아볼 수 없는 특이하고 심각한 것이라는 것과 함께 그와 같은 장애의 원인을 따지자면 전쟁이라는 국가의 행위에 의해서 생겨난 것이고 더구나 피폭자의 많은 수가 현재까지도 생활상 일반 전쟁피해자보다도 불안정한 상태에 놓여 있다고 하는 사실을 잊어서는 안 된다.

원폭의료법은 이와 같은 특수한 전쟁피해에 대해서 전쟁수행 주체였던 국가가 스스로 책임을 지고 구제를 도모하기 위한 측면도 있으므로 그 점에서는 실질적으로 국가보상적 배려의 제도 근저에 있는 것을 부정할 수는 없는 것이다.」라고 판시한 것과 같은 것이다(손진두 판결).

또 피폭자원호법도 전문을 설정해서 「(전략) 국가의 책임으로 원자폭탄 투하로 생긴 방사능에 기인한 건강피해가 다른 전쟁피해와는 다른 특수한 피해라는 것을 감안하여 고령화가 진행되고 있는 피해자에 대한 보건, 의료 및 복지에 걸친 종합적인 보호대책을 강구 (중략) 하기 위해 이 법률을 제정한다.」라고 명기되어 있다.

이것에 의하면 원폭의료법의 성격은 어김없이 피폭자원호법으로 이어져 갔으니 피폭자원호법도 사회보장과 국가보상이라는 쌍방의 성격을 공유하는 특수한 입법이라고 인식하는 것이 타당하다.(라) 이상과 같이 피폭자원호법의 종합적인 성격을 강조하자면 「피폭자」의 국적도 재력도 불문하고 일률적으로 원호를 강구한다고 하는 인도적 목적의 입법이라는 것을 참조한다면 그 사회보장적 성격을 내세워 일본국에 거주도 현재도 하지 않고 있는 피폭자들에게 그 적용을 당연히 배제한다고 하는 해석을 도출하기는 곤란하다.

다. 입법의지에 대하여

(가) 공소인 등은 피폭자원호법은 일본에 거주도 현재도 하지 않는 자에게는 적

용하지 않는다는 전제로 국회에서 가결, 성립되었으니 일본에 거주도 현재도 하지 않는 자에 대해서는 당연히 「피폭자」란 지위가 상실되는 것이 그 입법자 의지라고 주장한다.

a. 그것을 검토하여 보면 평성6년 11월 1일부 131회 국회 중의원 후생위원회의 이와사 에이미(岩佐惠美) 위원과 다니 슈우이찌(谷修一) 정부위원과의 토론에서 일본공산당의 수정안이 부결된 경위는 다음과 같다. (갑 제61호 증, 을 제4호 증, 변론의 전(全) 취지)

(a) 우선 이와사 위원이 정부안(案)에는 외국에서 거주하는 피폭자에게는 구호조치가 행해지지 않는 것으로 되어 있는데, 국가보상에 기인하는 피폭자연금이라면 외국에 거주하는 자에게도 지급되어야 할 것으로 보는데 어떤가라고 질문하였다. 이에 대해서 다니 정부위원은 정부안에 따른 급부가 거출(據出)의 요건이 아닌 공적재원에 의해 지출되는 것은 다른 제도와 균형을 고려할 필요가 있어서 일본국내에 거주하는 자를 대상으로 수당을 지급하려고 생각하고 있고, 수당이냐 연금이냐의 명목을 불문하고 우리나라의 주권이 미치지 못하는 외국에 대해서는 일본의 국내법을 적용할 수 없다고 답변하였다.

(b) 나아가 이와사 위원은 연금화한다면 외국에서도 지급이 가능하다는 설이 유력한데, 피폭자는 외국에 거주하고 있는 외국인이라도 원폭후유증발생에는 변함없는 것이니 모든 피폭자들을 원호하기 위해서 연금을 지급하는 것이 어떠냐고 질문하였다. 이에 대해서 다니 정부위원은 현재의 수당은 피폭자의 건강상태에 따라 지급하는 것이기 때문에 연금과 같이 피폭자의 건강상태를 심사하지 않고 급부하는 것은 생각하고 있지 않다고 답변하였다.

(c) 이상과 같은 질의응답을 거쳐서 이와사 의원은 정부안에는 국가보상의 이념이 명기되어 있지 않고 특별장제급부금의 지급대상자를 한정하였으며 피폭자연금을 실현시키려고도 하지 않았다는 것을 지적한 뒤, 이런 것들을 내포한 일본공산당의 수정안은 전쟁의 국가책임을 명확히 하고 사죄와 보상을 행하여 추후 전쟁금지의 서약을 담은 국가보상법으로 하기 위해 제안한다는 취지의 설명을 하였다. 이에 대

해서 스즈키 준이찌(鈴木俊一) 위원의 반대토론은, 일본공산당의 수정안은 국가전쟁책임에 기인하는 국가보상을 전제로 한 것으로 기타 전쟁희생자와의 균형 등의 면에서 기본적인 문제를 내포하고 있기 때문에 반대한다는 것이었다.

b. 이상에 의하면 다니 정부위원이 수당지급은 일본 국내에 거주하는 자를 대상으로 한다는 취지로 답변한 이유는 피폭자원호법이 비거출(非據出)의 사회보장법적 성격을 가지고 있기 때문에 일본의 주권이 미치지 않는 외국에서는 국내법을 적용하기 어렵다는 일반론의 영역을 벗어난 것이 아니다(타 제도와의 균형에 대해서는 구체적으로 의논된 적은 없다.).

또 동 정부위원이 피폭자연금의 제안을 소극적으로 해석한 것도 해외의 거주자에게 급부하는 것의 당부(當否)는 차치하고라도 피폭자의 건강상태를 심사하지 않고 일률적으로 지급하는 연금형식의 당부(當否)에 착안한 점이 엿보인다.

c. 나아가 피폭자원호법의 심사과정을 보면 국가의 전쟁책임과 국가보상적 배려를 어느 정도까지 법안에 포함시킬 것인가의 논쟁이 반복되었고(을 제3호 증, 제4호 증, 변론의 전 취지) 일본공산당의 수정안의 요점은 국가의 전쟁책임을 명확하게 하고 국가보상적 관점에서 국내외를 불문하고 모든 피폭자에게 일률적으로 연금을 지급하는 것으로 되어 있다. 이에 대한 반대토론의 중점도 동법을 국가전쟁책임에 따른 국가보상을 명확히 할 것이냐의 시비에 집중되었던 것을 엿볼 수가 있다(여기에서도 기타 전쟁희생자와의 균형에 대하여 구체적으로 의논된 적은 없다.). 이것에 의하면 일본공산당의 수정안이 부결된 이유는 일본에 거주도 현재도 하지 않는 자에 대한 동법의 적용의 당부(當否)에 착안해서라고는 말하기 곤란한 측면이 있다.

d. 이상에 의하면 피폭자원호법의 입법과정에 있어서 정부위원으로부터 동법이 비거출(非據出)의 사회보장적 성격을 갖고 있기 때문에 일본의 주권이 미치지 못하는 외국에서는 국내법의 적용이 없다는 일반론이 개진되기는 했지만, 적어도 본건에서 주된 쟁점인 일단 적법 · 유효하게

피폭자란 지위를 취득 한 자가 일본에 거주도 현재도 하지 않게 되어 당연히 「피폭자」란 지위를 상실하는가라는 점에 대해서는 논의의 대상이 아니었던 것이라고 할 것이다. 평성12년 12월 6일부 제131회 국회참의원 국회 후생노동위원회에서 다께무라 야스꼬(竹村泰子) 의원과 다니 정부위원의 토론에서도 (을제22호 증) 이를 인정·판단을 움직일 만한 것은 없다. 따라서 공소인들이 지적한 질의 답변이나 이론 그리고 공산당의 수정안이 부결된 경위를 살펴보는 것만으로는 본건의 주된 쟁점에 관해 입법자의 의지가 분명하다고 인정하기에는 곤란한 점이 있다고 할 것이다.

(나) 나아가 법률의 해석은 먼저 법문의 합리적 해석에 의해야 하므로 입법자의 의지도 제1차적으로는 해당법문에 표현된(명문이 설정되어 있지 않는 것도 포함해서) 것에 의하여 탐구되어야할 것이다.

a. 그래서 이점에 대해서 생각해 보건대 우선 인간의 권리의무에 직접 관계된 법률은 본래 질의가 남을 수 없도록 명확하게 규정하도록 요청되어야 할 것이다. 그것 자체는 소위 침해영역의 입법이거나 급부영역의 입법이거나를 따질 필요가 없다. 해석으로 법률의 적용대상을 선별한다거나 유효하게 성립되어 있는 행정처분을 당연히 실효시킨다거나 하는 것을 인정한다면 행정에 의한 자의적인 운용, 나아가서는 법률에 의한 행정의 원리에도 저촉될 우려가 있는 것이다.

b. 본건에서 이것을 보면 피폭자원호법의 심의과정에서, 해외에 거주하는 피폭자에 대한 원호의 내용에서도 질의·답변이 있었다. 그러나 적어도 입법기술상은 일본에 거주하는 자만을 적용 대상으로 한다거나 이것을 「피폭자」라는 지위의 효력존속요건이라고 하는 취지의 명문규정을 두는데 각별한 곤란은 없었을 것이다. 법률의 적용이나 일단 발생한 효력의 존속여건과 같은 당해 입법의 목적에 관한 기본적인 사안에 대하여 전문적·기술적 분야도 아닌데 이것을 행정청의 재량행위에 위임하여야 할 합리적인 이유도 발견할 수가 없다. 사회보장입법 중에는 수급권·수급자격의 요건으로서 일본국내에 주소를 갖고 있어야한다고 요구하거나(아동수당법 4조 1항) 수급권·수급자격의 소멸이유로서 일본국내의

주소의 상실(아동부양수당법 4조 2항 1호, 특별아동부양수당 등의 지급에 관한 법률 3조 1호)을 규정하고 있는 것도 존재한다.

그럼에도 불구하고 이와 같은 점에 관한 명문규정을 두지 않고 해석에 위임한다면 그것은 입법과정에서 불비(不備)라고 할 것이다. 거기에다가 입법자 의지로 취사선택할 수 있는 적극적인 의미를 갖게 하는 것도 타당치 않다고 할 것이다. 이와 같은 관점에서 본다고 하면, 공소인 등이 주장하는 것과 같이 명문규정을 두지 않는 이유가 피폭자원호법이 일본에 거주도 현재도 하지 않는 자에게는 적용하지 않는 것을 당연한 전제로 했기 때문에 일단 적법·유효하게 「피폭자」란 지위를 취득한 자가 그 후에 일본에 거주도 현재도 하지 않게 되면 당연히 「피폭자」란 지위를 상실한다는 것이 합리적인 입법자 의지라고 보는 것은 합당하다고 할 수는 없다.

(다) 이상에 의하면 피폭자원호법의 입법의사는 본건에서 주요 쟁점으로 되어 있는 점에 대해 명확하다고 할 수 없고 공소인들의 주장을 바로 채용할 수도 없다. 나아가 원폭2법 하에서는 일본에 거주도 현재도 하지 않는 자에 대해서 별도 외교 루트를 통해서 각종검진사업과 기금의 거출 등이 실시되어 온 것이 인정된다(을제22호 증 변론의 전 취지).

그러나 그것 자체는 정부의 법해석을 기초로 한 행정의 입장에서 그와 같은 취급을 해왔다는 그 이상의 의미는 없고 법문의 문헌에 표현된 합리적인 입법자 의사의 탐구에는 영향을 주지 않는다고 할 것이다. 이와 같은 행정실무의 취급도 상기를 인정, 판단을 바꿀 수는 없다. 후기하는 바와 같이 본 소제1심 판결 후에 후생노동성에 의해 실시되기도 한 각종의 재외피폭자 지원사업에 대해서도 같은 것이다.

라. 피폭자원호법의 법 구조에 대해서

(가) 피폭자건강수첩이나 각종 인정의 신청 시

피폭자건강수첩의 교부 신청에 대한 피폭자원호법 2조, 각종수당의 지급이 전제로 된 도도부현(都道府縣) 지사의 인정에 관한 피폭자원호법과 동법 시행규칙의 각 규정(의료특별수당에 대한 동법 24조 2항, 동법시행규칙 29조 1항, 특별수당에 대한 동법 25조 2항, 동법 시행규칙 44조, 원자폭탄소

두증(小頭症) 수당에 관한 동법 26조 2항, 동법 시행규칙 48조, 건강관리 수당에 대한 동법 27조 2항, 동법 시행규칙52조 1항, 보건 수당에 대한 동법 28조 2항, 동법 시행규칙 56조 1항)에 의하면 피폭자건강수첩의 교부를 신청하거나 각종 수당지급의 전제가 되는 도도부현(都道府縣) 지사의 인정을 받기 위해 신청하는 시점에서는 일본에 거주 또는 현재하는 당연한 전제가 된다. 그러나 이러한 규정은 「피폭자」라는 지위와 각종 수당의 수급권을 취득할 때의 문제이지 일단 취득한 「피폭자」란 그 자체의 지위를 상실시키는 근거가 될 수는 없다.

(나) 각종급부의 권리 발생시

a. 피폭자원호법 제3장 제2절의 건강관리와 제4절의 각종 수당지급의 실시 주체는 도도부현(都道府縣) 지사로 되어 있다. 그러나 이것은 원호의 실시주체를 정해(평성12년 4월 1일 전에는 국가의 기관위임사무로 되어있었다.) 소정의 원호와 원호실시주체를 연결하기 위해 관할을 정한 기술적 규정이라고 인정된다. 따라서 수급자가 일본에 거주 또는 현재하고 있는 것을 당연한 전제로 한 것이라고 말할 수는 없다.

또 「피폭자」가 다른 도도부현(都道府縣)으로 거주지를 옮겼을 때의 계출의무(피폭자원호법 3조 1항)에 대해서도 일본국내에서 거주를 옮겼을 때 관할의 혼란이 생길 것을 피하기 위해서 규정한 기술적인 규정이라고 해석할 수가 있다. 이것을 가지고 바로 실권(失權)의 근거로 할 수는 없다. 그 후에 개정된 피폭자원호법시행령(평성14년 4월 1일 정령 제148호), 피폭자원호법시행규칙(평성14년 5월 31일 후생노동성령 제74호)에 의해 「피폭자」가 국외로 거주지를 변경할 경우의 계출의무나 국내에서 거주지를 변경할 경우의 계출에 관해서도 규정이 만들어졌는데(공지의 사실) 이것을 가지고 바로 실권의 근거로 할 수 있는 것이라고 단정할 수는 없다.

그 밖에도 의료특별수당에 관한 피폭자원호법시행규칙 32조나 건강보건수당에 관한 동법시행규칙 60조의 계출의무 등이 국외로부터의 계출을 인정하고 있는 것이 아니라고 해도 이런 경우 계출을 하는 즈음에 「피폭자」는 일본에 현재하고 있을 필요가 있다고 해석하면 족하다. 또 각종 원호 중에는 이와 같은 계출의무가 부과되지 않는 수당도 있으므로 어떻게 하든 이러한 규정은 일단 적법 · 유효하게 취득한 「피폭자」란 지위를 당연히 상실한다는 근거가 될 수는 없다고 할 것이다.

b. 피폭자원호법 제3장 제3절의 의료급부 중 동법 10조의 의료급부에 관해서는 후생대신(현 후생노동대신)이 지정한 의료기관에 위탁해서 진찰(동법 2항 1호), 약제 또는 치료재료의 지급(동항 2호), 의학적 처치, 수술과 기타 의료 및 시술(동항 3호), 집에서 요양상의 관리 및 그 요양에 따른 보살핌, 기타 간호(동항 4호), 병원 또는 진료소에서 입원과 그 요양에 따른 보살핌과 기타 간호(동항 5호), 이송(동항6호)을 급부한다고 되어있다. 동법 18조의 일반질병의료비에 대해서도 도도부현(都道府縣) 지사에 의해 지정된 피폭자 일반질병의료기관에서 치료를 받을 경우에는 후생대신이 그 비용의 지급을 행하는 것으로 되어 있다. 이와 같은 각 급부에 대해서는 일본에 거주도 현재도 하지 않는 자에 대한 급부는 예정되어 있지 않다. 그것은 급부의 전제로서 지정의료기관과 피폭자 일반질병진료기관의 지정, 감독의 문제가 있고 국가주권에 유래하여 다른 국가불간섭의무에 반할 염려가 있어 일본 이외에서는 실시가 사실상 곤란하기 때문이라고 해석된다.

그러나 「피폭자」란 지위에 따른 권리는 의료급부를 수급하는데 그치는 것만이 아니기 때문에 의료급부를 받을 수 없다는 사유만으로 「피폭자」란 지위가 상실된다고 볼 수는 없다고 할 것이다.

나아가 동법 17조, 18조는 지정의료기관 이외의 의료를 받을 경우, 혹은 피폭자 일반질병의료기관 이외의 의료를 받았을 경우에도 의료비의 지급, 일반질병의료비의 지급을 한다고 정하고 있다. 그러나 이것은 긴급, 기타 부득이한 경우의 응급조치이기 때문에 일반적으로 일본에 거주도 현재도 하지 않는 「피폭자」에 대해서 의료급부가 행하여져야 한다고 하는 근거로 될 수는 없다.

(다) 「피폭자」란 지위와 각 원호와의 관계

a. 피폭자원호법은 1조 각호의 요건에 해당하는 자로서 2조의 규정에 따라 피폭자건강수첩의 교부를 받은 자를 「피폭자」로 정의하고 「피폭자」에 대해서 동법 제3장에 규정한 각종의 원호를 실시하는 구조로 되어 있

다. 따라서 각종의 원호는 「피폭자」이기 때문에 당연히 실시되는 것이 아니고 피폭자가 각 원호에 관한 소정의 요건을 충족시킬 경우에만 실시되는 것이다.

공소인 등은 「피폭자」가 일본에 거주 또는 현재하는 것을 예정한 규정으로, 일본에 거주도 현재도 하지 않는 자에게 적용한 규정이 없는 것은 처음부터 동법의 적용대상에는 포함되어 있지 않는 것이 가장 큰 증거라고 주장한다.

확실히 각 원호의 주요부분에 대해서 요건을 모두 충족시키지 못한 자나 원호의 실시가 도저히 불가능한 자에게는 처음부터 「피폭자」란 지위가 아니다(혹은 당연이 상실)는 해석도 있을 수 있다.

그러나 동법 제3장 각 원호의 내용·성질은 각기 다른 것으로서 국가주권에 의한 제한 외에도 입법기술상의 곤란성이나 실시상의 곤란성 등의 관점에서 어떠한 제한이 생기는 것인가 개별적이고 구체적인 고려가 필요하게 된다.

「피폭자」라는 지위와 각 원호를 받을 수 있는 가능성을 필연적으로 불가분 일체의 것으로 해석해야만 하는 것으로 생각할 필요는 없고, 「피폭자」란 지위에 있다고 해도 각종 원호의 내용·성질에서 그 원호를 사실상 실시할 수가 없는 경우가 생기는 실태도 생각할 필요가 있다고 하겠다. 또 이와 같이 일본국내에 거주 또는 현재하는 것을 전제로 한 규정에 의해서 그 당부는 차치하고라도 국외의 「피폭자」가 각 원호의 실시를 받을 수 없는 사태가 발생할 수 있다고 해도 그것 자체는 오로지 「피폭자」 측의 사정이나 형편에 의한 것이다. 동법상의 원호를 받을 수 없는 「피폭자」가 있다고 해서 그 사람이 「피폭자」로서 동법상의 권리주체가 될 수 없다고 해석하는 것은 본말을 전도했다고 하는 평을 면치 못할 것이다.

b. 공소인 등은 피폭자원호법상 피폭자에 대한 가장 기본적인 원호는 의료급부이고 각종 수당의 지급은 그것만으로는 충분하지 않다고 생각하는 사람에 대해서 보완적으로 주는 원호이기 때문에 의료급부를 받은 것이 전혀 예정되어 있지 않는 재외피폭자가 각종 수당지급만을 받을 수 있는 사태는 동법의 급부 체계를 무시하는 것이라고 주장한다.

그러나 동법 제3장에 규정하는 각종 원호 중에서 치료기간 중에 지급한다고 명기되어 있는 수당은 의료특별수당 뿐이고(동법 24조), 기타 제 수당은 치료 중이라는 요건으로 되어 있지 않다. 예를 들면 보건수당(동법 28조)을 받기 위해서는 건강상태와는 무관하게 폭심에서 2km이내에서 피폭한 사실만 증명되면 진단서는 필요하지 않다. 특별수당(동법 25조)도 원폭증(原爆症) 인증환자가 치료한 후에도 받을 수 있다. 원폭소두증(原爆小頭症) 수당(동법 26조)은 진단되기만 하면 치료의 요부(要否)를 묻지 않고 지급되며 특별장제급부금(동법 33조)은 의료행위와 전혀 관계없이 지급되는 성격의 것이다.

건강관리수당(제27조)에 대해서도 성령(省令)으로 정한 장애를 수반하는 질병에 걸린 자에 대해서 지급하는 것으로서 지정의사의 건강진단서를 필요로 하고는 있지만(동법 시행규칙 51조, 52조) 의료급부를 전제로 하고 있는 것은 아니다. 그 취지는 방사능과의 관련성을 명확하게 부정할 수 없는 질병에 걸려 있는 자에 대해서 항상 건강에 주의를 할 필요가 있기 때문에 이와 같은 건강관리에 필요한 비용을 충당하는 것이 급부의 본 취지인 것이다. 그렇다고 한다면 해당 요건을 충당하는 「피폭자」는 우선 의료급부를 받는 것이 당연하지만 일본에 거주도 현재도 하지 않기 때문에 그것을 바랄 수 없다고 해도 적어도 건강관리수당을 받고 일상의 건강관리에 노력하는 의의를 부정할 수는 없을 것이다.

「피폭자」가 일본에 거주도 현재도 않기 때문에 사실상 의료급부를 받을 수 없는 상황에 있다고 할지라도 그것이 건강관리수당지급을 부정하는 근거로 할 수는 없다고 할 것이다.

C. 공소인 등은 원폭의료법에 기초한 의료급부가 일본국내에서만 받을 수 있는 것이기 때문에 동법의 추가지원책으로 제정된 원폭특별조치법이나 원폭2법을 하나로 통합한 피폭자원호법에 대해서도 재외피폭자를 적용대상으로 한 것은 아니라고 주장한다.

확실히 원폭의료법에서는 의료라는 급부의 성질상, 일본에 거주도 현재도 하지 않는 자에 대한 지급은 예정되어 있지 않다. 원폭특별조치법에서 추가된 각종 급부에 대해서도 행정실무에서 같이 취급되어 왔다(을 제22호 증, 제25호 증의 2, 변론의 전 취지).

그러나 피폭자원호법에서는 피폭 후 50년이 경과함에 따라 (1)그 전문에 「국가의 책임에 있어서」란 글이 명기되었고 (2)각종 수당의 소득제한 규정이 전부 폐지되었으며 (3)원폭 사몰자(死沒者)에 대한 특별장제급부금이 신설되는 등 원폭2법의 국가보상적 성격과 인도적 목적을 더욱 강화한 방향으로 통합되었다고 보는 것이 타당하다.

그렇다고 한다면 피폭자원호법이 원폭2법을 계승한 경위가 있다고 해서 종전의 취급에 얽매여야(拘泥) 한다고 할 수는 없는 것이다. 적어도 그 경위가 일단 적법 유효하게 「피폭자」란 지위를 취득한 자에 대해서는 일본에 거주도 현재도 하지 않게 된 것으로 인해서 당연히 그 지위를 상실한다는 해석의 합리적인 이유가 된다고 말할 수 없는 것이다.

(다) 이상에 의하면 피폭자원호법의 각종규정도 공소인 등의 주장을 뒷받침할 근거가 없다고 할 것이다.

마. 손진두 판결에 대하여

(가) 공소인 등은 최고재판소가 손진두 판결에서 일본에 거주도 현재도 하지 않는 자에 대해서는 의료법의 적용이 없는 것을 명확히 하고 있고 이것은 피폭자원호법에서도 같은 것이라고 주장한다.

그러나 손진두 판결은 일본에 불법 입국한 재한피폭자에 대해서 현재하는 이유의 여하를 막론하고 원호법의 적용이 있다고 판단한 사안이고, 「피폭자로서 일본 국내에 현재하는 자로 제한」한다는 판시도 그 취지의 한계를 넘지 않는 것이다. 이것을 반대로 해석해서 일본국내에 현재하지 않는 피폭자에게는 원폭의료법의 적용이 없는 것으로 판단한 것은 아니다.

또 「불법 입국한 피폭자가 단기간만 동법의 급부를 받을 수 있는 경우에 한해서」라는 설명에 대해서도 행정청의 주장을 전제로 한 가정(假定)의 표현이고 애당초 성질상, 원폭의료법상의 의료급부를 일본에 거주도 현재도 하지 않는 자에게는 실시할 수 없기 때문에 어떻게 하든 그 설명을 가지고 피폭자원호법상 일본에 거주도 현재도 않게 되면 당연히 피폭자란 지위를 상실한다는 해석의 근거로 삼을 수는 없다.

(나) 공소인 등의 주장은 채용할 수가 없다고 할 것이다.

가. 본 소 제1심판결 이후의 시책에 대해서

(가) 후생노동성은 평성 13년 12월 후생노동대신이 주재하는 「재외피폭자에 대한 검토회」의 보고를 받고 다음의 조치를 강구함과 동시에 피폭자건강수첩 등 재외피폭자 취급에 관해서 법령상의 규정의 정비를 행한다는 것은 인정된다[갑 제82호 증 내지 제100호 증, 을 제23호 증의 1 내지 6, 제25호 증의 1, 2. 그 후 피폭자원호법시행령(평성 14년 4월 1일 정령 148호), 동시행규칙(평성 14년 5월 31일 후생노동성령 제74호)에 의해 「피폭자」가 해외로 이주하는 경우의 계출 규정 등이 정비되었다(공지의 사실).].

a. 대개 3년 이내에 모든 재외피폭자가 도일(渡日)해서 피폭자건강수첩의 발행을 받을 수 있도록 한다는 것과 도일이 불가능한 자에 대해서도 신청에 따라 피폭의 사실 확인을 행한다는 것.

b. 재외피폭자에 대한 지원 사업으로서 (1)일본 방문을 희망한 자에 대해서는 사전에 받아드릴 준비나 행정기관과의 연락조정 (2)경제적 사정으로 방문이 어려운 자에게 여비 등의 보조 (3)체류 중 의료기관의 알선, 각종 수속 등에 관한 상담 (4)이일(離日)에 대한 각종 수속 등에 관한 연락조정 (5)귀국 후의 각종 정보제공, 상담 (6)원폭의료에 관한 의사 등 연수(研修) 수입(受入), 의사의 파견 등 (7)기타 재외피폭자의 건강유지를 위한 사업 등을 실시하는 것

(나) 그러나 이와 같은 조치에는 「재외피폭자에 대한 검토회」가 인도상의 관점에서 재외피폭자의 원호에 관해 금후 어떤 시책을 강구할 것인가를 검토한 결과에 따라, 후생노동성이 종전의 행정실무를 전제로 한 새로운 시책을 타진한 것에 불과한 것 이외의 의미는 없는 것이다.

이러한 사정을 가지고 피폭자원호법상 일본에 거주도 현재도 않게 되어 당연히 「피폭자」란 지위를 상실한다고는 하는 해석의 근거로 해서는 안 된다고 할 것이다.

이상 가내지 나에서 검토한 바를 종합하여 감안해 본다면 피폭자원호법의 법적성격, 입법자 의지, 법률전체의 법 구조 어느 것을 보아도 그런 취지의 명문규정이 없는데도 불구하고 일단 적법·유효하게 「피폭자」란 지위를 얻은 자가 일본에 거주도 현재도 않게 되어 그 적용대상에서 당연히 「피폭

자」란 지위를 상실한다고 하는 해석을 합리적인 것이라고 인정할 수 없다. 동법에 국적조항을 두지 않는 이상 적용 대상이 되는 외국인이 일상의 생활관계에서 일본에 거주도 현재도 하지 않는 것은 일반적으로 예상되는 일이다. 따라서 그 합리적 해석에 있어서도 「피폭자는 어디에 있어도 피폭자」란 사실을 직시 하지 않을 수 없는 바이다. 공소인 등의 주장은 채용할 수가 없다.

(1) 「피폭자」란 지위의 확인에 대해서

앞서 1에서 검토한 바에 의하면 피공소인이 일본에 거주도 현재도 하지 않게 되었다고 해도 당연하게 「피폭자」란 지위를 상실하지 않는다. 따라서 피공소인의 청구 중 피공소인과 공소인 국가의 사이에서 피공소인이 피폭자원호법 1조 1호에서 정한 피폭자란 지위에 있는 것을 확인하는 청구는 이유가 있다.

(2) 건강관리수당의 지급에 대하여

가. 피공소인이 「피폭자」란 지위를 상실하지 않았다고 해도 건강관리수당의 수급권에 대해서는 한걸음 더 나아가 소정의 요건을 충족시키고 있는지 아닌지를 검토할 필요가 있다.

나. 건강관리수당은 「피폭자」로서 조혈기능(造血機能)장애, 간장(肝臟)기능장애, 기타 후생성령에서 정한 장애를 수반한 질병에 걸려있는 자에 대해서 지급되는 돈으로서 지급을 받으려면 도도부현(都道府縣) 지사의 인정을 받아야하고 그 때 도도부현(都道府縣) 지사가 해당 질병이 계속된다고 인정되는 기간을 정한다고 되어 있다(피폭자원호법 27조 1항 내지 3항). 그 기간은 질병의 종류마다 후생대신(현 후생노동성대신)이 정하는 기간 내로 정해져 있고 조혈기능 장애를 수반한 질병의 경우, 철결핍증 빈혈 및 궤양에 의한 소화 기능장애를 수반한 질병에 대해서는 3년, 기타의 질병에 대해서는 5년으로 정해 있다(평성7년 6월 23일 후생노동성 고시 제127호). 그리고 그것을 인정하는 것은 원칙적으로 피폭자원호법 19조 1항의 규정에 따라 도도부현(都道府縣) 지사에 의해 지정된 피폭자일반질병의료기관의 진단서를 첨가해야하는 것이 요구되어 있다(동 시행규칙 52조 1항).

이러한 규정을 전제로 한다면 피폭자건강수당의 지급개시는 일본에 거주 또는 현재하는 것이 필요하다고 해석되는데, 인정 후에 시행된 원호의 내용은 돈의 지급이기 때문에 성질상 당연히 일본에 거주 또는 현재하는 것이 요구되는 것은 아니다. 정확히 일본에 거주 또는 현재도 하지 않는 자에게 지급하는 구체적인 방법을 정한 규정은 존재하지 않지만 이것을 명확하게 배제하는 규정도 없다. 그리고 앞서 기술한 것과 같이 전쟁피해에 관한 기타 보상입법인 유족등원호법에서는 해외송금의 수속규정이 없어도 실제로 해외송금이 이뤄지고 있는 것에 비추어 본다면(갑 제28호 증, 제75호 증, 변론의 전 취지) 건강관리수당은 일본에 거주도 현재도 하지 않는 「피폭자」에 대해서도 지급하여야 한다고 인정하는 것이 타당하다.

다. 그렇기는 하지만 건강관리수당은 피폭자원호법 제27조 1항의 요건에 해당하지 않게 되었을 때는 수급권자는 실권(失權)의 계출을 의무적으로 해야 한다(동 시행규칙 54조, 39조). 또 도도부현(都道府縣) 지사는 동 조항의 요건에 해당되지 않은 수급권자에 대해서는 그 취지를 통지하여야만 한다(동법시행규칙 54조, 40조)고 되어 있다.

이러한 규정을 적절하게 적용하기 위해서는 도도부현(都道府縣) 지사에게 서면심사뿐만 아니라 수급권자로부터 의견청취 등 조사가 필요하게 되고, 그 한도에서 일본에 거주도 현재도 하지 않는 「피폭자」에게 건강관리수당을 지급할 경우에는 적절한 지급을 해칠 우려가 있다. 그러나 도도부현 지사는 건강관리수당의 지급을 개시함에 있어 후생대신(현 후생노동성대신)이 정한 기간 내에 해당 질병이 지속된다고 인정되는 기간을 정하여 그 기간이 만료되는 날이 포함된 달에 지급을 끝내는 것이니까(동법 27조 5항) 이와 같은 폐해가 생길 염려는 적을 것이라고 할 것이다.

라. 이상에 의하면 공소인 오사카부가 피공소인의 「피폭자」란 지위에 대하여 실권취급을 하고 평성10년 8월분 이후의 건강관리수당지급을 정지한 것에 대해서는 법률상의 근거가 없고 피공소인은 평성10년8월분 이후의 건강관리수당을 수급할 권리가 있다.

따라서 피공소인의 청구 중 평성8월분 이후의 건강관리수당의 지급을 요구하는 청구는 이유가 있다(그 이행기는 매월 말일로 하는 것이 타당하다).

3. 국가배상청구에 대해서

(1) 국가배상법 1조 1항은 공무원이 개별 국민에 대해 부담하는 직무상의 법적의무를 위반하여 고의 또는 과실에 의해 그 국민에게 손해를 가했을 때에는 국가 등이 배상책임을 진다는 것을 규정한 것이다.

그러나 통달은 전국적인 해석운용을 통일할 필요 등에 응하기 위한 것이므로 행정실무상 통달에 반한 행위를 실시한 자에게 기대하기는 사실상 불가능하다. 따라서 통달로 인한 취급에서는 해당 통달이 위법이었다고 하더라도 바로 실시행위자에게 고의 또는 과실에 기인한 위법 행위로 평가되기 위해서는 해당 통달의 내용이 상위규범에 명확히 어긋난다거나 행정실무상 일반적으로 틀린 취급을 했다거나 하는 등의 특별한 사정이 있어야 한다고 해석하는 것이 타당하다.

(2) 것을 본건에 비추어보면 오사카부 지사에 의한 실권취급의 근거가 된 402호 통달은 158호 통달에 의해서 피폭자원호법에서도 유효한 것으로 오사카부 지사는 그것에 따른 것이다.

명확히 402호 통달이 동법의 합리적인 해석으로 시인할 수 없는 부분이 있는 것은 부정하지 않지만 공소인 등이 주장하는 원폭2법과 피폭자원호법의 법적성격, 입법자 의지, 법률 전체의 법구조 등을 종합적으로 검토해보면 그 해석에도 나름대로의 논리가 없는 것은 아니고 402호 통달이 동법의 규정에 명백히 어긋난다고까지는 말할 수 없는 측면이 있다.

더구나 행정실무상은 전국적으로 「일본에 거주도 현재도 하지 않는 피폭자는 실권의 취급을 한다」라는 취지의 통일적인 대응이 취해지고 있었던 것이다(변론의 전 취지).

(3) 그렇기 때문에 공소인 등의 위법성 인식에 대해서 검토해 본다.

가. 변론의 전 취지에 의하면 당시의 후생성(현 후생노동성)이 402호 통달을 입안한 것은 원폭2법이 법문만 의거한 것은 아니고 그의 법적성격, 입법자 의지, 법률전체의 법구조 등을 종합적으로 검토한 결과라는 것이 인정된다. 그리고 앞선 설명과 같이 그런 해석에도 나름대로의 논거가 없다고 말할 수는 없다.

따라서 당시의 후생성(현재의 후생노동성)이 재외피폭자에 대한 권리상실의 명문규정이 없는 것을 인식하고 있었다고 해도 그것이 바로 402호 통달에서 위법성의 인식이 있었다고 할 수는 없다.

또 본건 전체 증거에 의하면 당시의 후생성(후생노동성)이 손진두 판결의 제1심

판결을 받은 뒤 재한피폭자들의 피폭자건강수첩 교부신청이 증가될 것을 걱정하여 그 적용을 제한할 목적으로 402호 통달을 내린 것이라고 인정하기에는 충분치 않으며 이것을 추인시킬만한 충분한 사정도 발견하기 어렵다.

나. 피공소인은 당시의 후생성(현 후생노동성)은 손진두 판결이 원폭의료법에 대하여 국가보상적 배려가 제도의 근저에 있고 피폭으로 인한 건강상 장애의 특수성과 중대성 때문에 그 구제를 위하여 내외인을 구별해서는 안 된다고 판시한 것을 인식하고 그 취지를 쉽게 이해할 수 있었으니까 402호통달의 위법성은 더욱 명확해 졌다고 주장한다.

명확히 동법의 제도의 근저에는 국가보상적 배려가 있기는 하지만 그 취지에 어떠한 범위 · 정도 · 방법으로 실현시킬 것인가는 개별적 · 구체적인 입법정책에 속하는 사안이다. 따라서 당시의 후생성(현 후생노동성)이 피폭자의 구제에 있어서 402호 통달과 같은 생각을 했다고 해서 앞선 설명과 같은 해석에도 나름대로의 논거가 있는 이상 위법성의 인식이 명확하다고 할 수는 없는 것이다(첨가하자면 402호 통달 자체는 내외인을 구별하는 내용으로 되어 있지 않다).

다. 피공소인은 원폭2법이 통합되어 피폭자원호법으로 제정될 당시 일단 피폭자건강수첩을 취득한 후 일본 국외로 출국할 경우의 취급이 자의적으로 운용되어 온 것은 당시의 후생성(현 후생노동성)이 법령과 402호 통달과의 어긋남(齟齬)이 있다는 것을 인식하고 있었다고 주장한다.

확실히 갑 제6호 증, 제11호 증, 제15호 증 내지 제22호 증, 제46호 증 내지 제49호 증, 증인 구라모토 간지(倉本寬司)와 모리 다카시(森田隆)의 각종 증언(어느 것이나 원심)과 변론의 전 취지에 의하면 재외피폭자가 일본에서 체류기간을 확인하는 업무에서 피폭자건강수첩의 표지 뒷면에 수첩의 유효기간을 기입하거나 체류예정 기간을 기입하는 등 그 취급에는 변천이 인정된다. 그러나 그 취급은 체류기간을 파악하기 위한 기술적인 것이므로 그 변천을 가지고 피폭자가 일본 국외로 나갈 경우의 권리의 득실 그 자체에 대해서 자의적으로 운용했다고 할 수는 없다.

또 공소인이 지적하는바와 같이 일본에 거주도 현재도 하지 않는 피폭자가 피폭자원호수당을 받게 된 예가 있다고 해도 그것은 본래 지급할 수 없는 수당을 과오로 지불했다고 볼 수도 있기 때문에(갑 제6호 증 내지 8호 증, 제11호 증. 단

특별장제급부금에 대해서는 1회만 급부하는 것이므로 성격상 일단 적법·유효하게 지급결정이 되면 이행의 단계에서 일본에 거주도 현재도 하지 않았다고 해도 과오로 지불하는 문제는 생기지 않았을 것이다) 이것을 가지고 바로 자의적 취급의 증거로 하는 것은 마땅하지 않다.

나아가 피공소인은 평성12년 8월경 히로시마에 거주하는 「피폭자」가 한국을 일시적으로 방문하여 「피폭자」란 지위를 상실하고 귀국 후 새롭게 「피폭자」의 인정신청을 했다고 해서, 거주지를 갖고 있는 「피폭자」라도 출국하면 「피폭자」란 지위를 상실하는 실례가 있다고 주장한다. 그러나 갑 제54호 증, 을 제21호 증과 변론의 전 취지에 의하면 이와 같은 취급은 피폭자 자신이 의도적으로 피폭자건강수첩을 반환해서 생긴 것으로 인정되므로 자의적인 취급이라고 평할 수는 없다.

결국 행정실무의 취급은 그의 당부는 차치하고라도 일본에 거주도 현재도 하지 않는 자에게 원폭2법을 비롯하여 피폭자원호법의 적용은 없다고 하는 것으로 일관하고 있고 402호 통달도 이것을 확인하여 시달하고 있는 것이므로 거기에서 자의적인 운영을 인정할 수는 없다. 피공소인의 앞선 주장은 전제에 문제가 있는 것이라고 할 수밖에 없다.

라. 피공소인은 오사카부 지사가 본건에서 실권취급을 했을 당시 402호 통달이 피폭자원호법의 인도적 목적을 정면으로 위반한 것임을 쉽게 인식하였을 것이라고 주장한다.

확실히 동법은 인도적인 관점에서 피폭자의 구제를 도모하기 위한 측면을 가지고는 있지만 어떠한 범위·정도·방법에 의해 그 목적을 달성할 것인가는 개별적·구체적인 입법정책에 속한 사안이다. 당시의 후생성(현 후생노동성)이 피폭자의 구제에 대하여 402호 통달과 같은 생각을 택했다고 해도 앞선 설명과 같은 해석에도 나름대로의 논거가 없다고 할 수 없는 이상 위법성의 인식이 쉬웠다고 할 수는 없다.

게다가 피공소인은 오사카부 지사에 의한 실권취급이 402호 통달에도 위배된다고 하여 위법성이 강한 것이었다고 주장한다. 그러나 오사카부 지사의 행위는 동법의 집행이기 때문에 법규범성을 갖지 않는 402호 통달에 위반하는지 아닌지를 문제로 하는 것은 부당하다고 할 것이다.

마. 이상에 의하면 공소인 등은 국가보상법 1조 1항의 고의 또는 과실을 인정할 수

는 없다.

(4) 따라서 이런 점은 판단할 것도 없이 피공소인의 국가배상청구는 이유가 없다.

제 4 결론

이상에 의하면 피공소인의 (1) 공소인 일본 사이에서 피공소인이 피폭자원호법상의 피폭자란 지위에 있는 것의 확인을 구하는 청구는 이유가 있으므로 이것을 인용해야 한다. (2) 공소인 오사카부에 대한 청구는 17만 650엔과 평성 11년 1월부터 평성 15년 5월까지 매월 3만 4,130엔의 지급을 청구하는 한도에, 역시 이유가 있으므로 그 한도에서 이것을 용인해야할 것이다. 그러나 기타의 사항은 이유가 없으므로 이것을 기각할 수밖에 없다(해당 심판에서 추가된 공소인 일본에 대한 건강관리수당의 지불 청구는 공소인 오사카부에 대한 지불청구와 선택적인 관계에 있으므로 이중으로 판단할 필요가 없다). (3) 공소인 등에 대한 국가배상청구는 어느 것이나 이유가 없으므로 기각하는 것으로 한다. 따라서 원판결은 타당하여 본건 공소 및 부대공소는 모두 이유가 없으므로 기각하는 것으로 하고 공소비와 부대공소비용의 각 부담에 대해서는 민소법 67조 1항, 61조, 66조 1항을 적용해서 주문과 같이 판결한다.

오사카고등재판소 제9민사부
재판장재판관　네모또 마꼬또(根本 真)
재판관　가마다 요시가쓰(鎌田義勝)
재판관　마쓰다 도오루(松田 亨)

일본어 원문 : 『원폭피해자 곽귀훈 소송기록1』, 국사편찬위원회·한일역사공동연구위원회 한국측위원회 편, 723~748쪽 수록

천성인어(天聲人語)

오전에 한국에 있을 때에는 피폭자가 아니고 낮에 일본에 도착하면 피폭자가 된다. 석양에 한국에 돌아가면 또 피폭자가 아니다. 이렇게 주장하며 피폭자원호법이 일본에 있는 사람이외에는 적용되지 않는 것을 비판하고 있는 이가 있었다. 바로 곽귀훈씨다. 그런데 그의 주장을 오사카지방재판소가 인정하고 "한국에 있어도 어디에 있어도 피폭자다." 라는 취지의 판결을 내린 것이다.

곽씨는 히로시마에서 피폭으로 중상을 입었지만 얼마 후 한국으로 돌아가 버렸다. 98년에 일본으로 와서 피폭자건강수첩을 취득했고 건강관리수당도 받았으나 귀국하고 나니 모든 것이 수포로 돌아가 실효되고 말았다. 그래서 건강관리수당을 다시 받기를 요구하는 소송을 걸었던 것이다.

곽씨의 진술서를 읽었다. 조선의 산중 촌락에서 컸지만 일본어교육의 기억은 선명하다. 학교에서는 "국어장려"를 의미하는 표시인 "국장"이라 쓴 둥근 판지카드를 월요일에 20장씩 분배했고, 어떤 경우라도 조선말을 사용하면 한 장씩 그 카드를 빼앗는 것이다. 그리고 주말에 카드의 수가 적은 학생은 벌을 받는다.

사범학교에 들어가서 "황국신민화교육", 바꾸어 말하면 일본인으로의 동화교육이 강화되고 조선인 차별은 더 심해갔다. 곽씨는 여러 가지의 모순에 봉착하지만 면종복배(面從腹背)로 대세에 순응한 삶을 살 수 밖에 도리가 없었다. 그리고 마지막에는 조선인 징병 제1기생으로 소집되어 히로시마로 보내졌고 그 뒤 피폭했다.

8월 6일에 히로시마까지 이르는 도정은 각양각색일 것이다. 왜 하필이면 그 때 히로시마에 있었던가 많은 사람들이 자문자답했을 것이다. 우연인가 필연인가 곽씨 등은 바로 일본의 식민지정책의 철로에 올려져 히로시마에 도착한 것이다.

「어디에 있어도 피폭자는 피폭자다.」라는 이번의 판결은 알기 쉽다. 그 재외피폭자의 수는 약 5,000명이라고 한다.

『아사히신문』 2001년 6월 3일자 칼럼

원호법 소송

해외피폭자구제에 획기적인 판결이 나왔다. 피폭자원호법에 따른 건강관리수당지급을 중지당한 한국에 사는 한 남자가 국가와 오사카부에 수당지급 등을 요구한 것에 대하여 수당지급을 명령한 오사카지방재판소의 판결이다.

판결은 일본의 거주자와의 사이에서 차별이 생기게 되기 때문에 법치 아래 평등을 정한 헌법 제14조에 위배될 우려가 있다는 것이다. 해외의 피폭자는 약 5,000명이라고 알려져 있는데 원호법적용을 요청하는 요구에 답하는 판결이라고 평가할만하다.

구(舊)일본군에 징집되어 히로시마에서 피폭한 한국인 남자는 3년 전에 일본에 와서 피폭자수첩을 취득했고 건강관리수당도 지급받다가 귀국했다. 그러나 오사카부는 74년 후생성(당시)이 내린"귀국할 경우 실권(失權)으로 인정한다."는 통달에 따라 지급을 중지했다.

이번의 판결은 지금까지의 원폭2법을 대신한 피폭자원호법(94년)에서는 사회보장과 국가배상의 성격을 가진 인도적 입법의 목적에 부응하는 것이었다. 판결은 후생성 통달은 재외피폭자의 배제와 인도적 관점에 어긋날 뿐만 아니라 법의 취지나 목적에도 위배된다고 단언한 것이다.

국가배상의 대상으로 할 것인가 아닌가는 앞으로 논의의 여지가 있을 것이다. 그러나 「피폭자가 입은 전쟁피해가 다른 전쟁피해자와 다른 특수성에 비추어 구제의 길을 택해야할 것이다.」라는 것이 판결의 요지라고 받아들이고 싶다.

반면 판결은 피폭자의 비참한 실정을 배려하지 않는 국가의 대응을 부각시키기도 하였다. 새로운 법을 만들면서도 그 정신을 무시하고 과거에 내린 통달을 우선 지켜온 관료들의 태도는 비판받아 마땅하다.

깊이 반성해야 할 것이다.

해외에는 한국인 외에도 미국, 브라질, 조선민주주의인민공화국(북조선), 중국 등에 피폭자가 있다. 어느 피폭자나 고령화되어 일본에 와서 피폭자건강수첩을 취득하기란 어려운 실정에 있다. 국내 피폭자와의 격차는 매우 큰 것이다. 미국원폭피폭자협회의 앙케이트 조사에 의하면 회원의 95%가 피폭자원호법의 적용을 원하고 있는 것으로 나타나 있다.

또 브라질의 원폭피폭자협회가 재외 6개 단체 연맹으로 히로시마 시에 「하루라도 빨리 일본과 동등의 원호」를 요망하고 있다. 후생노동성은 이러한 재외피폭자들의 절실한 요망에 귀를 기울일 필요가 있다.

한국에는 8만 명 이상의 피폭 2세도 있다고 추정되고 있다. 후생노동성이 실시하고 있는 건강진단 등이 있기는 하지만 현지에서의 건강진단도 고려되어야할 것으로 믿어진다.

국회에서는 "재외피폭자에게 원호법을 적용시키려는 의원 간담회"가 지난 4월에 초당적으로 발족하였다. 원호법제정시 재외피폭자에게 적용할 것인가 아닌가를 명확하게 하지 못한 것을 거울삼아 입법 기관의 역할을 명확히 하자는 의사의 표현인 것이다.

정부는 이번의 판결을 무겁게 받아들여 통달을 폐지하고 해외피폭자에게 의료지원 등 새로운 구제책을 강구해야 할 것이다.

『요미우리신문』 2001년 6월 3일 사설

인도적인 차원에서 빨리 구제하라

같은 피폭자임에도 불구하고 일본에 거주하면 여러 가지의 원호를 받을 수 있는데 해외에 나가면 받을 수 없게 된다. 재외피폭자들에게는 국경의 두꺼운 벽이 가로막고 있다.

이 문제에 대해서 후생노동성의 검토회의는 "인도적인 차원에서 거주지로서 원호의 정도 차이를 초래하는 것은 불합리하니 국가는 조속히 개선책을 강구해야할 것이다."라는 보고서를 제출하였다. 말하자면 전후보상까지는 접근하지 못하고 끝까지 인도적 차원에서의 구제를 촉구한 것이다.

일설에 의하면 5천명이라는 재외피폭자들의 고령화가 진행되고 있는 마당에 만족한 치료도 받지 못하고 생활난에 허덕이고 있는 사람이 많다고 전해 오고 있으니 "살아 있을 때에 구제"가 그들의 간절한 소망이다. 남은 시간은 매우 짧다. 후생노동성은 경직된 입장을 철회하고 재외피폭자의 구제에 정면으로 나서야할 것이다.

원폭에 의한 방사능 피해는 일반의 전쟁피해자와는 다른 '특수한 피해'로 법률에 정해져 있다. 피폭자에게는 피폭자건강수첩이 교부되어 의료비가 무료인 이외에도 건강진단이나 증상에 따라 각종 수당의 지급 등 원호책이 강구되어 있다. 그러나 해외에 있는 피폭자는 다르다. 일본을 방문하면 수첩이 교부되지만 출국하면 그 권리를 상실하고 수당도 지급되지 않는다.

피폭자원호법에는 해외거주자에게는 적용되지 않는다는 규정은 없다. 그럼에도 불구하고 제외되어온 것은 1974년 당시의 후생성이 내린 "재외피폭자에게는 적용되지 않는다."라는 통첩이 근거였던 것이다. 그 밖에도 국민이 재원을 부담하는 사회보장제도의 지급대상자는 국내 거주자에 한한다는 것이 일반적인 경향이지만 재외피폭자의 원호를 소홀히 한 채 방치해서도 되는가?

재외피폭자를 배제한 동성의 운용을 둘러싼고 작년 6월의 오사카지법판결은 "인도적인 차원에서 구제를 목적으로 한 피폭자원호법의 취지에 어긋난다."라고 지적하였다. 일반의 사회보장과 같은 선상에서 의논하고 구제의 길을 닫아 온 행정에서는 "특수한 피해"의 배려가 없었다고 할 것이다.

국가에 따라서 의료제도가 다른 등 재외피폭자의 원호에는 과제도 많지만 그렇다고 해도 "피폭자는 어디에 있어도 피폭자다"란 것을 직시해야 한다. 치료를 받기 쉽게 일본 방문의 편의를 도모하는 환경의 정비나 상담창구의 설치를 빨리 서둘러야하고 수당의 지급도 검토과제이다.

원호법의 전문에는 "피폭자의 원호대책은 국가의 책임"이라고 명확하게 규정되어 있다. 피폭자의 "국경"의 벽을 하루라도 빨리 제거해야할 것이다. 인도적인 차원에서의 구제를 호소한 원호법의 목적에서 보아도 그것은 타당한 견해일 것이다.

『요미우리신문』 2001년 12월 11일자 사설

원호법의 이념을 관철하라

후생노동성의 "재외피폭자에 관한 검토회"가 마련한 보고서에는 금전 급부에 필요한 기금의 창설 등이 포함되어 있다. 금후의 대책을 충실하게 하려는 방향으로 한 것은 한걸음 전진한 것이다. 그러나 초점이 피폭자원호법적용의 시비를 피해간 것은 유감이다. 시책을 추진할 때 피해 갈 수 없는 기본적인 이념이 애매해서 지엽적인 문제제기만을 열거했다고 보여 진다.

원호법에서는 피폭자의 건강수첩이 교부되고 의료비가 무료로 되는 외에도 국비로 건강진단과 증상에 따른 각종 수당의 지급이 있다.

현재 약 30만 명의 국내 대상자가 그 대상이다.

해외에 살고 있는 피폭자에게 법적용은 변칙적으로 일본 방문 체류기간에는 적용범위가 확대되어 왔지만 출국하면은 효력을 상실한다. "국내거주에 한한다."라는 국가의 법해석이었는데 작년 6월에 "위헌의 소지가 있다"는 오사카지법의 판결이 있었다. 사카구치 쓰도무(坂口 力) 후노 상은 검토회를 만들어 법해석의 시정과 적용의 견해를 자문했던 것이다.

학자, 의사 등 7인으로 구성된 검토회는 8월부터 협의를 거듭한 결과 인도상의 차원에서 거주지로서 원호상의 차별이 있는 것은 불합리하다는 견해로 일치했던 것은 순리였던 것이다. 그러나 국가보상이냐 사회보장이냐는 견해가 나누어져 금후의 원호의 방향을 좌우할 법 적용의 시비에 있어서는 결론을 회피하였다.

원호법은 국가의 책임 하에 피폭자대책을 강구한다고 명기되어 있는 "국가보상적 성격"이 있다는 것을 새삼 지적해 두고자 한다. 나아가 국제법적 성격을 공유한다는 논의도 불충분했다는 것도 납득하기 어렵다.

원호법은 대상을 "국민", "국내"라고 명기하지 않는 특수한 법률이다. 1960년대까지에 제정된 "구 원폭의료법과 구 피폭자 특별조치법"의 이념을 계승하고 있다.

점령하의 오키나와 피폭자를 방치할 수 없어서 당시의 법률가나 관료의 지혜로 도출된 2법의 정신과 역사를 잊지는 않았는지, 국경을 넘어 치외법권의 땅에도 적용되고 피폭자라면 국적이나 거주지 등 일체의 조건에 관계하지 않고 평등하게 원호하려는 것이 표출된 행정실례이다.

보고서에는 각국의 의료의 체제나 수준이 달라 모두 같이 적용하기에는 곤란하다고 하고 있다. 틀림없이 곤란할 것이다. 그러나 정부가 미국이나 구 류쿠 정부와 절충을 계속해서 오키나와에 적용시킨 행정사무 등도 참고로 장애물을 넘으려는 노력이 법의 이념에 부응한 자세가 아니겠는가.

법의 적용은 별도로 치더라도 도일(渡日)치료를 위한 여비지급, 귀국 후의 대책을 열거했다.

히로시마, 나가사키 두 시(市)나 민간단체가 실시해 온 시책을 인수한 것이며 본래는 국가의 책임인 것이다. 기금을 설치해서 거주국의 실정이나 본인의 경제 사정에 부응한 건강관리수당 등을 지급하는 안도 병기하였다.

실현에는 건강진단이 필수적이다. 4천 4백명에 이른다고 추계되고 있는 재외피폭자의 실태조사를 시작해야할 것이다. 해외에서 수첩의 교부신청을 받아야 하는 절차도 필요하다. 이런 시책을 진행시키려면 원호법의 적용을 해야만 정합성이 없어질 것이다.

후생성 안에서 내년도 예산에 성령개정의 범위 안에서 새로운 시책을 강구하려는 움직임도 엿보인다. 그러나 사카구치 장관은 "피폭자는 어디에 있어도 피폭자"라는 입장으로 맨 먼저 "전체상을 결정 한다."고 설명하고 있다. "전체상"이란 원호법적용의 정치적 결단이란 희망을 걸어보자.

『주고쿠신문』 2002년 12월 12일자 사설

두 번째 티베트 탐험

첫 번째로 32일간 중국 서부 1만km의 탐험기록은 지난 1995년『천년의 고독 티베트』라는 책자로 출간해 세상에 내놓았다. 이번 2차 탐험은 1차 탐험 때 누락된 횡단산맥을 가로질러 티베트로 들어가는 길을 택하였다.

아시아 지도를 보면 인도차이나반도를 형성하고 있는 여러 산맥이 빗살처럼 휘어져 뻗어 있고 그 사이를 금사강(金沙江), 난찬강(瀾滄江), 누강(怒江) 등의 하천이 흐르고 있어서 매우 흥미롭다. 행정상으로 보면 중국 서남부의 윈난성(雲南省)과 쓰촨성(四川省)이다. 나는 어릴 때부터 왜 저런 지형이 만들어졌을까, 그런 산골에도 사람이 살고 있을까 하는 의문을 품고 있었다. 그 의문의 땅을 꼭 가 보아야 되겠다는 소망을 이루기 위해 두 번째 티베트 탐험에 나섰다.

우리는 성도공항에 내려 바로 윈난성과 스촨성의 경계에 있다는 여인국을 찾아 출발했다. 여인국은 벽지 중의 벽지인 잉닝(永寧)이란 곳에 있는데, 우리나라의 시골 면소재지 정도의 취락이다. 전통적으로 모계사회인 이곳 사람들은 마수워(摩俊族)이라고 칭하지만, 티베트 불교를 믿고 있는 점과 언어 계통으로 보아서는 여강 근처의 나씨(納西)족의 일부일 것이라고 보고 있다.

후토우샤(虎跳峽)는 금사강의 좁은 협곡을 호랑이가 뛰어넘었다는 전설로 이름난 곳으로, 차가 갈 수 있는 곳까지 가서 아래를 내려다보니 현기증이 나며 다리가 떨릴 정도였다. 반대편 벽에 몸을 의지하면서 심호흡을 하고 나서야 조금 진정되었다. 조심조심 사진 촬영을 마치고 시간이 경과하자 차츰 대담해져서 협곡 부근까지 걸어 다닐 수 있었다. 어떻게 강이 이런 산맥을 끊고 흐를 수 있었을까? 그것은 강이 먼저 있었기 때문이다

더진(德欽)은 윈난성의 가장 북쪽에 위치한 티베트족 자치현의 행정중심지이다. 티베트 접경지역으로 군사적 정치적으로 중요한 요충지다. 더진은 고도 3,700m에 위치한 마을이라서 혹시나 고산증세가 나타나지 않을까 조심스러웠다. 잘 정비된 시가지에는 견고해 보이는 집이 많아 전체적으로 아늑한 분위기였다.

메이리쉐산(梅里雪山)은 윈난성과 티베트의 경계선에 솟아 있는 횡단산맥 중의 두 번째 높은 산이다. 높이 6,740m로 사계절 백설에 쌓여 설산으로 유명하다. 티베트인들은 예로부터 8개의 성산을 지정하여 산을 숭배하고 있는데, 가장 숭상하는 산이 카이라스이고 그 다음이 메이리쉐산이다.

우리는 이 설산을 보기 위해서 아침 8시가 좀 넘어 숙소를 나섰다. 산모퉁이를 돌아가니까 요란한 타루초가 바람에 나부끼고 커다란 흰 탑을 도는 신도들의 모습이 보였다. 메이리쉐산을 경배하려는 신자들이 기도를 드리고 소원을 비는 유일무이한 장소라고 한다.

메이리쉐샨 전망대에서 북으로 난창강(欄滄江)가로 내려가는 길은 노폭이 좁고 경사가 급해 험하기 이를 데 없었다. 처음에는 강이 어디에 있는지 가늠조차 못했는데 산허리를 돌고 돌아 고개를 넘으니 흙탕물 급류가 협곡을 뚫고 남으로 줄달음 질치고 있었다. 강폭은 아주 좁아서 호도협(虎跳峽)이 문제가 아니라 견도협(犬跳峽)으로 명명하자는 농담도 오고 갈 정도였다. 물색이 누런 황토색을 넘어 자줏빛으로 보일 정도의 탁류여서 상류를 바라다보니 황량하기 그지없는 바위틈만 보일 뿐 나무 한 그루 없는 고산준령이 하늘을 가로막고 있었다.

구릉에 둘러싸인 낮은 평지에 발달한 망강(芒康)은 예로부터 교통의 요지답게 큰 길을 따라 티베트식 1, 2층 가옥이 줄지어 있어서 고풍스러운 분위기를 자아내고 있었다. 그 넓은 길을 양떼가 지나가고 있는 것을 보니 과연 티베트에 왔구나 하는 느낌이 들었다. 망강에서 바라다 보이는 주위의 산들은 모두 완만한 경사로 구릉처럼 보인다. 물론 해발 4,300m의 고산지대니까 나무는 없다. 대부분 초원이라 이 지방 사람들은 목축업을 주업으로 하면서 살아 왔다.

여행 도중에 만난 티베트의 여인들

란우(然烏)란 고도 3,995m의 고지에 있는 작은 마을이다. 국경에서 가까운 위치에 있는 란우에는 커다란 병영도 있어서 약간 긴장감이 도는 분위기였다. 작은 산간 마을이라 달리 숙소를 구할 수 없었던 우리는 군 병영에서 숙박이 가능하다는 말을 듣고 교섭에 나섰다. 다행히도 몇 개의 방을 군이 제공해 주었는데, 도무지 병사들이 쓰던 방인지 외지인에게 제공하는 방인지 알 수 없었다. 유리창이 파손되어 찬바람이 거침없이 들어오고 삐꺽거리는 고물 철제 침대에 뭇 사람이 거쳐 간 듯한 침구가 있었지만, 잠을 잘만한 상태는 아니었다. 그래도 노숙하는 것보다는 났겠지 하는 마음으로 피로한 몸을 뉘었다. 병영에서의 1박은 색다른 경험이었다.

고도 2,700m에 아담한 도시 페미(波密)는 티베트 제일의 승경지를 꼽히는 곳이다. 페미 동남쪽으로 보이는 산은 낮은 곳의 침엽수림과 백설의 설봉이 대조를 이루며 솟아 있고, 바로 옆에 있는 가까운 산들은 손에 잡힐 듯 보였다. 그 설봉은 시시각각으로 구름을 가리개삼아 우리와 숨바꼭질을 하는 양 변화무쌍한 경치를 연출했다.

마지막으로 나는 부처님의 탄생지가 있는 네팔 룸비니로 향했다. 지형상으로 네팔의 뒷벽은 히말라야 산맥이고, 남쪽은 낮은 고원과 분지가 있고, 인도의 힌두스탄평원으로 이어지는 평야지대가 펼쳐지는데, 룸비니는 그 평원의 북쪽 산기슭에 위치하고 있다. 부처님 탄생지로 유명한 불교유적지인 카필라성은 붉은 벽돌로 된 담장이 옛 왕궁의 자취를 견지하고 있었다. 이 곡창지대의 왕자가 어찌 고행을 겪으면서 해탈의 길을 택하였을까 범인으로서는 이해하기 어려운 감상이 떠올랐다.

마지막으로 시원한 평상에 앉아 잠시 상념에 젖었는데, 생각해 보니 이곳은 낯선 땅이 아니고 옛 고향의 어머니 품에 안기는 것 같은 평온함을 느낄 수 있었다. 그런 착각에 사로잡힌 것은 혹시 마음속에 내재해 있던 무엇인가 방황하다가 제자리를 찾은 것은 아닐까.

연보

주요 경력

1924. 7. 1. 전북 임실군 오수면 주천리 626번지에서 출생
1934. 6. 1. 신정간이학교 입학
1936. 4. 1. 오수심상소학교 제4학년에 전입
1939. 4. 8. 관립 전주사범학교 심상과에 입학
1944. 9. 7. 징병1기생으로 일본군 서부 제2부대에 입대
1944. 12. 25. 간부후보생
1945. 8. 6. 원자폭탄에 피폭
1945. 9. 1. 패전으로 부대해산, 복원 귀국
1945. 12. 23. 오수국민학교 교사 부임
1956. 3. 1. 전주성심여자고등학교 교사(고교교사 자격시험 합격)
1970. 3. 1. 금산중학교·상업고등학교 교장(동국학원)
1974. 7. 1. 명성여자중학교 교장
1976. 3. 1. 명성여자고등학교 교감
1980. 3. 1. 동국대사대부속중학교 교장
1986. 9. 1. 명성여자중학교 교장
1988. 3. 1. 동국대사대부속고등학교 교장
1989. 8. 31. 동국대사대부속고등학교에서 정년 퇴임
1992. 9. 1. 사단법인 한국원폭피해자협회 회장 피선(12대)
2004. 12. 22. 사단법인 한국원폭피해자협회 회장 피선(22대)

사회 활동

1959. 8. 7.~10. 피폭체험기 「히로시마 회상기」를 『한국일보』에 연재
1962. 봄 한일회담에서 원폭피해자 보상문제를 제기하도록 한국 외무부에 호소
1967. 7. 10. 한국원폭피해자구호협회 설립. 호남지부장 역임
1972. 8. 5. 한국 피폭2세 '비둘기단' 인솔하고 방일, 히로시마에서 열린 한국인 원폭희생자 위령제에 참석
1974. 8. 미쓰비시 중공업 본사를 방문, 미쓰비시 징용공 미불임금 지불 관계로 교섭. 관광비

자로 도일해 피폭자건강수첩 신청했으나 거부당함.

1979. 8. 14. 일본 외무성, 후생성에 '보상청구권은 포기할 수 없다'로 천명. 그 후 히로시마에서 피폭자건강수첩 취득

1980. 1. 후생성 대신과 면담, '재한피폭자의 완전한 원호와 한국 내 원폭병원 건설'을 호소

1980. 도일치료 시범케이스로 선정된 10명 인솔하고 나가사키 방문

1992. 9. 협회 회장으로서 일본 외무성에 '보상청구권은 포기할 수 없다'고 표명

1998. 5.~7. 오사카 한난중앙병원에서 입원치료. 5년간 건강관리수장지급 인정을 받았지만, 귀국하자 수당 지급 중단됨

1998. 10. 1. 일본정부와 오사카지사를 상대로 피폭자 자격 확인 소송을 제기. 재외 피폭자에 대한 부당한 차별 철폐를 촉구

1999. 11. 12. 곽귀훈 재판의 제8회 구두변론에서 미국 원폭피폭자협회 명예회장 구라모토 간지 씨와 브라질원폭피폭자협회 회장 모리다 다카시 씨가 재외피폭자 차별의 부당함에 대해 증언

2000. 7. 14. 제12회 구두변론에서 원고 본인 심문(진술서 참조)

2001. 6. 1. 오사카 지방법원에서 1심 승소

2001. 8. 28.~9. 4. 세계인종차별철폐대회 초청강연(아프리카 더반)

2002. 12. 5. 오사카 고등법원에서 2심 승소

2002. 12. 18. 일본정부 상고 포기 선언

2003. 3. 1. 일본정부 402호통달 폐지. 재외피폭자에게 원호법 적용

2003. 12. 25.~ 2004. 1. 22. 인도 뭄바이에서 열린 세계사회포럼에서 인도의 핵개발을 통박(1차 피스보트 승선)

2005. 5. 10. 뉴욕 UN본부에서의 워크숍에서 한국인피폭들의 실상 호소

2006.6.23.~28. 캐나다 밴쿠버에서 열린 세계평화대회에서 초청강연

2006.12.12.~26. 한일 환경단체와 동남아제국 순방 자연보호운동(제2차 피스보트 승선)

2008. 9. 6.~30. 인도 코칭에서 열린 "비핵선언세계시장회의"에서 강연, 제3차 피스보트 승선(피폭자 100명 세계일주 기획)

2010.4.15.~27. 제4차 피스보트 승선(중국의 아모이·홍콩·베트남·싱가포르 순방, 반핵운동)

2012.12.24.~2013.2.8. 남태평양 타이티에서 핵실험피해자들과 교류 제5차 피스보트 승선 선중 강연

산악활동

1956. 11. 2. 지리산 천왕봉 등정으로 산악운동 시작

1958. 전주 산악회 창립, 전북학생산악연맹 지도·발전에 노력

1917. 4. 23. 대한산악연맹 발족에 참여 이후 이사 역임

1971. 5.~6. 대만 옥산원정대 대장
1987. 초~1997. 말 대한산악연맹 감사
1995.7.15.~8.20. 티베트 제1차 탐험
1997. 6.1.~7. 5. 티베트 제2차 탐험

수상

1967. 12 27. 전라북도 문화상 수상
1989. 8. 8. 국민훈장 목련장 수상
2002. 5. 12. 전주교육대학교 '자랑스러운 황학인상' 수상
2003. 10. 27. 대한적십자사 박애장 금장 수상
2004. 4. 7. 국민훈장 동백장 수상
2012. 4. 23. 대한산악연맹을 빛낸 50인' 기념패 수상

저서와 주요 기고문

▪ 저서

『被爆韓國人』, 朝日新聞社, 1975(공저)
『내 청춘 山에 걸고』, 평화출판사, 1994(공역)
『천년의 고독 티베트』, 글나루, 1995

▪ 기고

「히로시마 회상기」, 『한국일보』 1959.8.7.~8.10
「補償あるのみ」, 『早く,援護!』, 韓國の原爆被害者を救援する市民の會1972年 第4號
「마이산 : 귀같이 뾰족한 두 봉우리」, 『금호문화』, 1992년 8월호
「한국인 피폭자 보상 길 연 곽귀훈씨의 40년 투쟁기 - "단돈 1원이라도 일본의 전쟁 책임 묻고 싶었다"」, 『신동아』 통권 527호, 2003.8
「특별기고 : 한국인 원폭피해자란?」, 『월간 독립기념관』, 2003.8
「특별기고 : 끝까지 책임을 회피하는 일본정부」, 『월간 독립기념관』, 2003.9
「특별기고 : 재판투쟁에서 승리하여 일본정부를 굴복시키다」, 『월간 독립기념관』, 2003.10
「한국인 원폭피해자의 수난과 승리」, 『황해문화』 2006년 봄호
「양국 시민활동가, 100년을 말한다(14) - 한국인 원폭피해자의 기나긴 보상투쟁」, 『경향신문』, 2010.8.1.
「내가 겪은 원폭피해자 소송」, 『한국인 원폭피해자 소송의 역사적 의의와 남은 과제」(국제학술회의 발표문), 국사편찬위원회, 2011

민족문제연구소

▪ 설립 목표

한국 근현대 민족문제 연구와 해명
친일인명사전 등 친일문제연구총서 편찬
한일 과거사 청산을 통한 역사바로세우기
통일시대 역사문화운동

▪ 주요 연혁

1989 임종국 선생 타계. 빈소에서 연구소 설립 발의
1991 반민족문제연구소 설립(초대소장 김봉우)
1993 제3회 윤상원상 학술연구부문 단체상 수상
1995 민족문제연구소로 개칭, 사단법인 등록(초대이사장 이돈명, 설립인가 1996.6.13)
지부·지회조직 건설 시작(현재 국내 26개 지부, 경남 진주지회, 해외 일본 도쿄지회 활동 중)
1999 친일인명사전 편찬지지 전국교수 1만인 선언
조문기 2대 이사장 취임
2000 박정희기념관반대국민연대 발족(247개 단체), 사무국 설치
일제강점기강제동원진상규명시민연대 발족, 사무국 설치
2001 한상범 2대 소장 취임
통일시대민족문화재단 창립
친일인명사전편찬위원회 출범, 주간연구소 겸 사무국
2003 태평양전쟁피해자보상추진협의회 사무국 설치
임헌영 3대 소장 취임
2004 '친일인명사전 편찬 국민의 힘으로' 모금운동 전개
일제강점하강제동원피해진상규명등에관한특별법 통과
친일반민족행위진상규명시민연대 발족
제16회 심산상 수상
일제강점하친일반민족행위진상규명에관한특별법 개정안 통과
2005 임종국선생기념사업회 출범(회장 장병화), 임종국상 제정
제19회 단재상 수상
'친일인명사전 수록예정자 1차 명단 발표' 대국민보고회
야스쿠니신사 문제 다큐 〈안녕, 사요나라〉 제작,

1949년 친일파에 의해 와해된 반민특위 정신을 계승하고,
친일문제연구에 평생을 바친 고 임종국 선생의 유지를 이어 1991년 설립됐습니다.

	부산국제영화제 운파펀드·서울독립영화제 대상 수상
	임종국 선생 보관문화훈장 추서
	제17회 안종필자유언론상 특별상 수상
	친일반민족행위자재산의국가귀속에관한특별법 통과
2006	야스쿠니반대공동행동 한국위원회 발족, 사무국 설치
2008	친일인명사전 수록대상자 명단 발표
	제17회 참교육상 수상
	김병상 3대 이사장 취임
2009	안중근의사 의거·순국 100주년기념사업 선포·추진위원회 발족, 사무국 설치
	진실과미래 국치100년사업공동추진위원회 창립, 사무국 설치
	한국국가기록연구원 제정 제5회 한림기록문화상 수상
	친일인명사전 발간 국민보고대회
2010	제21회 사월혁명상 수상
	강제병합100년공동행동 한국실행위원회 창립, 사무국 설치
2011	신흥무관학교100주년 기념사업회 창립, 사무국 설치
	역사정의실천 시민역사관건립위원회 발족
	친일·독재 미화와 교과서개악을 저지하는 역사정의실천연대 발족, 사무국 설치
2012	신흥무관학교기념사업회 창립, 사무국 설치
	제7회 임창순상 수상
	친일인명사전 앱 출시
	역사다큐 '백년전쟁' 제작(인터넷보급·공동체상영 등을 통해 300만 이상 관람)
2013	함세웅 4대 이사장 취임

▪ 실천 운동

친일파 기념사업 저지
한일 교과서 바로잡기
야스쿠니 반대 국제공동행동
남북공동 학술연구, 자료 교류
친일반민족행위자 재산 환수운동
독립운동가 선양사업
동아시아 시민사회 교류
일제하 강제동원 진상규명과 소송지원
독도주권수호 활동

나는 한국인 피폭자다

원폭피해자 곽귀훈의 삶과 투쟁

펴낸곳 민연
펴낸이 방학진
편집 박광종 김승은 손기순
등록번호 제8-860호
주소 서울시 동대문구 청량리동 38-29 금은빌딩 3층
홈페이지 www.historybank.net
전화 02-969-0226
팩스 02-965-8879
인쇄 디자인 내일

초판발행 2013년 12월 31일

정가 15,000원

ISBN 978-89-93741-11-7